U0819683

# 孙子兵法的实践之源：

# 春秋军阵研究

金大伟◎著

中国财经出版传媒集团
中国财政经济出版社
·北京·

**图书在版编目（CIP）数据**

孙子兵法的实践之源：春秋军阵研究 / 金大伟著 .
北京：中国财政经济出版社，2025. 8（2025. 9重印）.
--ISBN 978-7-5223-4172-9

Ⅰ. E292.5

中国国家版本馆CIP数据核字第2025SG5835号

责任编辑：陆宗祥　　　　责任校对：张　凡
责任印制：张　健

孙子兵法的实践之源：春秋军阵研究
SUNZI BINGFA DE SHIJIAN ZHIYUAN：CHUNQIU JUNZHEN YANJIU

中国财政经济出版社 出版
**URL**：http：//www.cfeph.cn
E-mail：cfeph @cfemg.cn

社址：北京市海淀区阜成路甲28号　邮政编码：100142
营销中心电话：010-88191522
天猫网店：中国财政经济出版社旗舰店
网址：https：//zgczjjcbs.tmall.com
北京厚诚则铭印刷科技有限公司印刷　各地新华书店经销
成品尺寸：170mm × 240mm　16开　18.75印张　214 000字
2025年8月第1版　2025年9月北京第2次印刷
定价：78.00元
ISBN 978-7-5223-4172-9
（图书出现印装问题，本社负责调换，电话：010-88190548）
本社图书质量投诉电话：010-88190744
**打击盗版举报热线：010-88191661　QQ：2242791300**

# 前言

Foreword

《孙子兵法》作为中国古代军事智慧的巅峰之作，其深邃的战略思想与精妙的战术理念并非空中楼阁，而是深深植根于春秋时期复杂多变的战争实践之中，尤其是冷兵器时期战场上军阵的发展演变。

在春秋时期的战争中，军阵的稳固性堪称决定战争胜负的关键要素。整齐划一的阵列犹如坚固的壁垒，赋予军队强大的防御能力，这与《孙子兵法》中“先立于不败之地”的思想不谋而合。稳固的阵形不仅能够有效抵御敌方的进攻，减少军队的伤亡，更能通过严密的组织与纪律，形成强大的心理威慑，使敌方在进攻时心生忌惮。

同时，为了适应不同的战场环境与作战需求，军阵还衍生出诸多特殊形态，这些特殊形态是对基本形态的灵活改组与创新变化。然而，无论何种军阵形态，都离不开系统且严格的训练。只有通过反复演练，士兵们才能熟练掌握阵形的变换与配合，确保在战场上能够迅速响应指挥，发挥军阵的最大效能。

此外，地理环境对军阵的布列有着至关重要的影响。春秋时期的军事家们深知“夫地形者，兵之助也”，不同的地势地貌要求军阵采取不同的布局，这种因地制宜的军阵运用，体现了对客观条件的充分尊重与灵活运用，与《孙子兵法》中“因地制宜”“因敌制胜”的思想相呼应。

从更宏观的历史视角来看，春秋近三百年间，军阵的指导思想发生了巨大转变，从遵循古军礼的“堂堂之阵”逐渐向崇尚“诡诈”的战术思想过渡。随着战争规模的扩大与激烈程度的加剧，单纯依靠军礼约束的战争模式已无法适应现实需求，军事家们开始更加注重谋略与战术的运用。与此同时，战争实践推动着军阵的兵力组成与阵型构成不断演变。这些实战经验的积累，为《孙子兵法》的形成提供了丰富的素材。深入探究两者之间的关系，不仅有助于我们更好地理解《孙子兵法》的深邃内涵，也能让我们领略到中国古代军事智慧的博大精深。

# 序

## Preface

春秋时期的军阵体系可分为战阵、行阵与营阵三类：战阵为两军对垒时的作战阵型，如郑之“鱼丽阵”；行阵是行军时的队列编制，如楚之“荆尸阵”；营阵则指驻扎时的营地布局。尽管营阵名称记载较少，但兵书对其与地形的关系论述颇丰，强调“察其天地，伺其空隙”的布营原则。军阵研究涵盖军队编制、训练指挥、地形适配及战术思想等核心维度，其中兵种协同（如车兵与徒兵配合）、阵型转换（如方阵与圆阵功能切换），以及指挥信号系统（如金鼓、旌旗的运用），构成了春秋军阵的技术支撑体系。这一时期的战争形态演变、军阵革新与战术突破，不仅塑造了先秦军事文化的独特面貌，更为《孙子兵法》提供了实践范本。

然而，目前学界对先秦军阵的研究多聚焦于战国秦兵马俑所反映的阵法体系，而对更早的春秋阵法关注不足。在现代学术谱系中，蓝永蔚先生在《春秋时期的步兵》[①]中系统梳理军阵形态，区分基本形态与特殊形态，并通过中外对比揭示其战术特点，其研究兼具微观与宏观视

① 蓝永蔚：《春秋时期的步兵》，北京：中华书局1979年版。

角，既剖析军阵构成要素（如兵力配置、兵种协同等），又论证从“三阵”到“五阵”的演进逻辑，其计算的阵型变化次数为战术动态研究提供量化思路。童书业先生在《春秋史》[①]一书中列举“鱼丽”“荆尸”“鹤鹅”等阵法名称，通过史料钩沉，系统罗列春秋阵法名称，勾勒出军阵多样性，为后续研究提供珍贵线索。陈恩林先生在《先秦军事制度研究》[②]一书中侧重阐述制度溯源，从早期三军阵发展至末期五军阵，提出五军阵是对西周军制的总结，强调“鱼丽阵”等并非颠覆性创新，而是渐进式改良，体现战术体系的渐变与成熟。黄朴民先生在《中国军事通史·春秋军事史》[③]一书中，强调“诡诈”原则对军礼精神的取代，凸显战争观念变革对军阵的影响，将军阵置于军事史整体框架，揭示其与战争形态、思想转型的互动关系，指出“兵以诈立”原则在军阵指挥中的实践化。

秦始皇陵兵马俑的发掘为春秋军阵研究提供了关键参照系。周兴通过对其1—4号坑的兵种配置进行研究，复原出前军轻车、右军重甲、中军指挥的立体化布阵模式，印证《左传》“先驱申驱”的梯队配置传统。[④]王辉强注意到2号坑弩兵方阵的独立编成，这与《孙膑兵法》“长兵在前，短兵在后”的记载形成互证，揭示春秋末期远程兵种的地位提升。[⑤]特别在指挥系统方面，李元提出的“军锋理论”与3号坑将军俑的

① 童书业：《春秋史》，北京：中华书局2006年版。

② 陈恩林：《先秦军事制度研究》，吉林：吉林文史出版社1991年版，第125页。

③ 黄朴民：《中国军事通史·春秋军事史》，北京：军事科学出版社1998年版。

④ 周兴：《秦始皇兵马俑军阵的哲学思考》，《重庆工学院学报（社会科学版）》，2009年第4期。

⑤ 王辉强：《秦兵马俑与秦军阵法》，《文博》，1994年第6期。

居中布局形成考古学呼应。[1]

先秦兵书则构成研究春秋军阵的元典体系。《吴子》规范“坐作进退”的阵列训练标准，《尉缭子》突出“五色章旗”的视觉指挥系统，《孙子兵法·军争》强调“金鼓旌旗”的指挥功能，《孙膑兵法·十阵》详细阐释方阵“薄中而厚方”、圆阵“所以剸也”的战术原理，均体现了阵型设计的科学思维。《六韬·犬韬》记载的分层训练法，揭示军阵训练的系统化路径。这些碎片化论述，实为春秋军阵实践的理论凝结，构成后世军事思想的源头活水，而且这些理论结晶在唐宋时期得到创造性转化：茅元仪《武备志》绘制的“鱼丽阵”复原图，融合《周礼》车制与唐代六花阵要素；沈括《梦溪笔谈》提出的九宫阵型，实为春秋方阵应对复杂地形的历史演进。

春秋军阵作为先秦军事文明的关键环节，上承西周礼乐军制，下启战国诡诈兵学，其研究旨在揭示战争形态与社会结构的互动机制，构建更完整的春秋军阵谱系，厘清其编制演变、战术逻辑及思想渊源。这一领域的深耕，将为理解《孙子兵法》等经典的生成“土壤”提供具象化支撑，彰显中国古代军事智慧的连续性与独特性。

① 李元：《春秋时期的车战》，《求是学刊》，1986年第4期。

# 目　录

Contents


001　/　**第一章　《孙子兵法》与阵而后战**

001　/　第一节　“先胜”与阵而后战

006　/　第二节　“并力”与行列齐整

016　/　第三节　“曲制”与军阵编制

024　/　**第二章　《孙子兵法》与春秋军阵的形态**

024　/　第一节　春秋军阵的基本形态

105　/　第二节　春秋军阵的特殊形态

136　/　**第三章　《孙子兵法》与春秋军阵的训练**

178　/　**第四章　《孙子兵法》与阵地**

179　/　第一节　“九地”与军阵布列的关系

183　/　第二节　“绝山依谷”与军阵的关系

186　/　第三节　“绝水”与军阵的关系

192　/　第四节　“山林”与军阵的关系

195 / 第五节 “沮泽之地”与军阵的关系

198 / 第六节 “平陆”与军阵的关系

**205 / 第五章 春秋古军礼与《孙子兵法》**

206 / 第一节 古军礼与诡道核心内涵对比

213 / 第二节 “师出有名”与“合于利则动”

219 / 第三节 “不伐丧”与“乱而取之”

223 / 第四节 “观兵”与“不战而屈人之兵”

228 / 第五节 “阵而后战”与“攻其无备”

**241 / 结 语**

**244 / 参考文献**

**248 / 附 录**

# 第一章

# 《孙子兵法》与阵而后战

## 第一节　“先胜”与阵而后战

所谓“先胜”，是指《武经七书·孙子兵法·形篇》中“孙子曰：昔之善战者，先为不可胜，以待敌之可胜。不可胜在己，可胜在敌。故善战者，能为不可胜，不能使敌之必可胜”。①“先为不可胜”，即是“先胜”。“先胜”的思想，如果用于指导军队战场作战，即有“先阵”的表现。“孙子言古昔大将之善战者，自己先为不可胜之形，以待敌人可胜之形。如赵奢厚集其阵以待秦兵，又先拒北山以待其来而胜之是也。”②如果用克劳塞维茨在《战争论》中的观点来解释上述古文，即“军队的某种巧妙的队形和编组是军队能够发挥勇敢精神和夺取胜利的主要条件”。③因为“战争中的斗争不是个人对个人的斗争，而是一个由许多部分组成的整体”。④

---

① 骈宇骞等译注：《武经七书》，北京：中华书局2020年第2版，第27页。

② 李如龙：《孙子注会要》，北京：商务印书馆2019年版，第196页。

③ 同上②，第271页。

④ ［德］克劳塞维茨：《战争论》，中国人民解放军军事科学院译，北京：解放军出版社2008年第2版，第39页。

恩格斯在《反杜林论·量和质》中曾经引用过拿破仑的一段话来说明量和质的区别："两个马木留克人无疑地胜过三个法国人，一百个马木留克人同一百个法国人势均力敌；三百个法国人多半胜过三百个马木留克人，而一千个法国人则总是能够打败一千五百个马木留克人。"[①]这说明法国士兵在单兵作战技巧上无法与马木留克士兵匹敌，但当法国士兵数量达到一定规模时，其整体战斗力会超越相同数量的马木留克士兵。这是因为法国士兵通过体系化的协同作战，弥补了个人战斗能力的不足，而马木留克士兵的优势在这种情况下变得不再突出。军阵的作用正体现在此，不同兵种之间的配合能够扬长避短，使整体战斗力远超个体战斗力的简单叠加。

《六韬·均兵篇》中亦有类似观点。太公曰："车者，军之羽翼也，所以陷坚陈，要强敌，遮走北也；骑者，军之伺候也，所以踵败军，绝粮道，击便寇也。故车骑不敌战，则一骑不能当步卒一人，三军之众成陈而相当，则易战之法，一车当步卒八十人，八十人当一车。一骑当步卒八人，八人当一骑。一车当十骑，十骑当一车。险战之法，一车当步卒四十人，四十人当一车。一骑当步卒四人，四人当一骑。一车当六骑，六骑当一车。夫车骑者，军之武兵也。十乘败千人，百乘败万人。十骑败百人，百骑走千人，此其大数也。"[②]车兵、骑兵和步兵在战场上各自承担着不同的任务。车兵擅长快速突破敌人的防线，能够在冲锋中撕裂敌阵，尤其在追击敌人或阻止敌军撤退时表现出色；骑兵则灵活机动，主要用于侦察、打击敌人的弱点、追击溃败的敌人，甚至能够切断敌军的后勤供应线；而步兵则以其强大的适应性和灵活性，专注于近距

① 恩格斯：《反杜林论》，北京：三联书店1979年第3版，第138页。

② 《武经七书·六韬·均兵》，北京：中华书局2007年版，第499页。

离的肉搏战，善于在复杂地形中作战。然而，若骑兵与车兵的配置不当，骑兵在面对步兵时可能会显得力不从心，甚至被步兵压制。相反，在合理配置的情况下，战车的作战效能显著高于步兵，每辆战车的战斗力相当于八十名步兵；而每名骑兵的作战能力则等同于八名步兵；相比之下，一辆战车的作战力则相当于十名骑兵，展现出战阵中各兵种配合的强大威力。

《诗·大雅·常武》记载曰："左右陈行。"①《左传》曰，"晋师陈于莘北"②、"既陈，以其属驰秦师"③、"郑陈而不整，蛮军而不陈"④等，此处之"阵"，即为战前布阵之意。之所以要"先阵"，原因之一在于"古代各民族是在没有任何障碍的开阔的战场上进行战斗的，这是一切部署的根据，因此当时的全部军事艺术都表现在军队的部署和编组上，也就是表现在战斗队形上"。⑤春秋战事阵而后战，亦是如此，且为常事，战前布阵的关键在于根据不同兵种的特点，合理安排各类兵力的部署。通过长兵与短兵的搭配，前后互为支援，不仅确保自身防御的稳固，也能最大化地提升对敌攻击的威力，如此便是"先胜"。后世如克劳塞维茨所言："在18世纪，欧洲军队盛行线式战术。军队的战斗队形主要是横队，作战时要求全队同时推进，动作整齐一致，不顾敌人的火力，像机械一样地听命令行动。因此，战斗队形各部分的组成、行列和间隔距

---

① 《十三经注疏》整理委员会整理，李学勤主编：《十三经注疏·毛诗正义》，北京：中华书局1957年版，第1673页。

② 杨伯峻：《春秋左传注》，北京：中华书局1990年第2版，第461页。

③ 同上②，第521页。

④ 同上②，第883页。

⑤ ［德］克劳塞维茨：《战争论》，中国人民解放军军事科学院译，解放军出版社2008年第2版，第267页。

离，战斗中队形的变换、步法、步幅和步速，使用武器的动作，以及其他一切行动等都有严格的规定。”[①]春秋时期的军阵部署和行进中，战斗中的队形变化、步伐、步幅和步速，以及武器使用的动作等，同样都是至关重要的要素。《周礼》也对此有类似的详细规定。

如成公十六年，在晋楚鄢陵之战中，“楚晨压晋军而陈。军吏患之。范匄趋进，曰：‘塞井夷灶，陈于军中，而疏行首。’”[②]楚军并未等待晋军完成阵势布置，而是直接在晋军营前列阵。此时晋军尚处于营地状态，尚未进入正式战斗准备，处于相对松散的状态。楚军此举的目的是打乱晋军的阵型集中，阻止其完成排兵布阵。通过攻击一支尚未集中力量的敌军，楚军采取了具有战略意图的战术手段，因此晋军中“军吏患之”，感到压力很大，晋军可能被迫后撤，在较远的地方重新部署和整顿兵力，这对楚国来说无疑是一个有利的局面。然而，晋军并没有选择后退，而是决定在营地内进行军队的重新组织与布阵。尽管这是一种被迫的应对措施，但也能一定程度上阻止楚军快速发动进攻，这正是“先立于不败之地”的具体表现。

反之，如果不重视“先阵”作为胜利的重要条件，而是强调个人的突出作战能力，那么就是“先战而后求胜”，而非“先胜而后求战”，则必然会成为“败兵”。因为“战争的胜利并不完全取决于人多势众，或者说作战凶猛；只有武艺精湛，熟谙兵法，训练有素，才能确保胜利。”[③]。这也正如《武经七书·司马法·定爵》中说道：“凡战，智也，

① ［德］克劳塞维茨：《战争论》，中国人民解放军军事科学院译，北京：解放军出版社2008年第2版，第320页。

② 杨伯峻：《春秋左传注》，北京：中华书局1990年5月第2版，第884页。

③ ［古罗马］弗拉维乌斯·韦格蒂乌斯·雷纳图斯：《兵法简述》，袁坚译，北京：解放军出版社2006年第2版，第53页。

斗，勇也。”[①]单兵技能固然重要，但战争的胜负取决于整体军力的较量，而非个人技艺的比拼。依靠蛮力无法保证胜利，战争是集体合作的结果。要获胜，必须运用智慧合理配置兵力。个人的“武艺”是格斗技巧，指挥官的“兵法”体现智慧谋略，而“训练有素”则强调军队间的协调与配合，确保整体作战效能。《左传》成公十六年，鄢陵之战前夕，“潘党与养由基蹲甲而射之，彻七札焉。以示王，曰：‘君有二臣如此，何忧于战？’王怒曰：‘大辱国。诘朝，尔射，死艺。’”[②]楚国潘党和养由基二人皆为军中翘楚，射出的箭均可穿七层皮甲。当他们向楚共王炫耀自己的技艺后，楚共王指出，若过于依赖个人的射箭技艺，最终只会败亡。因此楚共王坚决反对军中崇尚个人技艺的风气，因为这会削弱军队整体战斗力的提升和发挥。他强调，战场上胜利的关键在于纪律的严格和军阵的稳固，而非单兵的个人表现。只有通过严明的纪律和稳固的军阵，才能在战场上获得真正的胜算。

综上所述，《孙子兵法》中提出的“先胜”策略强调通过战略预设和合理布局，先使己方处于不败之地。“先胜”意味着通过充分的准备，确保自己具备不可战胜的局面，同时利用敌方的弱点和失误加以制胜。春秋时期的阵而后战，即“先阵”的策略，表现为通过合理布阵和兵力部署来实现优势，尤其是兵种间的协调与配合，能够最大化其战斗力。因此“先胜”策略不仅强调武力和单兵技能，更多的是从整体战略和兵力部署角度来看待战争，如“昔韩信之击陈馀也，为背水阵，使人自为战而不可败，是能先为不可胜者也”。[③]总之，“先胜”不仅是提前准备，

---

① 《武经七书·司马法·定爵》，北京：中华书局2007年版，第161页。

② 杨伯峻：《春秋左传注》，北京：中华书局1990年第2版，第886页。

③ 李如龙：《孙子注会要》，北京：商务印书馆2019年版，第195页。

更是通过全局的统筹和细致的战略部署，确保己方在战斗中占据主动。春秋诸多战争，其阵而后战的作战实践，无论是兵力的合理配置，抑或军队的协同作战，皆为“先胜”思想的表现。

## 第二节 “并力”与行列齐整

孙子曰：“故善用兵者，譬如率然。率然者，常山之蛇也。击其首则尾至，击其尾则首至，击其中则首尾俱至。敢问：‘兵可使如率然乎？’曰：‘可。’”率然之蛇者，首能顾尾，尾可护首，首尾皆能保中，战阵无论是左中右，抑或前中后，若能“使如率然”，纵然不能取胜，自保绰绰有余。又曰：“犯三军之众，若使一人。”“兵非贵益多也，惟无武进，足以并力、料敌、取人而已”。可见，孙子非常重视战力的集中，故而极其反对战力的分散。若“备前则后寡，备后则前寡，备左则右寡，备右则左寡，无所不备，则无所不寡”。兵力不能聚集，而是处处分散，则处处皆“虚”，给敌人可乘之机也。

战阵亦是如此。《战争论》中将会战的失败归结为三种因素，分别是“队形的破坏”、“兵力的消耗”和“地区的丧失”。[①]“队形的破坏”意味着军队组织架构与作战协同的瓦解，使士兵无法有效配合，战斗力锐减，军队如同失去指挥的散沙，难以抵御敌方进攻；“兵力的消耗”体现了战争中人员伤亡、装备损耗等对作战力量的削弱，当一方兵力损失过大，便难以维持战斗优势与持续作战能力；“地区的丧失”不仅代表着战

① ［德］克劳塞维茨：《战争论》，中国人民解放军军事科学院译，解放军出版社2008年第2版，第280页。

略空间的缩减，还可能导致后勤补给线中断、战略资源丢失以及士气受挫，进而影响整个战局走向。这三种因素相互关联、相互作用，共同构成了会战失败的关键因素，为理解战争胜负规律提供了重要理论视角。

战阵若乱，则诸阵型之间、兵种间以及士卒之间原本的相互配合与互补作用就会丧失。“军队一旦队形混乱，行动不能协调，个别部队的抵抗往往就是徒劳无益的了。”[①]如果陷入各自为战的局面，则往往导致各个部分被分别击溃，最终可能造成全军覆没。保持队形的完整和稳定对于确保战斗的胜利至关重要。因此《国语·周语》中有曰：“是有五胜也……行列治整、四也。”[②]整齐划一的战斗行列不仅能强化军队的实际战斗力，以便于指挥调度与协同作战，这也与《孙子兵法·行军篇》“分数形名”的组织控制理论形成呼应。

鲁桓公五年，周桓王率领陈蔡卫联军与郑军决战于繻葛，“郑子元请为左拒，以当蔡人、卫人；为右拒，以当陈人，曰：‘陈乱，民莫有斗心。若先犯之，必奔。既而萃於王卒，可以集事。’从之。……蔡、卫、陈皆奔，王卒乱，郑师合以攻之，王卒大败。”[③]郑子元通过先攻击敌军薄弱之处，削弱其两翼，再利用敌军混乱时集中兵力反击，成功逆转战局。阵型混乱会导致军队无法协调作战，士卒失去配合，进而丧失战斗力。而敌方阵形崩溃则是进攻的机会，逃兵的冲击可能带来战局转折。郑国胜利体现了灵活运用战术的智慧：抓住敌人失误，迅速反应，并利用混乱创造有利局面。

---

① ［德］克劳塞维茨：《战争论》，中国人民解放军军事科学院译，解放军出版社2008年第2版，第246页。

② 徐元诰：《国语集解》，北京：中华书局2002年版，第73页。

③ 杨伯峻：《春秋左传注》，北京：中华书局1990年5月第2版，第105页。

《左传》成公十六年，晋楚鄢陵之战前夕，郑国姚句耳出使楚国，返回即向子驷分析敌人虚实，言道：“其行速，过险而不整。速则失志，不整，丧列。志失列丧，将何以战？楚惧不可用也。”[①]姚句耳认为，楚国军队行进过快且未能保持队列整齐，这一行为暴露了军队的内在问题，如缺乏严格的指挥与组织、士兵之间缺乏默契等。这些问题可能导致军队在遭遇敌人攻击时失去应有的战斗力与反应速度，从而陷入被动。而晋国新军主将郤至提出“楚有六间”。郤至通过观察楚郑联军的阵型，发现“郑陈而不整，蛮军而不陈，陈不违晦，在陈而嚣，合而加嚣。各顾其后，莫有斗心；旧不必良，以犯天忌，我必克之”。[②]郤至认为，郑国虽然已列阵，但因队形不整、纪律松散，难以形成有效作战力；楚国军队则更为混乱，缺乏阵形。此外，楚国在不宜布阵的“月终”时刻作战，以及联军士兵喧闹、缺乏纪律，都使得军队整体战斗力受损，郤至因此预言晋国必胜。

为了维持阵型的齐整，《尚书·牧誓》中记载：“今予发惟恭行天之罚。今日之事，不愆于六步、七步，乃止，齐焉。夫子勖哉！不愆于四伐、五伐、六伐、七伐，乃止，齐焉。”[③]这段训令通过量化控制步调距离与攻击节奏，一方面用以确立单兵动作标准化；另一方面，通过间歇性休整，维持战斗队形完整性，反映出周朝已然对军事纪律和团队协作的重要性有了较为深刻的认知。

《史记·秦始皇本纪》中有载：“六尺为步。”[④]《古尺考》中有载：

① 杨伯峻：《春秋左传注》，北京：中华书局1990年5月第2版，第881页。
② 同上①，第883页。
③ 《十三经注疏·尚书正义》，北京：中华书局1957年版，第379页。
④ ［汉］司马迁：《史记》，北京：中华书局1982年第2版，第238页。

“宋穆公之尺长20厘米。……楚共王二十五年，楚尺长20.1厘米。……至越灭吴时尺长已增至23.1厘米。……战国当周之未，尺制作23.1厘米之长。”[①]以此为据，一步即为138.6厘米，约等于1.4公尺。《礼记·曲礼上》孔颖达疏：“六步、七步当止，齐正行列。”[②]七步约为10公尺。六步或七步的距离看似短暂，但当百人、千人或甚至上万人的队伍同时前进或后退时，由于步伐不完全一致，速度不同，即便是小小的步伐差异，也可能使原本整齐的队形出现混乱。四伐或七伐的“乃止”动作，正是为了防止队形进一步松散，并借暂停的时机对军阵进行重新整顿，确保队列恢复秩序，以便继续作战。

《司马法·严位》中提出“凡战之道，位欲严……”“凡战之道，等道义，立卒伍，定行列，正纵横……”“行慎行列，战谨禁止”等[③]。“位”，不仅指士兵在阵中的具体站位，还涉及整个军队的配置和每个兵种的位置安排。这种精确的站位对于军队的整体运作至关重要，因为它关系到作战时的协调性、迅速反应能力以及攻击防御的有效性。“卒伍”的站位是整个军阵整齐的基础，其准确性直接决定了行列的规整。虽然看似简单的“立卒伍”，但它同样具备深刻的战术意义，体现了古人对战阵中的细节的关注。使用“慎”和“谨”这样的词语强调了阵列的纪律性和谨慎性，表明行列齐整不仅是军事训练的一部分，更是战场成功的保障。

《司马法·天子之义》中又说“逐奔不踰列”[④]。《左传》昭公十八年，

---

① 朱勇年：《古尺考·下卷·卷四》，上海：上海古籍出版社2008年版，第1页。

② 《十三经注疏·礼记正义》，北京：中华书局1957年版，第131页。

③ 《武经七书·司马法·严位》，北京：中华书局2007年版，第171页。

④ 《武经七书·司马法·天子之义》，北京：中华书局2007年版，第154页。

郑国发生大火，“城下之人，伍列登城”[①]。《吕氏春秋·必已篇》中说道，“孟贲过于河，先其五”。高诱注：“先其伍，超越次第也。”[②]由此可见，特别是当军队在行进或作战时，站位的正确与否直接影响部队的协作性和反应速度，严格的队列管理与阵型安排，确保了士兵在激烈的战斗中能够协调一致、快速反应，最大限度发挥整体作战优势，避免单兵独行带来的风险。

古罗马著名军事学家韦格蒂乌斯曾言：“对新兵实施的第一堂军事训练课应该是走步伐。无论是行军还是在兵阵中，首先要注意使全体军士在运动时保持正确的队形。……一支部队如果遭分割，而又不能保持严整的队形，那是非常危险的事情。”[③]由此可见，队形在军事行动中的重要性。步伐的规范性不仅是个人军事素养的体现，更是整个军队协调性和纪律性的基础。在行军和兵阵中，队形的整齐直接影响到军队的作战效率和战斗力。如果一支部队在遭遇分割时未能保持严整的队形，它将难以执行协同作战，容易陷入混乱或分散，进而失去集中火力和应对敌人进攻的能力。因此，队形的保持与整顿，是确保部队能够在复杂战场环境中迅速反应并保持战斗力的关键。

此外，春秋时期的方阵中，每名士兵所占据的空间大约为1.8平方米。[④]相比之下，古罗马军团中，每名士兵所占的空间约为5平方英尺[⑤]，折合为0.4平方米（1平方英尺约等于0.09290304平方米）。尽管中

---

① 杨伯峻：《春秋左传注》，北京：中华书局1990年5月第2版，第1396页。

② 陈奇猷校释：《吕氏春秋校释》，上海：学林出版社1984年版，第837页。

③ ［古罗马］弗拉维乌斯·韦格蒂乌斯·雷纳图斯：《兵法简述》，袁坚译，北京：解放军出版社2006年第2版，第61页。

④ 蓝永蔚：《春秋时期的步兵》，北京：中华书局1979年版，第163页。

⑤ 同上③，第34页。

外军阵中士兵所占空间的大小有所不同，但从根本上来看，两者都强调在军阵中士卒之间要保持一定的空隙。这种间距不仅确保士兵在作战时能够自由活动，避免相互之间干扰，还能保障武器的有效使用，使得士兵能够灵活地应对战场上的复杂局面。无论是冷兵器还是近战武器，适当的空间布局都能有效提高军阵的整体作战效率，增强其战斗力。因此，合理的士兵间距在军阵布置中具有不可忽视的重要性，体现了战术部署的精密与周到。反之，一旦队列混乱，士兵将被挤在一起，失去足够的活动空间，将会无法有效发挥战斗力。

故而《武经七书·孙子兵法·军争》篇有云："勇者不得独进，怯者不得独退。"[①]可见，孙子极其重视军阵中的纪律性，尤其是军队行进时的队形要求。军令中的"不听军令"与"不允许擅自行动"体现了严格的规矩，任何违反者都会受到严惩。无论士兵的勇猛还是胆怯，独立行动都会破坏军阵的整体协同，影响作战效果。军队的力量来源于集体行动与协调。"厚而不能使，爱而不能令，乱而不能治，譬若骄子，不可用也。"[②]如果个别士兵擅自前进或后退，可能导致阵形紊乱，给敌人可乘之机。因此，这样的禁令是为了保障阵型的稳固，并确保全体士兵在统一指挥下发挥最大的战斗力。

《战争论》中说道："一小队骑兵在快速追击敌人之后，几分钟就可以恢复原来的队形，危机也不会持续得更长。整个骑兵团要恢复秩序却需要较长的时间，成散兵线的步兵恢复队形所需要的时间还会更长。"[③]

---

① 《武经七书·孙子兵法·军争》，北京：中华书局2007年版，第38页。

② 《武经七书·孙子兵法·地形》，北京：中华书局2007年版，第58页。

③ ［德］克劳塞维茨：《战争论》，中国人民解放军军事科学院译，解放军出版社2008年第2版，第261页。

骑兵凭借高度的机动性与灵活的作战方式，在快速追击后能够在几分钟内恢复队形，凸显其行动敏捷、重组迅速的优势，这使得骑兵在战场上可以更高效地把握战机，迅速投入新一轮战斗或转入防御；而骑兵团因规模较大，组织协调更为复杂，恢复队形所需时间较长，体现出大规模军阵在行动后重组的难度；成散兵线的步兵，由于其作战模式注重分散与掩护，队形恢复时间更久，反映出步兵军阵在灵活性与机动性上的局限性。这些不同兵种恢复队形时间的差异，进一步说明了军阵的构成、规模及兵种特性对作战效能与战场应变能力的重要影响，也侧面反映出在战争中，根据实际作战需求合理运用不同兵种及其军阵形态，对保持军队战斗力和掌握战争主动权至关重要。

春秋时期的军阵布局严谨且有严格规定，步兵的站位和排列直接关系到军阵的稳定与战斗力。若步兵的站位受到干扰，需要时间来恢复阵型，这可能导致一段时间内无法有效作战，从而失去阵地的控制和作战优势。与步兵相比，战车在军阵中的灵活性较差，尤其是在面对快速变化的战场情况时，战车的机动性远逊色于骑兵。若战车的站位被打乱，恢复的速度较慢，战车队伍的协同作战能力会大大降低。重新调整战车的位置和兵力配置，不仅耗时，而且一旦错失时机，敌方可能会趁机发动致命攻击，直接影响整个军队的战斗态势。因此，军阵中的站位稳定性和顺畅的兵力调动是战争胜负的关键因素之一。任何扰乱阵形的行为，都可能导致兵力的分散与阵型的破坏，使军队在战场上处于被动状态。

《武经七书·孙子兵法·行军》说道："军扰者，将不重也；旌旗动者，乱也。"[①]"乱"，就是"陈兵纵横"[②]，此理亦适用于观察敌方虚实。

① 《武经七书·孙子兵法·行军》，北京：中华书局2007年版，第51页。
② 《武经七书·孙子兵法·地形》，北京：中华书局2007年版，第56页。

《孙膑兵法·将失》亦云："兵之前行，后行之兵，不参齐于阵前，可败也。"[①]若军阵出现混乱，其具体表现则为军旗乱动，意味着队伍失去秩序，此时正是敌军发动攻击的最佳时机。军阵的整齐与纪律是决定胜负的关键因素。如果军阵中前后、左右参差不齐，部队的协同与作战能力会受到严重影响，失败的可能性大增。相反，保持整齐的阵形能够提高部队的整体作战效率和战斗力。故《武经七书·司马法·天子之义》中说道："军旅之固，不失行列之政。"[②]因此，指挥官必须严格管理军阵，确保队形稳定，避免混乱，以发挥部队的最大作战效能。

鲁庄公十年，长勺之战爆发，为了判断是否可以追击齐国军队，曹刿"下视其辙，登轼而望之"[③]。对此，曹刿分析说道："夫大国难测也，惧有伏焉。吾视其辙乱，望其旗靡，故逐之。""辙乱"和"旗靡"是齐军败退时阵形混乱的明显标志，表明军队在撤退过程中失去了原本的组织性和秩序。曹刿通过观察这些细节，意识到齐军已经完全丧失了队列的整齐，因此不再担心敌军可能设有伏兵。军队队形的稳定与否，不仅是战斗过程中至关重要的因素，也是判断敌方是否存在伏击的关键依据。

同样是撤退，随军表现则值得称赞。《左传》宣公十二年，随国与楚国交战，随国的大臣随季建议："楚师方壮，若萃於我，吾师必尽，不如收而去之。分谤生民，不亦可乎？"之后，"殿其卒而退，不败"。[④]随季的决策展示了战场上机动与阵型保持的重要性。在楚军的压力和晋

① 银雀山汉墓竹简整理小组：《银雀山汉墓竹简·贰》，北京：文物出版社2010年版，第138页。

② 《武经七书·司马法·天子之义》，北京：中华书局2007年版，第175页。

③ 同上②，第183页。

④ 同上②，第740页。

军溃败的情况下，随季选择了先行后撤，以保存随军的实力。同时为了避免楚军趁机追击，随季还采取了“殿其卒”的战术，即派出一部分兵力作为后卫，保护主力部队的安全撤退。随季的上军能够保持相对完整的队形，避免了像中军和下军那样因队形混乱而遭受更大损失。这表明，尽管处于撤退状态，保持队形的严整仍然至关重要，这在一定程度上减少了部队的损失，保留了实力，为后续反击或防御创造了有利条件。

如果士卒不听指挥而擅自进退，如《武经七书·尉缭子·兵教上》所言：“有非令而进退者，加犯教之罪。”[①]《国语·晋语》记载：“赵孟使人以其乘车干行，献子执而戮之。”[②]《左传》襄公三年：“晋侯之弟扬干乱行于曲梁，魏绛戮其仆。”[③]“干行”和“乱行”，指的是违反军阵纪律、擅自改变队形的行为。这种行为直接影响部队的作战效能和协同作战的能力，因此必须予以严惩。直接诛杀违犯者的惩罚措施，凸显了军队对纪律的高度重视。这种极端的惩罚旨在震慑其他士兵，提醒他们必须严格遵守军令，保持队形的整齐，以确保整个军队的作战能力不受破坏。军阵的稳固不仅依赖于士兵的勇气和技巧，更关键的是依赖于严格的纪律和统一的指挥，任何个人行为的失控都可能带来灾难性的后果。反之，若军阵“圜居而方止，则若磐石，触之者角催。”[④]

孙子所言之“并力”，表现于军阵则在于“齐整”，而影响“齐整”之因素，除上述所言之外，尚有其他因素须得注意。《吴子·料敌》言

① 《武经七书·尉缭子·兵教上》，北京：中华书局2007年版，第280页。
② 徐元诰：《国语集解》，北京：中华书局2002年版，第378页。
③ 杨伯峻：《春秋左传注》，北京：中华书局1990年第2版，第928页。
④ ［清］王先谦：《荀子集解》，北京：中华书局1988年版，第268页。

道："夫齐陈重而不坚，秦陈散而自斗，楚陈整而不久，燕陈守而不走，三晋陈治而不用。"[①]齐国、秦国、楚国、燕国、三晋阵型，虽各有优点，然缺点亦明显。

针对其缺点，吴起指出："夫齐性刚，其国富，君臣骄奢而简于细民，其政宽而禄不均，一陈两心，前重后轻，故重而不坚。击此之道，必三分之，猎其左右，胁而从之，其陈可坏。秦性强，其地险，其政严，其赏罚信，其人不让，皆有斗心，故散而自战。击此之道，必先示之以利而引去之，士贪于得而离其将，乘乖猎散，设伏投机，其将可取。楚性弱，其地广，其政骚，其民疲，故整而不久。击此之道，袭乱其屯，先夺其气，轻进速退，弊而劳之，勿与战争，其军可败。燕性悫，其民慎，好勇义，寡诈谋，故守而不走。击此之道，触而迫之，陵而远之，驰而后之，则上疑而下惧，谨我车骑必避之路，其将可虏。三晋者，中国也，其性和，其政平，其民疲于战，习于兵，轻其将，薄其禄，士无死志，故治而不用。击此之道，阻阵而压之，众来则拒之，去则追之，以倦其师。此其势也。"[②]齐国因君臣骄奢导致"一阵两心"，宜用三分夹击之术；秦国凭借严明政令形成"散而自战"的特性当以利诱分兵破之；楚国地广政骚致使战力"整而不久"，适合运动消耗；燕国民风淳朴，则可通过制造猜疑动摇士气；三晋士卒疲战而无死志，宜用持久消耗战术。

《孙子兵法·始计》中提及"五事七计"。"五事"为"道、天、地、将、法"，即孙子提出的战略思考的框架。而吴起对于军阵的分析，也是从多维度表明军阵不仅是简单的兵力分配与战术布置，两者有极其相

① 《武经七书·吴子·料敌》，北京：中华书局2007年版，第96页。
② 同上①，第97页。

似之处。

例如，“道者，令民与上同意也”。此乃民心走向，若上下不合，齐国军阵则有“一阵两心”、秦国军阵则会“士贪于得而离其将”、赵国军阵则“上疑而下惧”等。《孙子兵法·形篇》中提到“地生度，度生量，量生数，数生称，称生胜”。此乃一国因地理条件不同，则军力亦随之不同。正如吴子所言，军阵布局也在很大程度上受到地理环境的影响，而地理环境又会影响人民习性，乃至国家政策等，因此军阵成为了解一个国家综合实力和内部状态的重要窗口。

因此，一个真正完美的军阵，不仅是战术上的成功体现，更是国家治理、民心凝聚、地缘优势和军事纪律相结合的结果。军阵既是战场上的工具，也是国家综合实力和管理能力的缩影，只有在齐整与灵活、坚固与机动中找到平衡，才能塑造出无懈可击的军队阵型。

总之，战力的集中，即孙子所言“并力”，其思想应当贯穿战前、战中、战后的各个阶段。行列齐整正是战力凝聚的体现，战前军阵稳固，它能稳定军心、激扬士气；战中军阵齐整，能够保证攻击力与防御力的有效发挥；战后军阵不乱，可以确保安全撤退。因此，齐整不仅是军阵布列的基础，更是战斗力的重要保障。

## 第三节 “曲制”与军阵编制

《孙子兵法·计篇》中“五事”中的“法”的解释是“曲制，官道，主用也”。其中的“曲制、官道”，即是军队的编制。正如《十一家注孙子》中杜牧所言：“曲者，部曲队伍，有分画也。制者，金鼓旌旗，有节制也。官者，偏裨校列，各有官司也。”[①]军队被划分为不同的单位，就便于管理和调度，因此明朝赵本学在其《孙子书校解引类》中言道：“古制军之法，五人为伍，五十人为队，二队为曲，二曲为官，二官为部，二部为校。曲制官道，盖言其伍法也。用兵以伍法为先，观彼我所主用之法，而胜负自见矣。”[②]可见，孙子非常重视军队的分层和结构化管理，在此基础之上，还须有良好的指挥和命令系统，如此才可保证军队的统一行动。这就体现在军队内部各级军官分工明确、各司其职上。若军令畅通无阻，则可调动如手足。

“春秋时期的军阵，是以军队的编制为基础展开的。如果没有基本的编制，军阵的布列根本无从谈起。因为军阵的布列其实就是对一支准备作战的军队的区分和配置，“各个部分的配置，应该使派出去的每个部分在运用时既能满足当时的战术要求又能满足当时的战略要求”。[③]如果没有编制，军队则无法区分，也就不能够及时响应战场上的战术和战略要求，所以军阵的编制是军阵布列的前提条件。春秋军阵军队的编制是承袭周制而来的，但是也不完全等同于周制。因为春秋时期的战争实践活动增加，无论从战争数量还是战争规模，都有所发展，所以春秋时期的编制也呈现出其时代的特征。在《左传》的记载中，涉及军阵记载的编制单位最多的是“伍”“两”“乘”“偏”。

春秋军队编制沿于周制，《周礼·地官·小司徒》曰：“五人为伍，五伍为两，四两为卒，五卒为旅，五旅为师，五师为军，以起军旅，以

① 李如龙：《孙子注会要》，北京：商务印书馆2019年版，第49页。

② 同上①，第50页。

③ ［德］克劳塞维茨：《战争论》，中国人民解放军军事科学院译，解放军出版社2008年第2版，第402页。

作田役，以比追胥，以令贡赋。”①《周礼·夏官司马》曰：“凡制军，万有二千五百人为军，王六军，大国三军，次国二军，小国一军，军将皆命卿；二千五百人为师，师帅皆中大夫；五百人为旅，旅帅皆下大夫；百人为卒，卒长皆为士；二十五人为两，两司马皆中士；五人为伍，伍皆有长。一军则二府，六史，胥十人，徒百人。”②《周礼·夏官司马》所记载的军阵编制体系，构建了从伍到军的严密层级架构，深刻反映了春秋时期军阵编制的规范化与制度化特征，其以五人为伍、二十五人为两、百人为卒、五百人为旅、二千五百人为师、万有二千五百人为军的层级划分，明确了各级编制的规模与统属关系，军、师、旅、卒、两、伍的不同编制单位均配置相应职官，确保指挥系统的有序运转，这与春秋军阵强调的阵列严整、纪律规范相呼应，通过清晰的编制体系保障军队行动协调一致，从而发挥强大的战斗力。这种基于等级制度的军阵编制，为军阵在战场上的兵力部署、指挥调度提供了基础，与《孙子兵法》中重视军队组织与指挥效能的思想相契合。

《孙子兵法·谋攻》亦有言：“全军为上，破军次之。全旅为上，破旅次之。全卒为上，破卒次之。全伍为上，破伍次之。”③《通典》引《司马法》曰：“凡立军一人曰独，二人曰比，三人曰参，比参曰伍，五人为列。”④可见，“伍”为当时兵制中最小的作战单位。根据《左传》桓公五年所载，郑国的“鱼丽阵”之部署，便是“先偏后伍，伍承弥缝”。⑤作为战场上最小的作战单位，“伍”发挥着极其重要的作用，不仅可以

① 杨天宇：《周礼译注》，上海：上海古籍出版社2004年版，第161页。

② 同上①，第400页。

③《武经七书·孙子兵法·谋攻》，北京：中华书局2007年版，第15页。

④［唐］杜佑：《通典·兵一·立军》，北京：中华书局1988年版，第3791页。

⑤ 杨伯峻：《春秋左传注》，北京：中华书局1990年第2版，第105页。

保证己方战阵的完整，同时也可以攻击敌方战阵的破绽。《唐太宗李卫公问对》曰：“诸家兵法，惟伍法为要。”[①]可见，“伍”在军中编制中具有极其重要的作用，皆因实战过程中，此编制为基本作战单位，故“伍”的作战能力，极有可能左右战局。又如昭公元年，晋国的崇卒之阵，则是“五乘为三伍。……两于前，伍于后”。[②]晋国主将荀吴以此军阵编制讨伐无终戎人及群狄。《尉缭子·制谈》曰：“古者士有什伍。”[③]

孙子曾用常山之蛇来比喻军队的协调性，“故善用兵者，譬如率然。率然者，常山之蛇也。击其首则尾至，击其尾则首至，击其中则首尾俱至”。根据蓝永蔚先生在《春秋时期的步兵》中的论述，“伍”中每一个士兵所持有的武器皆不相同，如果按照对敌方向，以前后顺序排列分别为戈、戟、矛、殳、弓[④]，不同的武器配备，正是为了“长以卫短，短以救长”。[⑤]“伍”作为军阵编制的最小单元，其成员武器按戈、戟、矛、殳、弓的顺序从前至后排列，不同兵器长短互补、功能各异，戈、戟利于近身格斗，矛、殳可中距离攻击，弓则负责远程威慑，这种“长以卫短，短以救长”的武器配备，不仅体现了编制中对个体作战功能的精准规划，更是通过合理的兵器组合，增强“伍”这一基础作战单位的整体战斗力。在战场上，伍的士兵凭借不同武器协同配合，能够有效应对敌方从远到近的攻击，形成多层次的攻防体系，这与前文所述军阵编制强

① 《武经七书·唐太宗李卫公问对·卷中》，北京：中华书局2007年版，第564页。
② 同上①，第1216页。
③ 《武经七书·尉缭子·制谈》，北京：中华书局2007年版，第202页。
④ 杨天宇：《周礼译注》，上海：上海古籍出版社2004年版，第460页。郑玄注：“郑司农云，五兵者，戈、殳、戟、酋矛、夷矛。”但郑玄认为“车之五兵，郑司农所云者也，步卒之五兵则无夷矛而有弓矢。”
⑤ 《周礼·夏官·司马下》，郑玄注引《司马法》，文。

调的组织性、协调性一脉相承，这正是“率然”之表现。

不过关于“伍”，尚有不同的解释，亦有人认为“伍”并非徒兵，而是战车。“伍者五倍其偏之乘，盖以二十五乘居前，以百二十五乘承其后而弥缝之若鱼之相丽而进。……杜以五人为伍释之误矣。”[①]此观点认为“伍”，是指其规模是“偏”的五倍，即以二十五乘（战车或兵力）居于前方，以一百二十五乘紧随其后，彼此紧密衔接，如同鱼群相互依附而前进，强调其实际规模远大于传统的五人一组，而是以战车或兵力为单位，形成前后呼应的阵型。《孙子兵法·形篇》有云：“善守者，藏于九地之下；善攻者，动于九天之上。”这种鱼群式推进的军阵，因中间留有空隙，若敌军强大，则可以收缩阵型，增强防御；若敌军出现破绽，则可迅速展开，形成多层次攻击。

与“伍”类似，“乘”同样也是基础的战阵单位，但“乘”为车兵与徒兵的组合。春秋时期，一乘所附属的士卒人数曾为十人[②]、二十五人[③]、三十人[④]、五十人[⑤]、七十五[⑥]人，其中五十人为齐国之特例，与三十人制在时间上大致相同。《周礼·夏官·大司马》曰，“车徒皆坐”“车骤徒趋，及表乃止，坐作如初”“乃陈车徒如战之阵，皆坐”。[⑦]可见，无论是静止状态，抑或运动状态；无论是战前还是战中，车兵与徒兵的

① 《文渊阁四库全书·经部·五经总义类·群经补义·卷二》，中国台湾：台湾商务印书馆1986年版，第194页。

② 《左传》，闵公二年，“齐侯使公子无亏帅车三百乘，甲士三千人，以戍曹。”

③ 《周礼·小司徒》，“五人为伍，五伍为两”，孙怡让“正义”云：“每乘二十五人”。

④ 《周礼·地官·小司徒》，注引《司马法》，逸文载“甲车一乘，士十人，徒二十人。”

⑤ 《国语·齐语》，“故五十人为小戎”。

⑥ 《诗·小雅·信南山》，孔颖达疏引《左传》，成公元年服虔注引曰：“长毂一乘，马四匹，牛十二头，甲士三人，步卒七十二人，戈楯具，谓之乘马。”

⑦ 杨天宇：《周礼译注》，上海：上海古籍出版社2004年版，第421页。

行为都展现出了高度的行动一致性。蓝永蔚先生进一步提出“一乘攻车，甲士三人，刚好分别指挥三两步卒。这三名甲士，进攻时乘车，防御时入列”,[①]并引《司马法·严位》曰“位下左右，下甲，坐”。[②]《左传》闵公二年，“齐侯使公子无亏帅车三百乘，甲士三千人，以戍曹”。[③]若“车三百乘”而“甲士三千人”，那么一乘战车就有甲士三十人，甲士的入列，更能增加防御能力，如此灵活的应对方式，岂非孙子所言“兵无常势，水无常形”乎？

多辆兵车的组成即为“偏”。《左传》桓公五年曰：“先偏后伍。”宣公十二年曰：“卒偏之两。”[④]成公七年曰：“舍偏两之一焉。”[⑤]昭公元年曰：“偏为前拒。”[⑥]《尉缭子·制谈》曰：“古者士有什伍，车有偏列。”“偏”与“伍”“卒”“两”类似，都是古代军队中的一种基本编制单位。同时，“先偏后伍”和“偏为前拒”这两种说法表明，“偏”在军阵中常被用作先锋部队，承担前线的作战任务。

宣公十二年，“楚子为乘广三十乘，分为左右”[⑦]、“广有一卒，卒偏之两”。杨伯峻先生提出，“卒偏之两”指的是每卒包含两偏，而二广共有三十乘战车，因此两偏合计为三十乘，单偏则为十五乘。这一观点与《司马法》中的记载存在十乘的差异。又成公七年，“以两之一卒适吴，舍偏两之一焉”。杨伯峻先生“两之一卒”即为“卒偏之两”，也就是一

① 蓝永蔚：《春秋时期的步兵》，北京：中华书局1979年版，第124页。
② 《武经七书·司马法·严位》，北京：中华书局2007年版，第171页。
③ 杨伯峻：《春秋左传注》，北京：中华书局1990年第2版，第267页。
④ 同上③，第731页。
⑤ 同上③，第835页。
⑥ 同上③，第1216页。
⑦ 同上③，第737页。

卒的编制包括了两偏，“舍偏两之一”，则是留下一偏在吴地。对此，蓝永蔚先生则列举了孔颖达、沈钦韩、徐中舒、刘文淇和杜预等的观点①，其中杜预提到“盖留九乘车及一两二十五人令吴习之”。

《左传》桓公五年杜注引《司马法》逸文曰：“车战二十五乘为偏。”昭公元年服虔引《司马法》曰：“二十五乘为偏。”茅元仪于《鱼丽阵记》中说：“周制五车为一队，二十五车为一师，一百二十五车为一军，郑不称师而称偏，一师各当其一面故也。”②由此可见，“偏”这一编制单位所辖的战车数量同样为二十五辆，其下统领的士兵人数则应为二千五百人。不过此法并非诸国皆行，如楚国“山泽之国，车少而人多”③。《武备志·荆尸阵记》又曰：“五十人为两，百人为卒，十五乘为偏。以其山泽之国车少而人多。”《孙子兵法》中有《地形》《九地》两篇专门论述地形对于作战的影响。《始计》一篇中所言“五事”，其一便为“地”：“地者，远近、险易、广狭、死生也。”可见，孙子强调应当根据地理环境和资源条件制定相应的军事策略。由于地形限制，楚国无法大规模使用战车，因此更注重步兵的编制和运用，这与《孙子兵法》中“地者，兵之助也”的理念相契合。而楚国的军阵编制，正是“因地制宜”思想下的产物。

因此，春秋时期一偏所统帅的战车数量可能为九乘、十五乘或二十五乘，但是由于史料记载有限，具体数目存在差异，难以得出明确结论。

黄朴民先生论及春秋军事史时曾言：“军事行事发展变化极其迅速，

① 蓝永蔚：《春秋时期的步兵》，北京：中华书局1979年版，第127页。

② 茅元仪：《武备志·阵练制》，中国台湾：华世出版社1984年版，第1864页。

③ 《武经七书·唐太宗李卫公问对·卷上》，北京：中华书局2007年版，第547页。

加上社会政治、经济诸因素对军队建设的强大制约，因此，这一时期军事系统的编制并不很严格。这表现为虽然‘军、旅、卒、两、伍’等建制单位以及各自隶属关系相对稳定，但在各建制单位内具体人员、装备的配置上却时有变化，不尽相同，尚处于没有稳定定编的状态。”①因此，春秋时期军阵编制处于动态发展与不稳定状态。尽管军、旅、卒、两、伍等基本建制单位及隶属关系相对稳定，为军阵的组织架构搭建起基础框架，使其在战场上能够保持基本的指挥与作战体系，但受军事行动瞬息万变的特性影响，以及社会政治、经济等因素的强力制约，各建制单位内部具体的人员数量调配、武器装备组合等方面存在诸多变数，尚未形成固定且统一的标准编制。

如《国语·吴语》曰：“陈士卒百人，以为彻行百行……十行一嬖大夫，建旌提鼓，挟经秉枹。十旌一将军，载常建鼓，挟经秉枹。万人以为阵。”②这段史料提及“卒”，其规模为百人，与周制相符，然而“百行”所指的千人编制，则与周制又有所不同。齐国的军事编制体系由军、旅、卒、小戎、伍五个层级构成，各层级分别统领万人、二千人、二百人、五十人和五人。值得注意的是，除了“伍”这一最小单位外，其他层级的规模与周制并不一致，这也体现了齐国独特的军事组织结构。

孙子有云：“兵无常胜，水无常形，能因敌变化而取胜者，谓之神。”春秋军事系统编制虽不严格，但能因地、因时而有变化。正是这些变化，军阵才能随着历史的车轮而衍变出绚烂的轨迹。

---

① 黄朴民：《中国军事通史·春秋军事史》，北京：军事科学出版社1998年版，第77页。

② 徐元诰：《国语集解》，北京：中华书局2002年版，第548页。

# 第二章

# 《孙子兵法》与春秋军阵的形态

## 第一节　春秋军阵的基本形态

### 一、圆阵与方阵

#### （一）圆阵

《孙子兵法·兵势》中提到“形圆而不可败也”。《孙武子直解》曰：“布阵形圆，而敌不可败者。”[①]正所谓“圆阵无角，利以坚守”[②]，此为关于军队部署和战术阵型的深刻见解。其核心思想是，军队的阵型应当像圆形一样，具备灵活性和全面防御能力，“车徒环绕，行阵流转，圆融而和会，故其形圆密而不可败”，[③]从而在任何情况下都能应对敌人的进攻而不被击败。因为圆形没有明显的弱点或缺口，敌人无论从哪个方向进攻，都无法找到明显的突破口。正如《孙膑兵法·十阵》中提到的：“凡阵有十：有方阵，有圆阵……圆阵者，所以剸也。”[④]“剸”，指的是将分散的力量集中起来，形成一个整体，是资源和能量的整

① 李如龙：《孙子注会要》，北京：商务印书馆2019年版，第247页。

② 《文渊阁四库全书·子部·兵家类》，中国台湾：台湾商务印书馆1986年版，第246页。

③ 同上①，第50页。

④ 银雀山汉墓竹简整理小组：《银雀山汉墓竹简·贰》，北京：文物出版社2010年版，第188页。

合，也意味着团结和协同，强调个体力量的结合能够产生更大的整体效应。

《孙子兵法·虚实》强调“我专而敌分”，即集中自己的力量，同时分散敌人的力量，亦是此意。《唐李问对·卷上》中言道：“形圆而势不散。”[①]外在的圆形阵型为内在的凝聚力提供了基础，而内在的凝聚力又能够增强圆形阵型的稳定性和战斗力。这种“形”与“势”的和谐统一，是取得战斗胜利的关键。

《孙子兵法·九地篇》中说道“是故方马埋轮未足恃也”[②]。曹操注：“缚马也。”[③]《周礼·春官》中有“广车”和“蘋车”[④]，主要用于稳固和坚固阵势。郑《注》说，“广车”就是“横陈之车也”。即用来增强阵地的防御能力，防止敌军突破防线。而“蘋车”，郑玄的注释是：“蘋，犹平也。所用对敌自蔽之车。”孙诒让释曰：“盖以皮革蒙车，人在车后，可蔽敌之矢石。”此车主要用于防御敌军的远程攻击，为士兵提供掩护。功能类似于现代的掩体或盾牌，为士兵提供安全的作战环境。在敌军远程火力压制时，蘋车可以帮助士兵稳定阵脚，减少伤亡。

《史记·卫将军骠骑列传》记载：“大将军军出塞千馀里，见单于兵陈而待，於是大将军令武刚车自环为营，而纵五千骑往当匈奴。”[⑤]武刚车被用来“自环为营”，即围成一个环形防御阵地。避免被敌人从侧翼或后方袭击。通过建立稳固的防御体系，可以为进攻创造有利条件。汉

① 《武经七书·唐太宗李卫公问对·卷上》，北京：中华书局2007年版，第536页。

② 《武经七书·孙子兵法·九地》，北京：中华书局2007年版，第64页。

③ ［春秋］孙武撰，［三国］曹操等注，杨丙安校理：《十一家注孙子校理》，北京：中华书局1999年版，第251页。

④ 杨天宇：《周礼译注》，上海：上海古籍出版社2004年版，第391页。

⑤ 司马迁：《史记》，北京：中华书局1982年第2版，第2935页。

军的战术体现了战车与骑兵的协同作战。

古罗马的韦格蒂乌斯也持同样的观点："军士还应该学会布成圆形队形，这也是非常重要的。因为当敌方突破我兵阵时，这种布阵有利于那些训练有素的军士阻挡他们的进攻，从而避免发生整个部队溃散逃跑，或全军覆灭的惨状。"①军士学会布成圆形队形，不仅能够提升防御力，防止溃败，还能够稳定士兵心理。"蛮族人用他们的大车在自己周围摆成一个大圈，就像一座筑有工事的营地。他们在里面安详地过夜，不用担心会遭到突然袭击。"②这段论述深刻揭示了圆形防御队形在古代战争中的重要价值。首先，在战术层面，能有效应对敌军突破后的混乱局面，形成环形防御工事，防止部队溃散；其次，在心理层面，可显著增强士兵安全感，稳定的防御态势有助于维持士气，封闭式防御圈更能降低敌军突袭带来的心理压力。

此外，圆形可以自由旋转或调整方向，象征着军队在战斗中应当具备高度的机动性和应变能力，"散而成八；复而为一者也"。③根据敌情随时调整战术，即完成攻守的转化，故《尉缭子·勒卒令》中说道："方亦胜，圆亦胜，错斜亦胜，临险亦胜。"④而"形圆"的观点，又与《孙子兵法》中"常山之蛇，击其首则尾至，击其尾则首至，击其中则首尾俱至"的思想相呼应。《吴子·治兵》中所言："圆而方之……分而

① ［古罗马］雷纳图斯：《兵法藏书·罗马兵法》，兰州：兰州大学出版社2007年版，第86页。

② ［古罗马］弗拉维乌斯·韦格蒂乌斯·雷纳图斯：《兵法制》，袁坚译，中国台湾：华世出版社1984年版，第154页。

③ 《武经七书·唐太宗李卫公问对·卷上》，北京：中华书局2007年版，第536页。

④ 《武经七书·尉缭子·勒卒令》，北京：中华书局2007年版，第272页。

合之，结而解之，每变而习。”[①]将领应根据战场情况，灵活调整方阵和圆阵，既能灵活机动，又能稳固防守，这就需要能够分散或集中兵力，以应对不同的作战需求，当然这离不开军队的高度组织性和指挥官的灵活应变能力。只有通过不断地练习，士兵和将领才能在实战中灵活运用这些战术，做到随机应变。

《唐李问对·卷中》说道："外画之方，内环之圆……方生于步，圆生于奇，方所以矩其步，圆所以缀其旋。……画方以见步，点圆以见兵……臣常教士三万，每陈五千人，以其一为营法，五为方、圆、曲、直、锐之形，每陈正变，凡二十五变而止。……方、圆、曲、直、锐实因地形使然。”五种基本阵型（方、圆、曲、直、锐）的组合变化，形成二十五种不同的战术，通过圆阵与其他军阵的结合，指挥官既能掌控全局，又能灵活根据地形调整战术，体现了阵型设计的多样性和灵活性。《孙膑兵法·官一》一篇中提到"险□□□用圜"[②]，圜即圆阵。至于何为"险地"，或为《孙子兵法·九地》中"入人之地深，背城邑多"[③]的重地，或为"行山林、险阻、沮泽，凡难行之道"[④]的圮地，或为"由入者隘，所从归者迂，彼寡可以击吾之众"[⑤]的围地，只因字迹脱漏，已无法确知"险"的具体内容，但是以圆阵应对险地之危险，当为一种合理的应对之策。

而圆阵与方阵的转换是最为常见的。当方阵变为圆阵时，"应当是

① 《武经七书·吴子·治兵》，北京：中华书局2007年版，第109页。

② 银雀山汉墓竹简整理小组：《银雀山汉墓竹简·壹》，北京：文物出版社1985年版，第65页。

③ 《武经七书·孙子兵法·九地》，北京：中华书局2007年版，第60页。

④ 同上③。

⑤ 同上③。

编队中的战车首尾相衔，进行旋转的结果。这时，还要把战马拴缚起来，把车轮埋到土里，而步卒的小方阵在掩护车队进行旋转运动的过程中，也随之靠拢成一个密集的防御圈，在车队外围固坐坚守，这就是曹操所说的‘卒骑转而形圆’”。[①]当编队中的战车首尾相衔，进行旋转时，需将车轮埋入土中，同时拴缚战马，防止惊扰，此时掩护车队运动的步卒，也随之靠拢形成一个密集的圆形防御圈。这一过程诠释了《孙子兵法》“形圆而不可败”的作战思想。《司马法·严位》说道：“凡车以密固，徒以坐固，甲以重固，兵以轻胜。”[②]这种编队方式可以确保战车在旋转过程中保持队形的完整性。通过旋转，战车可以随时调整方向，应对来自不同方向的敌人进攻。旋转运动使战车具备一定的机动性，能够在战场上灵活应变。《吴越春秋·阖闾内传》说：“左右进退，廻旋规矩。”[③]这里的“廻旋”强调了迂回包抄或调整阵型的能力，可能是为了应对敌军的进攻或寻找战机。将战马拴缚起来，可以防止马匹在战斗中受惊或失控，确保战车的稳定性。《尉缭子·兵教下》说：“十日陈车，谓接连前茅，马冒其目也。”[④]马匹还要被蒙住眼睛，防止其在战场上受惊失控。将车轮埋入土中，可以增加战车的稳固性，防止敌人轻易推动或破坏战车。通过战车的旋转和步兵的掩护，既实现了防御的稳固性，又保留了机动的灵活性。《礼记·乐记》所载“三步以见方”以及“复乱以饬归”，就是方阵向圆阵的转换。

同时，“形圆”并非单纯的防御，而是通过稳固的阵型消耗敌人的

---

① 蓝永蔚：《春秋时期的步兵》，北京：中华书局1979年版，第173页。

② 《武经七书·司马法·严位》，北京：中华书局2007年版，第174页。

③ ［汉］赵晔：《吴越春秋校注》，张觉校注，江苏：江苏古籍出版社2006年版，第70页。

④ 《武经七书·尉缭子·兵教下》，北京：中华书局2007年版，第285页。

力量，寻找反击的机会。这种战术又体现了《孙子兵法》中“先为不可胜，以待敌之可胜”的原则。《孙膑兵法·十问》中说：“敌人圆阵以胥，因以为固。”[①]这里的“胥”可以理解为等待、观察或准备，因此采用圆阵，亦是为了稳固防守，等待时机。

文公十年，“宋公为右盂，郑伯为左盂”。[②]杜预注曰：“盂，田猎陈名。”杨伯峻先生引《焦循补疏》与《沈钦韩补注》而释曰：“盂，取迂曲之意，盖圆阵也。”“盂”即《韩非子外储说左上》中“李悝与秦人战，为左和、右和是也”中的“和”，也如《宋书礼志》中所言“领军将军一人督右甀，护军将军一人督左甀”中的“甀”。春秋时期，“春蒐夏苗，秋狝冬狩，皆于农隙以讲事也”。田猎不仅是狩猎活动，也是军事训练和演习的重要形式，因此“盂”作为田猎阵型，可能与军事阵型有相通之处。此处的圆阵主要用于包围猎物，左、右两“盂”可以分别行动，对猎物形成包抄或夹击之势。若运用于战事，圆阵既可以用于包围敌人，也可以用于防止被敌人包围。

《孙子兵法·计篇》所言：“兵者，诡道也。”继而提出“能而示之不能，用而示之不用”“乱而取之”等“诡道十二法”，而击破圆阵的方法就在其中。故《孙膑兵法·十问》曰：“敌人圆阵以胥，因以为固。击（之奈何？曰）：击此者，三军之众分而为四五，或傅而佯北，而示之惧。彼见我惧，则遂分而不顾。因以乱毁其固。驷鼓同举，五遂俱

---

① 银雀山汉墓竹简整理小组：《银雀山汉墓竹简·贰》，北京：文物出版社2010年版，第193页。

② 杨伯峻：《春秋左传注》，北京：中华书局1990年第2版，第577页。

傅。五遂俱至，三军同利。此击圆之道也。”[①]此法要利用佯装败退的策略，诱使敌军分兵或放松警惕，破坏其阵型的稳固性。通过分散兵力，迷惑敌军，使其难以判断主攻方向。让一部分部队接触敌军后假装败退，表现出畏惧。诱使敌军误判形势，放松警惕。敌军看到我军“畏惧”后，可能会分兵追击或调整阵型，导致其阵型松动。利用敌军的轻敌心理，破坏其圆阵的稳固性。趁敌军阵型混乱时，集中兵力攻击其薄弱点。因此圆阵虽稳固，但灵活性较差，一旦被诱使分兵或阵型松动，更容易被击破。

总而言之，圆阵因其独特的防御性能使其成为春秋军阵中不可替代的阵型。但由于力量内聚，进攻能力较弱，因此，圆阵在战场上的作用更多是自保或坚守，而非主动出击。然而，战场局势多变，攻守兼备才是制胜关键。因此，士兵需掌握圆阵与方阵的相互转换，以适应不同战况。圆阵适用于军队处于“险地”时，可有效减少损失。但其弱点在于，因士兵处于危险的情境下，其士气和意志较弱，一旦破坏其团结，就能诱使敌军主动出击，使圆阵破裂，从而为进攻创造机会。因此，破解圆阵的关键在于瓦解士兵的共同防御意志，使其失去稳定的防御形态。综合来看，圆阵虽非绝对无敌，但其防御作用在特定情境下仍十分重要。

### （二）方阵

《孙子兵法·军争》有云：“故军争为利，军争为危。举军而争利，则不及；委军而争利，则辎重捐。是故卷甲而趋，日夜不处，倍道兼

---

① 银雀山汉墓竹简整理小组：《银雀山汉墓竹简·贰》，北京：文物出版社2010年版，第193页。

行，百里而争利，则擒三军将；劲者先，疲者后，其法十一而至；五十里而争利，则蹶上将军，其法半至；三十里而争利，则三分之二至。是故军无辎重则亡，无粮食则亡，无委积则亡。”这段话表明快速行军可能带来的风险。快速行军需要在速度和后勤保障之间找到平衡，否则可能导致行动失败或后勤崩溃。过度的急行军会导致士兵疲惫不堪，兵力分散，最终丧失战斗力。即使是较短距离的急行军，也会导致兵力损失和战斗力下降。虽然两军相争，必然会争夺战略优势，但是也必须权衡速度与后勤、兵力集中与分散之间的关系。而方阵作为一种稳重的阵型，强调纪律性和协调性，适合在确保后勤保障的前提下稳步推进。方阵的推进方式也可以避免因急行军导致兵力分散问题的发生，这符合《孙子兵法》中“军争为利，军争为危”的思想。所以孙子主张：“勇者不得独进，怯者不得独退，此用众之法也。”

《逸周书·大明武解》中说：“方陈并功，云何能御。”何为“并攻”？《尉缭子》曰：“金鼓所指，则百人尽斗。陷行乱阵，则千人尽斗。覆军杀将，则万人齐刃，天下莫能当其战矣。”方阵是一种整齐划一的阵型，要求士兵在战斗中保持严格的纪律性和协调性，而严格的纪律性和协调性，会使军队能够发挥出更强的战斗力，同时对敌军形成心理威慑。方阵的稳步推进还能够避免因冒进而导致的阵型混乱或漏洞，以更好地应对敌人的攻击。金鼓指挥是方阵成功运用的关键，通过金鼓的号令，方阵能够保持整齐的队形和统一的行动。

《尉缭子·经卒令》言道：“经卒者，以经令分之为三分焉：左军苍旗，卒戴苍羽；右军白旗，卒戴白羽；中军黄旗，卒戴黄羽。”[1]左军

① 《武经七书·尉缭子·经卒令》，北京：中华书局2007年版，第269页。

使用青色旗帜，士兵佩戴青色羽毛。右军使用白色旗帜，士兵佩戴白色羽毛。中军使用黄色旗帜，士兵佩戴黄色羽毛。又有："卒有伍章：前一行苍章，次二行赤章，次三行黄章，次四行白章，次五行黑章。前一五行置章于首，次五行置章于项，次三五行置章于胸，次四五行置章于腹，次五五行置章于腰。"①这段关于"卒有伍章"的记载，进一步细化了古代军队的编制体系和士兵标识方式，通过颜色与佩戴位置的层级化区分，强化了方阵的组织性和指挥效率。将士兵分为"五行"（即五个队列或层级），每行佩戴不同颜色的徽章，通过颜色区分层级，便于将领快速识别士兵所属队列，指挥时能精准调度，而且每行士兵的徽章佩戴位置随队列层级变化，徽章位置从"头→项→胸→腹→腰"逐渐下移，形成空间上的垂直区分，进一步细化队列层级，这种设计在实战中能帮助士兵迅速辨别前后左右的同队成员，保持阵型不乱。通过颜色和位置的"双重编码"，士兵需严格遵循所属队列的标识规则，形成明确的等级秩序，避免混战中的混乱。整齐划一的标识系统能增强军队的威严感，同时让士兵因明确的归属感而提升士气。如此，从宏观层面便有三军以旗帜颜色区分大单位。微观层面则有各军内部以徽章颜色和位置细化队列，两者结合，形成"军—队—行"的多级指挥体系，体现了《孙子兵法》中"治众如治寡，形名是也"的军事管理的系统化思维。因此"春秋时期一个基本的步兵方阵是由位、列，行三个因素构成的"。②"位"是指每个士兵在阵型中的具体站位。步兵在方阵中必须按照固定的位置排列，确保阵型的整齐和战术的执行。"列"是指士兵纵向的排列方式，即从前至后的队列。列的作用在于保持纵深，提高防御力和战

① 《武经七书·尉缭子·经卒令》，北京：中华书局2007年版，第269页。

② 蓝永蔚：《春秋时期的步兵》，北京：中华书局1979年版，第162页。

场持久性。“行”是指士兵横向的排列方式，即从左至右的队伍分布。横向的延展性决定了阵型的战线宽度，影响方阵的包围能力和防御范围。

《淮南子·兵略训》对方阵的描述是：“前后正齐，四方如绳，出入解续，不相越凌，翼轻边利，或前或后，离合散聚，不失行伍，此善修行陈者也。”[①]方阵的基本特征为行列对齐、四面规整，士兵前后左右保持严格间距，而方阵的机动性也依赖于士兵对位置的精准把控，避免因个体越位破坏整体结构。方阵侧翼的机动性是方阵应对包抄或发起反击的关键。方阵能根据战况迅速分散或集结，始终维持基本队形。如同圆阵，方阵也强调训练是方阵实战能力的基础。只有通过反复演练，士兵才能本能地响应指令，实现“出入解续”的流畅性。《孙子兵法·军争》有言：“其疾如风，其徐如林。”方阵行进时必须做到“徐如林”，保持严密队形；而当发现战机或突遇险情，就必须变阵突击，此时应“疾如风”，依托“翼轻边利”快速切入敌军弱点，或收缩而为圆阵以待后援。此外，《孙膑兵法·十阵》中描述方阵为“方阵之法，必薄中而厚方”[②]，即在阵型的中央保持相对薄弱，而在四周特别是边角部分保持厚实。若中央过于厚实，则边缘容易受敌军包围或突破；反之，若四周厚实，则可有效抵御敌军从侧翼或正面包抄，同时确保方阵的整体稳定性，使敌军难以突破阵型外围。

春秋时期的方阵，有其历史沿革，“方阵产生的历史可以一直追溯到久远的殷代”。[③]“从公元前十三世纪的武丁时期，我国军队的战斗队

① 刘文典撰：《淮南鸿烈集解》，北京：中华书局1989年版，第516页。

② 银雀山汉墓竹简整理小组：《银雀山汉墓竹简·壹》，北京：文物出版社1985年版，第188页。

③ 蓝永蔚：《春秋时期的步兵》，北京：中华书局1979年版，第164页。

形就已经出现了大排面的方阵配置了”。[①]《左传》桓公五年，郑军“曼伯为右拒，祭仲足为左拒，原繁、高渠弥以中军奉公”。杜预注：“拒，方陈也。”郑国军队中，包括两个方阵，即“左拒”左军方阵，以及“右拒”右军方阵。《淮南子·齐俗训》说：“拘罢拒折之容。”高诱注：“拒折，方也。”拒与矩通。杨伯峻先生释“拒”为“方形阵势”，并指出“六朝手写本作［矩］”。《左传》宣公十二年，晋楚爆发邲之战，“工尹齐将右拒卒以逐下军”。[②]这里的“右拒卒”表明方阵中有步卒的存在。又《国语·吴语》记载：“万人以为方陈。”[③]《吴越春秋》中也有记载：“吴师皆文犀长盾，扁诸之剑，方阵而行。”[④]吴国水多地少，故方阵中也多为步卒，且步卒武器配有剑、盾。

方阵或为车兵方阵，或为徒兵方阵，此亦孙子所言“兵无常势”之理，能“因敌变化”方能取胜。鱼丽[⑤]、五阵等阵其实就是演变中的方阵。《左传》记载，昭公元年，“晋中行穆子败无终及群狄于大原，崇卒也。将战，魏舒曰：‘彼徒我车，所遇又厄，以什共车必克。困诸厄，又克。请皆卒，自我始。’乃毁车以为行，五乘为三伍。荀吴之嬖人不肯即卒，斩以徇。为五陈以相离，两于前，伍于后，专为左角，参为左角，偏为前拒，以诱之。翟人笑之。未陈而薄之，大败之”。晋军与戎狄交战山地丘陵，地形险要狭窄，而春秋车战依赖平原开阔地带，战车在复杂地形中机动性极差，易受步兵伏击。戎狄以步兵为主，擅长山地

① 蓝永蔚：《春秋时期的步兵》，北京：中华书局1979年版，第164页。

② 杨伯峻：《春秋左传注》，北京：中华书局1990年5月第2版，第739页。

③ 徐元诰：《国语集解》，北京：中华书局2002年版，第549页。

④ ［汉］赵晔：《吴越春秋校注》，张觉校注，江苏：江苏古籍出版社2006年版，第139页。

⑤ 鱼丽阵在后文有专门论述。

游击，且熟悉地形。晋军若固守传统车阵，必然陷入被动。晋将魏舒提出将战车兵转为步兵，集中兵力，主动放弃战车，重组为步兵方阵。五部分阵型分散但相互呼应，避免密集阵型在山地中拥挤、混乱。“偏”阵以少量兵力列为方阵示弱，引诱狄人进攻；“伍”阵为核心，待敌军深入后围歼；右翼“专”阵兵力雄厚，左翼“参”阵依托地形减轻压力；“两”与“伍”形成前后支援。狄人见晋军临时变阵，“翟人笑之”，“未陈而薄之，大败之”，未等列阵完毕便贸然进攻，结果被晋军以严整的步兵方阵反包围击溃，从中也能看到晋军按战车单位精确拆分重组步兵，显示春秋军队已具备高度组织化、标准化的特点，远超戎狄的松散部落武装。

古罗马韦格蒂乌斯曾言：“当双方在实战中旗鼓相当地摆开阵势时，可以布出七种决战的阵法。第一种阵法将军队布成大正面的正方形，无论古今交战通常布列的便是这种阵法。”①在古罗马军队中，军团方阵就是典型的正方形阵型。又有：“若兵力和士气均胜过对方，可使用正方形兵阵交战。”②优势一方无须冒险分兵或迂回，直接以密集队形压缩敌方活动空间，罗马军团的三线方阵还可以通过梯队轮换保持持续冲击力。此外，方阵的严格队形约束可防止士兵轻敌冒进而丧失优势，严整方阵的视觉冲击，亦可瓦解敌方斗志。

如上所述，春秋时期的战斗讲究正面对决，这种作战方式在某种程度上与兵力和士气的较量密切相关。双方通过正面交锋，凭借强大的阵

① ［古罗马］弗拉维乌斯·韦格蒂乌斯·雷纳图斯：《兵法制》，袁坚译，中国台湾：华世出版社1984年版，第167页。

② ［古罗马］弗拉维乌斯·韦格蒂乌斯·雷纳图斯：《兵法简述》，袁坚译，北京：解放军出版社2006年第2版，第185页。

型和稳定的士气来决定战局，故方阵通常用作进攻阵形，如桓公五年周郑繻葛之战郑国“左拒”和“右拒”。正方形的布阵可以使士兵保持统一的行动和纪律，避免军队的崩溃。在一些重要的战役中，尤其是在双方力量对等的情况下，方阵可以通过其稳定性、严整的队列以及集中的火力来压制对方。

此外，方阵也可用作行军阵形。军队的行军阵形与战斗阵形同样重要，行军阵形的选择影响着军队的安全性、战斗准备程度以及战略威慑效果。这是吴王夫差意图争霸而列出的进行军事威慑的军阵，可见方阵也可以是一种行军阵型。《吴越春秋》中“吴师皆文犀长盾，扁诸之剑，方阵而行”，这种方阵行军不仅是为了战斗准备，更是出于军事威慑的目的，向敌方展示自己的强大战力，达到不战而屈人之兵的效果。同时，方阵行军可以确保军队的秩序和战斗准备，同时增强防御力，防止敌军突袭。因此方阵在古代不仅是决战时的战术选择，也是一种在行军过程中极具实战价值和战略意义的军事形态。

方阵是春秋时期军队列阵作战最常见的阵型，其主要特点包括：进攻性强，方阵的正面较宽，能够集中兵力对敌军发动强力冲击，形成强大的正面攻势；结构稳定，由于士兵排列紧密，队形整齐，能够保持较强的战斗力，即使部分士兵被杀伤，整体阵型依然能够保持稳定。但是方阵的进攻点在前方，两侧和后方暴露在敌军面前，因此很容易遭到敌军的包抄或突袭。因此，《孙膑兵法·十问》提出击破方阵须“杀将其后”①。方阵的后方如果被攻破，整个军阵就会陷入混乱，甚至溃散。为了应对敌军的侧翼攻击，方阵可以进行调整，最典型的方式就是收缩成防御性更强

① 银雀山汉墓竹简整理小组：《银雀山汉墓竹简·贰》，北京：文物出版社2010年版，第193页。

的圆阵。

## 二、坐阵与立阵

### （一）坐阵

《孙子兵法》中并未直接提及“坐阵”这一具体阵法名称，但书中多处蕴含与“坐阵”相关的防御性战术思想，可理解为通过稳固防守、以静制动来克敌制胜的智慧。

《孙子兵法·军形篇》：“先为不可胜，以待敌之可胜。”坐阵强调士兵保持坐姿，从而达到不易慌乱、保持冷静的目的。此种阵型通常用来对抗强敌的正面冲击，能够让士兵稳定阵脚，保持良好的心理状态。古罗马韦格蒂乌斯曾言：“有一件事应当明确，而且要千方百计地尊奉：在交战之处，第一排和第二排的队伍要岿然不动，后备兵甚至要坐地伫候。”这段话中的核心思想是稳固阵型，控制节奏。在战争中，尤其是面对复杂战局时，指挥官往往会强调阵型的稳定性，要求士兵保持高度的纪律性，避免因为恐慌或盲目行动而导致全局失控。[①]《左传》昭公二十七年，吴国公子光设宴招待吴王，“王使甲坐於道及其门，门、阶、户、席皆王亲也，夹之以铍”。[②]公子光计划在宴会上刺杀吴王僚，因此吴王僚也加强了防备，安排亲信围绕自己，并在道路和门口部署甲士进行警戒。这里的“坐”并不是普通的坐下，而是指驻守、警戒。这与军事上的“坐阵”类似，意味着甲士并非消极地坐着，而是处于一种防备

---

① ［古罗马］弗拉维乌斯·韦格蒂乌斯·雷纳图斯：《兵法制》，袁坚译，中国台湾：华世出版社1984年版，第108页。

② 同上①，第1484页。

或警戒的状态。《孙子兵法·军争》："以近待远，以逸待劳。"坐阵也有利于休整，以己方休整完备的状态，迎战疲惫远来的敌军。

《孙膑兵法·十阵》中提到"甲恐则坐"和"甲乱则坐"①，战场上，恐惧容易导致士兵慌乱、阵形不整，甚至导致溃败。坐阵可以迫使士兵保持冷静，不轻举妄动，从而维持军纪。同时恐惧往往会引发无序撤退，而坐阵可以减少这种不必要的退却，使军队仍然保持一定的防御能力。《礼记·乐记》记载："夫乐者，象成者也。总干而山立，武王之事也；发扬蹈厉，大公之志也。《武》乱皆坐，周召之治也。……故先鼓以警戒，三步以见方，再始以著往，复乱以饬归。"②文中之"坐"并非指士兵在战斗中"坐下"休息，而是指在混乱的情况下，恢复秩序、调整阵形或者重新整理军心的行为。即通过稳定、整理来应对动乱和混乱，以恢复和维护秩序。

因此"坐阵"以静制动，正符合孙子强调的"不可胜在己"的防御思想。即通过严密的阵型和纪律维持防线，消耗敌军锐气。

《孙子兵法·军争》中亦提到"不动如山"。"坐阵"的另一层意义是，防止过于急躁的进攻，保持整体战略的稳步推进。《尉缭子·兵令上》中有言："坐陈所以止也。"战场上往往是急躁的进攻导致敌军防线的破裂，但坐阵却能有效避免这种情况，让军队在合适的时机做出最有利的反应。《左传》定公八年，鲁定公侵袭齐国，攻打阳州的城门，"士皆坐列"③。从战术角度来看，"坐列"描述了士兵在攻城时的一种静态阵

① 银雀山汉墓竹简整理小组：《银雀山汉墓竹简·贰》，北京：文物出版社2010年版，第189页。

② 《十三经注疏·礼记正义》，北京：中华书局1957年版，第1664页。

③ 同上②，第1563页。

形，可能是为了避免受到敌人突袭而保持阵型的完整性。士兵们按列整齐地站着，静待进一步命令或敌人的反应。使用“坐列”形态可以减少因急于行动而导致的混乱，确保军阵不易被敌方破坏。

《孙子兵法·兵势》：“形之，敌必从之；予之，敌必取之。以利动之，以卒待之。”虽然坐阵在表面上看起来不如其他阵型灵活，但它通过故意示弱或稳定阵形，吸引敌人的进攻，从而创造出战术上的优势。敌军往往在看到“坐阵”时认为敌人准备不足，可能因此轻敌，主动进攻，而这正是坐阵所需要的战机。诱敌深入是坐阵的隐性战术，敌人因误判形势，可能会进入我方布设的陷阱，从而被击破。《孙膑兵法·十问》中说道：“告之不敢，示之不能，坐拙而待之，以骄其意。”[①]“坐拙而待之”，即表面上表现出笨拙、无能的姿态，如阵型松散、指挥混乱等，同时静待敌军反应，观察其动向，寻找反击时机，其目的在以静制动，利用敌军的轻敌心理，诱使其主动进攻。通过骄敌，使敌军在冒进中暴露破绽，为己方创造反击机会。这一战术与《孙子兵法·计篇》中“能而示之不能，用而示之不用”的思想一脉相承，是“卑而骄之”的具体应用。《左传》桓公十二年，楚国进攻绞国，“楚人坐其北门，覆诸山下。大败之，为城下之盟而还”。[②]杜预注曰：“坐犹守也。”杜预的注解表明，“坐”在这里的意义并不是指坐下，而是指驻守、防守。即军队并没有主动进攻，而是稳固阵地，通过守卫北门并利用地形优势来等待战机或者消耗敌军的战斗力。此处的“坐”具有伪装性。楚军在北门列阵而不攻，展示防御姿态，实则为心理战术。此“坐”非休兵止战，

---

① 银雀山汉墓竹简整理小组：《银雀山汉墓竹简·贰》，北京：文物出版社2010年版，第194页。

② 杨伯峻：《春秋左传注》，北京：中华书局1990年第2版，第134页。

而是《孙子兵法》“能而示之不能”的实践，通过静态布阵麻痹敌军。同时楚军遣士卒伪装樵夫，故意暴露于山林，诱使绞军出城争抢资源，破坏其守城优势。因此楚军以“坐”示虚守，实则暗藏杀机，呼应《孙子·虚实篇》中“形人而我无形”的战争哲学，体现了早期兵家的“诡道”思维。

坐阵不仅是防守姿态，也可以作为阵型转换的过渡。例如，混乱时采取坐阵，整顿后再转化为立阵或进攻阵型。《吴子·治兵》中提及战阵的训练就有“坐而起之，行而止之”[①]，说明在训练士兵时，坐阵与立阵的转换是重要科目之一。《吴子·论将》中甚至将此行为作为判断敌人是否有智谋的标准，“一坐一起，其政以理……名为智将，勿与战矣”。[②]《尉缭子·兵令上》中言道：“常陈皆向敌……有坐陈。……坐陈所以止也，立坐之陈，相参进止，将在其中。坐之兵剑斧，立之兵戟弩，将亦居中。”[③]这段文字详细描述了古代军队中“坐陈”（坐阵）与“立陈”（立阵）的战术运用及其功能。坐阵用于停止行动或稳固防御，防止敌军突破。因此坐阵中的士兵配备短兵器（剑、斧），适合近战防御。士兵以站立姿势组成的阵型，主要用于进攻或机动。因此，立阵中的士兵配备长兵器（戟）和远程武器（弩），适合进攻或远程压制。坐阵与立阵相互配合，根据战况交替使用，实现攻守转换。如立阵进攻受挫时转为坐阵防御，坐阵稳固后转为立阵反击。无论坐阵还是立阵，将领都位于阵型中央，便于指挥全军，而且中央位置利于保护将领安全，避免阵型因将领阵亡而崩溃。

---

① 《武经七书·吴子·治兵》，北京：中华书局2007年版，第109页。

② 《武经七书·吴子·论将》，北京：中华书局2007年版，第119页。

③ 《武经七书·尉缭子·兵令上》，北京：中华书局2007年版，第293页。

《周礼·大司马》中曾记载："中春，教振旅，司马以旗致民，平列陈，如战之陈，辨鼓铎镯铙之用，王执路鼓，诸侯执贲鼓，军将执晋鼓，师师执提，旅帅执鼓鼙，卒长执铙，两司马执铎，公司马执镯，以教坐作进退疾徐疏数之节……中夏，教茇舍，如振旅之陈……中秋，教治兵，如振旅之陈……中冬，教大阅，前期，群史戒泉庶，修战法，虞人莱所田之野，为表；百步则一，为三表，又五十步为一表，田之日，司马建旗于后表之中，群吏以旗物、鼓铎、镯铙，各帅其民而致，质明，弊旗，诛后至者，乃陈车徒，如战之陈，皆坐。"[①]其中提到四季皆有训练，而且并非单独进行，而是一个循序渐进、不断强化的过程，从春天的基本训练，到夏秋的重复演练，再到冬季的大阅兵，最终确保士兵熟练掌握各种战斗动作，能够迅速适应战场上的攻守转换，其中就包括坐下与起立（坐阵、立阵的基本转换）、前进与后退（阵型的进攻与撤退）、快速与慢速（应对不同战斗节奏）、疏密调整（战场阵列的紧密程度控制）等，如"陈车徒，如战之阵，皆坐。……车徒皆作……车徒皆行……车徒皆坐……车徒皆作……车骤，徒趋……坐、作如初……坐、作如初"[②]，士兵和战车按照实战队形列阵，并且全部采取坐姿。然后士兵起立，从坐阵转换为立阵。队伍开始前进，表明军队开始机动作战，准备进攻，由防御状态转为机动状态。士兵和战车反复进行坐→立→坐→立的转换训练，并特别强调训练的规范性和纪律性。无论如何转换阵型，士兵都必须严格按照指令执行，确保军阵稳定。

坐阵除了与立阵可以互相转换外，与上述圆阵和方阵同样可以转换。在方阵中，士兵通常排列得非常紧密、整齐，以形成一个强大的正

① 徐元诰：《国语集解》，北京：中华书局2002年版，第420页。

② 同上①，第421页。

面进攻力。当方阵需要暂时停止进攻或防守时，坐阵可以用来稳固军队的阵型，比如让士兵在原地坐下，消耗敌军的进攻势头，或者等待敌军作出进一步的动作。在方阵下，坐阵通常是为了避免攻击时士兵的过度疲劳或躁动，特别是在进行长时间的守势时，保持士兵的体力和心理稳定非常关键。在圆阵中，坐阵则有着不同的功能。由于圆阵的全方位防守特性，坐阵可以帮助士兵在防守阵型中稳定队形，增强集体防御的韧性。通过在圆阵中采取坐阵，军队能够降低自身被敌人扰乱阵型的风险，同时更好地控制阵地，形成一个坚固的防线。将不同阵型与坐立变化结合，要求将领具备非常高的指挥水平。不仅要知道在何时选择最合适的阵型，还要在需要时快速协调士兵的坐立转换，做到高效应对敌军变化。通过灵活运用坐阵与立阵的交替，军队能够在进攻和防守之间找到平衡，并充分发挥不同阵型的优势，降低敌军突破阵线的机会。

坐阵中具体的坐姿，在《司马法·严位》中曾有记载："凡战之道……坐进跪。畏则密，危则坐。……下甲坐……跪坐、坐伏，则膝行而宽誓之。……衔枚、誓、糗、坐，膝行而推之。……徒以坐固，甲以重固，兵以轻胜。"[①]这段话提到了"坐"的多种用法，其中包括坐进跪、危则坐、下甲坐、跪坐、坐伏、徒以坐固等表达。"坐进跪"可以理解为坐下后逐步前进，这可能是在特定地形（如山坡、城墙下或防守阵地）上的一种低姿态战斗方式，以减少暴露面积，提高防御能力。"危则坐"：如果战局危险，则采取坐姿，这可以是一种稳固防守的策略，避免因恐慌而混乱溃散。"下甲坐"，披甲士兵坐下，可能是为了减少暴露面，提高防御能力。"跪坐、坐伏"，士兵采取低姿态，可能是为了隐

① 《武经七书·司马法·严位》，北京：中华书局2007年版，第171页。

蔽、防守或准备近战。“膝行而推之”：士兵用膝行方式推进，可能是某种低姿态接近敌军的方法；同时“衔枚”，咬住木片，防止军队行军或埋伏时发出声音。“徒以坐固”表明徒兵（轻装步兵）通常采用“坐”来保持稳固的防御态势。

如果再进一步归纳，“坐”包括四个动作，即跪、坐、伏、膝行。跪，即双膝或单膝跪地，便于保持稳定，同时预备突袭或防御。坐，即双膝着地，臀部压在脚后跟上，强调稳固性。伏，不仅双膝跪地，双手也贴近地面，使上半身更接近地面，提高隐蔽性和防御能力。膝行，则是士兵以膝盖缓慢移动，既可调整阵型，又可保持低姿态行进，减少暴露面。

《司马法·严位》中的“坐”并非单纯的静态姿势，而是古代战术中的一种稳固、隐蔽、纪律控制和战术转换方式。“坐”可以是防御状态（稳固不溃散），适用于战局不利时的稳固阵型。“坐”可以是战前待命（隐蔽与伪装），用于战斗前的纪律和士气控制。“坐”可以是战术转换的中间形态，通过“坐进跪”“坐伏”逐步转换为进攻状态。“坐”还能防止士兵因恐惧或混乱而失去控制。

关于坐阵的指挥信号，并不是固定的，可能因国家军事制度的不同、战场环境的不同、战术需要的不同，而发生不同的变化。如《管子》记载：“金所以坐也，所以退也。”[①]这里的“金”可能指铎，因为《周礼·大司马》中有“三鼓摝铎。群吏弊旗。车徒皆坐”[②]。《司马法·严位》进一步证明了铎的信号功能：“起噪鼓而进，则以铎止之。”这里表明铎的作用是让军队停止或变阵，与坐阵的功能相契合。但是《孙膑兵法·威王问》有云：“鼓而坐之。”说明战鼓也能作为指挥坐阵

① 颜昌峣：《管子校释》，湖南：岳麓书社1996年版，第155页。

② 徐元诰：《国语集解》，北京：中华书局2002年版，第420页。

的信号。此外，《尉缭子·兵教上》提到“金鼓俱击而坐”，说明有些情况下，需要金声和鼓声同时敲击，才能作为转换为坐阵的信号。这表明“金”与“鼓”在战场上的作用可能因不同国家、不同作战情况而有所不同。产生如此的变化，可能是因为所有国家都用单一的“金”或“鼓”作为坐阵信号，敌军可能会模仿或利用这一点来制造混乱。因此，使用不同信号可以避免战场上的误判。

综上所述，坐阵在实战中的功能，正好印证了《孙子兵法·军争》中“以静待哗”“以治待乱”的观点。固守的坐阵则是通过选择险要地形，如关口、隘口等易守难攻的地方，布阵进行防守。坐阵不仅是稳定士兵阵型，还可以借助地理优势，增加防御的力度。在这种情况下，士卒配备重甲利器，能够增强士兵的防守效果，并在敌军攻势来临时保持阵地的稳定。固守阵地的关键在于防御力的强大与士兵的坚韧。坐阵的诱敌作用通过表现出一种轻慢和挑衅的姿态，尤其当阵中士兵多为老弱或非精锐部队时，敌方可能会产生轻敌心理，认为可以轻松突破。因此，坐阵有时是用来引诱敌人做出错误判断，导致他们发动不理智的进攻。不过，坐阵虽然看似稳定，但它的关键在于灵活应对不同的战场变化。在面对敌人时，坐阵的表现并非一成不变，而是根据敌人的动向和阵地的变化，随时做好从防守到进攻或从进攻到防守的转换准备。因此，训练时坐阵可以作为过渡阵型，使士兵在从防守状态进入攻势时能够迅速调整站位和姿势。训练强调灵活性、协调性及阵型之间的平稳过渡，而不仅仅是固定的坐姿。

### （二）立阵

立阵和坐阵是相互依存的两种阵型。也正因为两者相互转换的频繁性，才在实战中具有了重要的价值，这正是《孙子兵法·虚实》中所强调的“兵无常势，水无常形”的道理。此外，立阵与坐阵一攻一守，也正体现了《孙子兵法·势》中提到的“以正合，以奇胜”的观点。《司马法·严位》中还提到“立进俯，坐进跪”。这两个动作在战术上可以相互配合，反映了军阵在静止和运动之间的灵活转换。立阵中的“俯”，适合于需要快速行进且保持隐蔽性的情境，尤其是在战场上进行渗透、侦察或突袭时，低姿态的行进使得部队能够避开敌人的视线，减少被发现的风险。坐阵中的“跪”，则适合于那些需要防守或暂时保持静止的情况，但在敌军逼近或变化时，通过“坐进跪”可以迅速准备好应对敌人的进攻。跪姿提供了一种快速反应的过渡状态，能够在瞬间从防守转为攻击。

《周礼·夏官·大司马》中已经有了关于立阵和坐阵的记载：“司马振铎，群吏作旗，车徒皆作；鼓行，鸣镯，车徒皆行……车徒皆坐。……车徒皆作。……坐作如初。……坐作如初……”[①]立阵和坐阵之间灵活转换能够有效应对战场的瞬息万变。“立坐之阵，相参进止”的意思也很明确，指的是进攻和防守需要通过立阵和坐阵的相互配合来实现。这种转换依赖于主将的指挥，且通常通过鼓、镯、旗等信号来传递指令。

只有通过不断地训练，士兵才能熟练掌握坐阵和立阵的转换技巧，尤其是在快速反应时，能在“坐而起之，行而止之”之间顺畅切换。鼓、镯、铎、旗等被用作信号工具，通过这些信号来传达阵型转换的指令。鼓和镯提示“坐”，铎和旗提示“行”。这套系统的信号系统保证了

① 徐元诰：《国语集解》，北京：中华书局2002年版，第420页。

阵型能在混乱中保持有效的指挥和控制。不过在《管子》中的“鼓所以任也，所以起也，所以进也”[①]却是指鼓声激发士兵从静默待命到投入战斗。《左传·庄公十年》有云：“一鼓作气，再而衰，三而竭。”

《武经七书·尉缭子》中提到“立阵所以进也”[②]。“立阵”的战术存在意义在于实现进攻目的，即通过站立阵型的机动性和攻击力，突破敌军防线或迫使其陷入被动。《尉缭子·兵令上》有“立之兵戟弩”，即立阵士兵配备长兵器（戟）和远程武器（弩）。戟，可中距离格斗，可刺击、钩拉，适合密集阵型推进，如马其顿方阵长矛兵。弩，则能够进行远程压制，削弱敌军冲锋势头，如秦军“强弩在前，锬戈在后”。因此，相比坐阵，立阵士兵能快速移动、转向，适应战场动态变化。此外，站立姿态更易观察指挥官旗帜、金鼓，确保全军协同。立阵通过方阵的密集队形，以兵力优势形成压迫态势，即为《孙子兵法·军争》所言“其徐如林”，如此便可迫使敌军后退或阵型松动。

此外，立阵在面对敌人时，尽管其通常以进攻为主，但通过合理调整阵型方向，它也能承担一定的防守任务，如敌人从正面发起的大规模攻击时，立阵的兵力可以通过扩展阵线来增加防御深度，集中兵力在敌人进攻时形成层层防线，增加防守的持续时间和难度，使敌人进攻困难。立阵还可以通过调整阵型，使军阵的中心集中兵力，形成一种密集的防御态势，特别是围绕着军将（或指挥核心）。这种方式适用于防守敌军进攻方向不明确，或者需要集中兵力保护指挥核心时。根据《司马法·严位》的记载，“畏则密”指的是当军队面临敌人的压迫或者战场局势不利时，通过收缩阵型来增强防守能力。这种战术往往是在敌人强

① 颜昌峣：《管子校释》，湖南：岳麓书社1996年版，第155页。

② 《武经七书·尉缭子》，北京：中华书局2007年版，第175页。

大压力下采取的策略，目的是通过密集阵型增强防守力量。

总之，立阵是军阵的一种灵活形态，主要用于进攻和动态作战。在动态状态下，立阵通过“俯身”姿势提升隐蔽性，并通过长距离兵器增强攻击性。虽然其防守能力不如坐阵，但通过灵活调整阵型，立阵仍能够应对不同的战场需求。坐阵与立阵的转换，赋予了古代军队在战斗中更强的适应性和灵活性，这种变换在战略实施过程中尤为关键。

## 三、上军阵

《孙子兵法·谋攻》有云：“不知三军之事，而同三军之政者，则军士惑矣；不知三军之杖，而同三军之任，则军士疑矣。”此处“三军之事”乃泛指军事，“三军”亦泛指所有军队。不过正是因为三军是普遍遵行的军制，故能以三军泛指军队。三军阵包括前军、中军和后军，或者称为上军、中军和下军。

《孙子兵法·军争》记载：“是故卷甲而趋，日夜不处，倍道兼行，百里而争利，则擒三军将；劲者先，疲者后回，其法十一而至；五十里而争利，则蹶上将军。”赵庭在《孙子取衷》云：“上将军居前，行必先至。”[①]郑二阳于《孙子明解》解释说：“上军之将，居前则为先锋。”[②]整体作战中先锋部队即上军，引领部队进攻，能够更好地指引军队的方向，同时作为先锋部队，能够直接面对敌人，判断敌情，为整个战略布局提供第一手信息。可见上军阵之重要，故《孙子兵法·地形》中，特别提出如果“兵无选锋”，即三军之中，没有设置合格的先锋部队，必

---

① 李如龙：《孙子注会要》，北京：商务印书馆2019年版，第325页。

② 同上①，第325页。

然会失败。《十一家注孙子》中张预曾言：“凡战，必用精锐为前锋者，一则壮吾志，一则挫敌威也。”[①]《孙子书校解引类》亦言：“凡军皆有选锋，以骁勇冠军者充之。齐谓之伎击，魏谓之武卒，秦谓之锐士，汉谓之侠士、剑客、奇才，吴谓之解烦，齐谓之决命，唐谓之跳荡，宋谓之拐子马，皆选锋之名也。”[②]“选锋”，即选拔精锐作为前锋，精锐前锋能够“壮吾志，挫敌威”，凭借其强悍的战斗力与高昂的士气，不仅能提升己方军队的战斗信心，还能在与敌交锋时迅速压制敌方气势，文中列举的齐之“伎击”、魏之“武卒”等不同朝代的“选锋”称谓，反映出精锐部队在军阵编制中始终占据重要地位，其作为独立且关键的作战单元，承担着开辟战场、突破防线等关键任务。这种精锐力量，若能“别聚为一卒，养之甚厚，仍择腹心健将，领之为亲兵”，自然能够冲锋陷阵，攻城拔寨。

反之则如《太白阴经·选士篇》所云：“部六军之众，署百万之师，而无选锋，浑而杂用，则智者无所施其计，辩者无所施其说，勇者无所施其敢，力者无所施其壮，无异独行中原，亦奚取于胜败哉！”这段话则从反面揭示了“选锋”策略在大规模军事行动中的不可或缺性。若是统领庞大军队，而缺乏精锐前锋部队的合理编制与运用，只是将兵力混杂使用，则会导致智谋之士无法施展奇谋妙计，善辩之人难以发挥游说之能，勇猛之士无法展现果敢作风，力大之人也难以彰显强壮威力，不同士兵的优势无法发挥，军队战斗力不能实现最大化，夺取胜利将没有任何希望。

此外，如果要“致人而不致于人”，先锋部队也就是上军，必然在

① 李如龙：《孙子注会要》，北京：商务印书馆2019年版，第480页。

② 同上①，第480页。

其中承担着不可或缺的重要任务。襄公十八年，齐晋平阴之战，晋军"使乘车者左实右伪，以旆先，舆曳柴而从之"。[①]此战中，晋军先锋部队，即前军，也称为"旆"，通过"舆曳柴"制造尘土，以此来迷惑敌人，诱使敌人作出错误的判断，此做法与《孙子兵法·势篇》中的"形之，敌必从之"原理契合。

又如庄公二十八年："子元、斗御疆、斗梧、耿之不比为旆。斗班、之孙游、王孙喜殿。"[②]此处"旆"与"殿"相对，这说明在春秋时期，军队有明确的前锋部队，由特定的将领指挥。又哀公二年，阳虎曰："吾车少，以兵车之旆与罕、驷兵车先陈。"[③]

"旆"常伴随先锋部队行动，成为其视觉标识，两者是"符号载体"与"执行主体"的关系。僖公二十八年："狐毛设二旆而退之。"[④]杨伯峻先生解释说："盖楚右师败溃，必四处乱窜，狐毛将上军，以挡楚左师，今另设前军二队以防楚他师之窜入。"《春秋左传正义》中杜预对"旆"的解释为："旆，先驱车也。以先驱车益以兵车以示众。"杜预此处指出"旆"与先驱车的关系。孔颖达认为："军行之次，旆最在先。"[⑤]该解释则表明了"旆"的行军次序。城濮之战中，晋上军将狐毛面对楚右师溃败，需防范溃兵冲击本阵。按《司马法·严位》："凡陈，行惟疏，战惟密。"此时，晋军需快速调整阵型。所以"旆"所代表的上军除了作为先锋部队的功能，还承担有一定的防御功能。

关于"旆"的含义，《尔雅·释天》云："缁广充幅，长寻曰旐，继

① 杨伯峻：《春秋左传注》，北京：中华书局1990年第2版，第1038页。
② 同上①，第241页。
③ 同上①，第1613页。
④ 同上①，第461页。
⑤ 《十三经注疏·春秋左传正义》，北京：中华书局1957年版，第427页。

旐曰旆。”郭璞云：“旐帛，全幅长八尺，旆帛，续旐末为燕尾者。”[①]旐是黑色、整幅宽、长八尺的旗帜。而旆则是接续在旐末端的部分，形状像燕尾，可能指分叉或飘带。旆的末端分叉，类似燕子的尾巴，这样的设计可能在风中更易飘扬，增强视觉效果，适合作为指挥信号，所以孔颖达也认为“本作旆者，为舒而曳之，以为容饰”。[②]“旆县於竿，插之车上”[③]则表明“旆”悬挂在竿子上，插在车上，这里的“县”通“悬”，说明旆的物理结构是旗帜与竿子的结合，安装在战车上作为标识或指挥工具。“旆是旗之尾也，今名大旆。则此旆有异於常，故以大旆为旗名。”[④]“大旆”表明其已经突破常规尺寸，因此其功能也随之变“大”，升格上军阵的指挥标识，也是军队权力的物化象征。

昭公十三年晋国召集盟会，晋国叔向言道：“诸侯有间矣，不可以不示众。”[⑤]故在“八月，辛未，治兵，建而不旆。壬申，复旆之。诸侯畏之”。叔向认为诸侯和晋国已经心存间隙，晋国盟主地位有所动摇，所以要“示众”即进行军事威慑，军事威慑的手段就是“旆之”。杜预注曰：“军将战则旆，故曳旆以恐之。”孔颖达所引军法曰：“战则舒旆。”杨伯峻先生认为“此盖晋之先锋旗，示将用兵。”

关于前锋军阵的称谓，除了“旆”之外，还有“先驱”。如《左传》襄公二十三年：“秋，齐侯伐卫。先驱：縠荣御王孙挥，召扬为右。”[⑥]杜预注曰：“先驱，前锋军。”“先驱”，其职能或为承担侦察、开路、接

① 《十三经注疏·尔雅注疏》，北京：中华书局1957年版，第241页。
② 《十三经注疏·春秋左传正义》，北京：中华书局1957年版，第1887页。
③ 同上②，第937页。
④ 同上②，第650页。
⑤ 杨伯峻：《春秋左传注》，北京：中华书局1990年第2版，第1356页。
⑥ 同上⑤，第1076页。

敌等任务，类似现代“先遣部队”，其功能正如克劳塞维茨在《战争论》中所言：“这种抵抗不仅能够使军队赢得完成战斗准备所需的时间，而且还能够使敌人的措施和意图提前暴露，从而显著地提高侦察的作用。”[①]所以“先驱”作为前锋军阵，在春秋战争中承担着侦察、开路、接敌等关键职能，是军队作战体系的重要组成部分。其作用不仅在于为后续主力部队探查敌情、扫除障碍，更能通过与敌方的初步接触，迫使敌人提前暴露军事部署与作战意图，为己方赢得调整战略、完成战斗准备的宝贵时间，这与克劳塞维茨《战争论》中对前锋部队作战价值的论述不谋而合。

襄公二十三年，齐国攻打卫国前夕，齐军也有两个先锋部队，除了“先驱”之外，还有“申驱”，“申驱：成秩御莒恒，申鲜虞之传挚为右。”杜预注曰：“申驱，次前军”。申驱位于先驱之后，是第二梯队的先锋。其职能可能包括支援先驱，即在前锋遇阻时提供增援，或者扩大战果，如在先驱突破防线后迅速跟进，巩固优势，同时也可以进行后备突击，作为预备队应对突发战况。如僖公二十八年：“狐毛设二旆而退之。”[②]“二旆”是在当时特殊战阵条件下临时调整军阵所至，其意图乃是增加前锋接敌的防御厚度，保证晋军不会受到败退楚军的冲击。

可见，在不断的作战实践中，发展出了“二旆”，即次前军，可以作为“先驱”与中军阵的纽带，确保进攻连贯性以及整体的一致性，正如《孙子兵法·九地》中所言之“率然”：“率然者，常山之蛇也。击其首则尾至，击其尾则首至，击其中则首尾俱至。”前军就是蛇之首，前

① ［德］克劳塞维茨：《战争论》，中国人民解放军军事科学院译，北京：解放军出版社2008年第2版，第412页。

② 同上①，第461页。

锋通常指先头部队，执行快速打击或侦察任务，类似于蛇的头部主动出击。于军阵而言，亦是如此。上军阵即承担该重任，然蛇身若受到危险，蛇首必然立即回救，此即上述所言之“二旆”也。次前军则是蛇首与蛇中的中间部位，负责衔接前后，保证军阵的协同运作。前锋的成功依赖于其他部分的支援，正如蛇头需要身体和尾巴的配合。因此，前锋是系统的一部分，不能孤立存在，必须与中部和后卫形成联动。

## 四、下军阵

《孙子兵法·始计》中诡道十二法有“强而避之”。《孙子兵法·谋攻》又曰：“少则能逃之，不若则能避之。”故孙子认为战斗之中，并非总能做到以强击弱，也不能尽有妙计能够以弱胜强，所以必须要做好战败的准备，使得己方军队在败逃时能够最大程度地减少损失，正所谓“逃避亦有其道”。[①]因此在《孙子兵法·九变》中，孙子总结为：“是故智者之虑，必杂于利害。杂于利而务可信也，杂于害而患可解也。”如宣公十二年，晋楚发生邲之战，晋国随季（随武子）在危急时刻的“殿其卒而退”战术，是春秋时期殿后防御的经典案例，这一行动与《孙子兵法》中“斗乱而不可乱”的战略思想高度契合。当时，随季主张通过有序撤退避免“必尽”的灾难性后果，说道：“楚师方壮，若萃於我，吾师必尽，如收而去之。分谤生民，不亦可乎？”然后“殿其卒而退，不败。”如此做法，必然有短期损失，因为不得已而放弃战场主动权，但是其长期收益则是保全了晋国的有生力量，之后晋国可以重整三军而卷土重来。

---

① 李如龙：《孙子注会要》，北京：商务印书馆2019年版，第166页。

因此在《孙子兵法·军形》中，孙子多次重复强调必须在保证自己有生力量不被摧毁的前提下进行战斗，如孙子曰："昔之善战者，先为不可胜，以待敌之可胜。不可胜在己，可胜在敌。故善战者，能为不可胜，不能使敌之必可胜。""不可胜者，守也。""是故胜兵先胜而后求战。"因此三军阵中的后军阵的设置，也是该作战原则的体现之一。

庄公二十八年："子元、斗御疆、斗梧、耿之不比为旆。斗班、之孙游、王孙喜殿。"[①]公元前559年，即襄公十四年："子囊师于棠以伐吴，吴不出而还。子囊殿，以吴为不能而弗儆。"[②]此战中楚国令尹子囊率军伐吴，驻兵棠地（今江苏六合）。吴军避战不出，楚军无功而返。撤退时，子囊依惯例率兵殿后，以护卫主力安全回师。哀公八年，宋国攻打曹国，八年春，宋公伐曹，将还，褚师子肥殿。"当时宋军并未处于战斗状态而是行军状态，并没有被曹国军队追击，褚师子肥作为后军进行殿后。[③]定公十二年："卫公孟彄伐曹。克郊。还，滑罗殿。"[④]即使曹军未追击，滑罗的殿后部队仍需保持高度警戒，以防敌军突然反扑。这种"无追亦备"的态度体现了春秋时期军事思想的成熟。闵公二年，北方狄人攻打卫国，卫懿公亲自出战："渠孔御戎，子伯为右；黄夷前驱，孔婴齐殿。"[⑤]这种"前驱—中军—殿后"的布阵是春秋车战的典型模式。襄公二十三年秋天，齐侯攻打卫国，史料记载："大殿：商子游御夏之御寇，崔如为右，烛庸之越驷乘。"杜预注曰："大殿，后军。""大殿"即后军，是春秋时期军队编制中的重要组成部分，负责掩护主力、阻击

① 杨伯峻：《春秋左传注》，北京：中华书局1990年第2版，第241页。

② 同上①，第1018页。

③ 同上①，第1646页。

④ 同上①，第1586页。

⑤ 同上①，第265页。

敌军追击。

可见，春秋时期的战斗中，部署后军阵用以殿后防御，已经较为常见。而史料中的“殿”字，乃是在后镇守之意。如《诗·小雅·采菽》曰：“乐只君子，殿天子之邦。”①“殿天子之邦”即为镇抚天子之邦。襄公十一年，晋国魏绛有功，受赏之时，魏绛辞谢曰：“夫和戎狄，国之福也。……而后可以殿邦国，同福禄。”②“殿邦国”与“殿天子之邦”类似，皆为镇守镇抚之意。又如，襄公二十六年：“晋人寘诸戎车之殿，以为谋主。”③“戎车之殿”就是“戎车之后”，下军阵也是位于三军战斗及行军序列之末，所以“殿”之含义，既表明位置所在，同时也强调其在三军阵之功能。

《孙子兵法·军争》有云：“不动如山。”《孙子兵法·九变》又曰：“故用兵之法，无恃其不来，恃吾有以待之；无恃其不攻，恃吾有所不可攻也。”孙子以山的静止与不可撼动为喻，强调防御时军队应如山峰般稳固。无论敌人如何进攻，阵型与士气均不可动摇。“不动如山者，山则陨然止而不移。故兵之不动实如之。李筌曰：退止如丘山。亦取其不移也。”④在遭遇敌军强攻时，军队需坚守阵地，避免因慌乱或诱敌而分散，稳固的防御可瓦解敌方攻势锐气。下军阵增强防御、阻塞敌人进攻的手段之一，就是利用军队中的大车，放置于狭窄险要的道路之上。《周礼·春官·车仆》中有“苹车之萃”。⑤郑玄注曰“孙子八阵有苹车之阵”，“苹车”或为用于遮蔽或掩护的战车。

---

① 《十三经注疏·毛诗正义》，北京：中华书局1957年版，第1215页。

② 杨伯峻：《春秋左传注》，北京：中华书局1990年第2版，第993页。

③ 同上②，第1121页。

④ 李如龙：《孙子注会要》，北京：商务印书馆2019年版，第335页。

⑤ 徐元诰：《国语集解》，北京：中华书局2002年版，第391页。

襄公十八年，齐军被晋军追击："夙沙卫连大车以塞隧而殿。殖绰、郭最曰：'子殿国师，齐之辱也。子姑先乎！'乃代之殿。"这是一个典型的利用障碍物进行防御，同时安排殿后部队延缓追兵的战术。夙沙卫将多辆"大车"连接起来，堵塞狭窄的隘口，利用地形制造人工障碍，通过阻塞通道，迫使晋军放缓追击速度，为齐军主力撤退争取时间。

宣公十二年邲之战，"晋人惧二子之怒楚师也，使軘车逆之"。[①]服虔注：軘车为"屯守之车"，也就是用于屯守、防御的车辆。軘车可能是一种专门用于防御的战车，结构比较坚固，适合在阵地战中阻挡敌军冲击。軘车可能经过改装，增加防御设施，用于组成防线。襄公十一年，"郑人赂晋侯以师悝、师触、师蠲，广车、軘车淳十五乘，甲兵备，凡兵车百乘，歌钟二肆，及其鎛磬，女乐二八"。[②]这里将广车和軘车相提并论，广车可能和軘车一样是可以进行防御的一类战车。

1950年，河南辉县琉璃阁第131号魏国车马坑曾经出土过19辆木车遗迹，"不驾马，成双行，辕舆搭配，车轮切联，均以同一角度仰列坑中，俨然一道坚固的屏障"。[③]襄公二十三年，齐卫之战前，齐国的殿后部队是"商子游御夏之御寇，崔如为右，烛庸之越驷乘"。"驷乘"战车因其载重增加，速度低于轻车，但稳定性与防御力提升。若将多辆驷乘横向排列于隘口、桥梁或山道，形成"车墙"，那么该战车便从"移动工事"变为"固定堡垒"，这也是孙子"因敌变化"观点的体现。

此外，《孙子兵法·始计》中对于将领有五个维度的考量，其一便是"勇"，无勇则不可为将。作为下军阵的将领，其"勇"应更甚才是，

① 徐元诰：《国语集解》，北京：中华书局2002年版，第738页。

② 杨伯峻：《春秋左传注》，北京：中华书局1990年第2版，第738页。

③ 蓝永蔚：《春秋时期的步兵》，北京：中华书局1979年版，第63页。

如此方可保证整个军阵的安全。《将苑·将材》中也说道："必死之士殿其后。"[①]在撤退或防御战中，以最忠诚、勇猛的士兵担任后卫，确保主力部队安全转移或防线稳固。"必死之士"以死为全军争取时间或空间，避免溃退演变为全面崩溃，因此负责殿后的士兵必然是视死如归的勇士，胆怯之辈无法受此重任。定公八年，鲁国侵袭齐国："师退，冉猛伪伤足而先。其兄会乃呼曰：'猛也殿！'"公元前502年，鲁国侵袭齐国，但在战斗中鲁军撤退时，发生了冉猛假装脚受伤先逃，他的哥哥冉会大喊让冉猛殿后的情节，这则史料正好从反面说明了撤退时殿后任务非常危险，所以冉猛才会以诈伤为借口脱离险境。又如，定公十二年："卫公孟彄伐曹，克郊。还，滑罗殿。未出，不退于列。其御曰：'殿而在列，其为无勇乎？'"滑罗虽名义上承担殿后职责，但未主动率部阻敌，而是滞留于主力部队中，因为顾及个人生死，消极不作为。

《孙子兵法·军争》曰："穷寇勿迫。""勿迫"不仅因为殿后之军有必死之心，其作战意志力不容小觑，也是因为殿后的士兵作战能力也较强，并非老弱残兵，都具备过硬的军事技能，如此方可完成殿后的重任。如哀公二年，晋国部队追击郑军，"姚、般、公孙林殿而射，前列多死"。春秋战车配备弓箭手，可在移动中远程杀伤敌军前锋，晋军"前列多死"正是战车机动射击的成果，可见郑国殿后部队中精锐由善射者组成。宣公十二年，晋楚邲之战前夕，晋国随季分析楚国实力时说道："楚国中权后劲。""后劲"就是以精兵劲兵殿后，故城濮之战后楚军虽败，但成得臣率申息之师断后，"晋人三日馆谷"不敢追击。

总之，在春秋时期，殿后部队在军阵中均扮演重要角色。无论是否

① 张连科、管淑珍校注：《诸葛亮集校注》，天津：天津古籍出版社2008年版，第278页。

与敌军交战，出兵时必设殿后军阵，表明其战术成熟且不可或缺，这与《孙子兵法·九变篇》中“无恃其不来，恃吾有以待也”的思想一致，强调有备无患。此外，利用载具在撤退时堵塞道路，增强阻滞效果，这种战术体现了《孙子兵法·地形篇》中“隘形者，我先居之”的原则，利用地形与装备优势阻敌。

## 五、左军阵和右军阵

上文已经论述了上军阵和下军阵，而左军阵和右军阵，在一些史料记载中，其实就是上下军阵的另外一种称谓：右军阵相当于上军阵，左军阵即为下军阵。如晋国军阵并无左右，却有上下，上军居右，下军居左。在城濮之战中：“胥臣以下军之佐当陈、蔡。……陈、蔡奔，楚右师溃。……狐毛、狐偃以上军夹攻子西，楚左师溃。”[①]晋国下军与楚国的右军相对，晋国的上军与楚国的左军相对。

左军和右军屡见于《左传》记载中，通常左右两军同时出现，特别是关于楚国军阵的记载，这是因为“楚人上左”。桓公八年，随国大夫季梁面对来犯的楚国军队，说道：“楚人上左，君必左，无与王遇。且攻其右，右无良焉，必败。”[②]《孙子兵法》中最为核心的作战原则就是“避实击虚”，违背此原则必然失败，所有的战略和战术的设定，都是围绕此原则来进行。随国大夫季梁能够明确指出楚国军阵中“虚”之所在，表明其对楚国军阵的虚实是了解的，因此针对楚军“右无良”的弱点，集中兵力攻击右翼，避免与左翼主力硬拼，完美体现了“以实击

---

① 杨伯峻：《春秋左传注》，北京：中华书局1990年第2版，第461页。

② 同上①，第122页。

虚”原则。

因为“楚人上左”，所以在《左传》的记载中，总是先言“左军”，后言“右军”。如成公十六年：“楚子救郑。司马将中军，令尹将左，右尹子辛将右。”宣公十二年：“沈尹将中军，子重将左，子反将右，将饮马於河而归。”[①]此外，“司马”作为军阵中的重要军职，“左司马”出现的次数也明显多于“右司马”。如昭公二十七年，“左司马沈尹戌帅都君子与王马之属以济师”[②]，不见右司马。公元前506年，即鲁定公四年冬天，吴王阖闾联合蔡、唐两国伐楚，发动柏举之战。楚左司马沈尹戌献策阻敌，《左传》记载：“左司马戌及息而还，败吴师于雍澨，伤。”[③]柏举之战几乎灭楚，然如此关键战役中独有左司马之事迹，未见右司马之表现。又如，哀公四年夏，楚国左司马眅、申公寿馀、叶公诸梁在负函召集才国人，在缯关召集方城山之外的人，策划向北方扩张，并且命令左军和右军分别驻扎在菟和与仓野，要求晋军归还蛮子赤。楚国左司马似乎可以直接调动楚国的左军和右军，其军事统率权限似乎较春秋早中期楚国左司马统率权限为高。关于楚国右司马参与战斗的记载只有昭公三十一年：“吴师围弦，左司马戌、右司马稽帅师救弦。”[④]可见，于楚国而言，左军优于右军，强于右军。

然而，春秋时期更多的诸侯国，特别是北方诸侯国，则是“尚右”而非“尚左”。如襄公十年：“范宣子曰：‘天子所右，寡君亦右之；所

① 杨伯峻：《春秋左传注》，北京：中华书局1990年第2版，第728页。

② 同上①，第1482页。

③ 同上①，第1546页。

④ 同上①，第1512页。

左，亦左之。'"①桓公五年周郑繻葛之战："王为中军；虢公林父将右军……周公黑肩将左军，陈人属焉。……曼伯为右拒，祭仲足为左拒，原繁、高渠弥以中军奉公，为鱼丽之陈。"昭公元年，晋国与山戎国发生战斗，晋国军阵临时变阵，"专为右角，参为左角"②，先言右而后言左。文公十年，宋昭公与楚王狩猎于孟诸泽，"宋公为右盂，郑伯为左盂"。③襄公二十三年秋，齐侯伐卫。齐国的军阵中包括了前军"先驱"、次前军"申驱"、后军"大殿"，还有左右二军"啓"和"胠"："啓：牢成御襄罢师，狼蘧疏为右。胠：商子车御侯朝，桓跳为右。"杜预注曰："左翼曰启"、"右翼曰胠"。桂馥札樸卷二曰："启即'肎'，三者皆取名于身。……胠即胳，掖下也。"④《山海经·海外北经》曰："无肎之国在长股东，为人无肎。"⑤郭注曰："肎，肥肠也。"而"胠"即"胳"，腋下之意。哀公十一年，鲁国军队为抵抗齐国入侵而派出"右师"与"左师"："孟孺子洩帅右师，颜羽御，邴洩为右。冉求帅左师，管周父御，樊迟为右。"⑥僖公二十五年："三月甲辰，次于阳樊。右师围温，左师逆王。"⑦晋国的右师包围温地，左师则去迎接周襄王。

《孙子兵法·虚实》曰："善战者，致人而不致于人。"敌人防御坚固，必须要通过制造假象来调动敌人，从中发现攻击的时机，而左右二军，就承担有"致人"的功能。《国语·吴语》记载："越王乃中分其师

① 杨伯峻：《春秋左传注》，北京：中华书局1990年第2版，第984页。

② 同上①，第1216页。

③ 同上①，第577页。

④ ［清］桂馥：《札樸》，北京：中华书局1992年版，第69页。

⑤ ［晋］郭璞注：《山海经》，湖南：岳麓书社1992年版，第122页。

⑥ 同上①，第1659页。

⑦ 同上①，第432页。

以为左右军。以其私卒君子六千人为中军。明日将舟战于江，及昏，乃命左军衔枚泝江五里以须，亦令右军衔枚泝江五里以须。夜中，乃命左军、右军涉江鸣鼓中水以须。吴师闻之，大骇，曰：‘越人分为二师，将以夹攻我师。’乃不待旦，亦中分其师，将以御越。”[①]越国通过在江面上进行分散的、隐蔽的行军，左军和右军可以起到牵制敌军的作用，迷惑敌军，使其无法准确判断越军的真实意图和主力进攻方向。而吴国的军队听到这个消息后“大骇”，认为越国军队一分为二，必然是准备从两侧发动进攻，于是吴军没有等到天亮，也把自己的军队分成两半，如此一来，吴国的军队便是“离而不集”，又怎能抵御越军后续中军主力的突然袭击呢？

《孙子兵法》中强调三军应当“选锋”，即必须设置接敌的前锋部队，上文所言之上军阵即是如此，左右军阵也是如此，皆为中军阵之“锋”。右军是大夫曼伯指挥，负责攻击周王左翼的陈国军队。左军是大夫祭仲指挥，负责攻击周王右翼的蔡国与卫国军队。此外，左右两军常互为犄角，若能相互配合照应，则可以左右相救；否则，一损俱损。晋楚城濮之战中：“胥臣蒙马以虎皮，先犯陈、蔡。陈、蔡奔，楚右师溃。”右军既然已经溃败，左军又怎能独存？孙子有言：“我专为一，敌分为十，是以十攻其一也。”子西率左军孤军深入，其侧翼遭到晋国中军公族的攻击，而晋军上军在狐毛、狐偃的指挥下，与中军共同夹击楚军左军。子西虽奋力抵抗，但因右军溃败，左军陷入孤立，最终被晋军合围而击溃。此为春秋时期左右军阵配合失败的案例。

《左传》中还记载有“左拒”和“右拒”，有时等同于左右军阵。比

① 杨伯峻：《春秋左传注》，北京：中华书局1990年第2版，第1707页。

如，繻葛之战中的左拒和右拒，即为左右军阵。虽然史料中只有左拒和右拒，以及中军的战斗过程，但是左拒和右拒又并非完全等同于左右军阵，在某些战例中属于左右军阵的一部分。如在晋楚邲之战中，左右师与左右拒代表了两种不同的军事部署。根据《左传》记载，宣公十二年，楚庄王率军北上，驻扎于郑国边境的郔地。楚军的配置为：沈尹统率中军，子重指挥左军，子反指挥右军。战斗中，晋国的中军和下军溃败并渡黄河撤退，“工尹齐将右拒卒，以逐下军”。[①]楚国的工尹齐则率右拒阵追击晋国下军。与此同时，楚庄王命潘党率四十辆战车，协同唐侯组成左拒阵，追击晋国士会统领的上军。显然，左拒和右拒是专门用于追击的战术阵型，与楚国的左师和右师有本质区别。左拒由唐侯指挥，右拒由工尹齐统领，而非子重和子反。这表明左右拒在指挥体系和作战功能上与左右师截然不同，体现了楚军在战术上的灵活性与针对性。但是在晋楚邲之战中，左右师和左右拒是两个截然不同的军阵概念。

在晋楚邲之战中，左拒和右拒很可能分别是左军和右军中的前锋部队，承担突击和追击的任务。此外，史料中提及楚军的左拒是临时组建的，不过战斗力不俗，因为其主将是潘党。潘党是楚军中战斗技艺极为出色的将领，强将手下无弱兵，而且统领的是“游阙”，故不仅战斗力强，移动速度也快。此外，唐侯作为楚国附属国唐国的国君，是在楚庄王派遣使者唐狡和蔡鸠居求援后，才加入左拒军阵的。这表明左拒的组建具有临时性，并非常规的左军阵。这种结构既体现了楚军编制的灵活性，能够做到“因敌变化”，又反映了其在实战中根据战况调整部署的

① 杨伯峻：《春秋左传注》，北京：中华书局1990年第2版，第739页。

能力。

除了左右军阵、左右二拒外，《左传》中还提到了“左广”和“右广”。如果说左右军阵和左右二拒，分别属于常规军阵和临时军阵，那么左右二广则是楚王亲兵的左右军阵。左右二广在《左传》中出现的次数并不多，仅出现于晋楚争霸的两场关键战役：城濮之战和邲之战。这两场战役不仅是晋楚争霸的重要转折点，也展现了楚国在军事部署上的独特之处。左右二广作为楚王的直属精锐，其出现反映了楚国在重大战事中对王权核心力量的重视，同时也体现了楚国军事体系的层级性与灵活性。

僖公二十八年，楚国中军将子玉一心求战，然楚成王并无战心：“王怒，少与之师，唯西广、东宫与若敖之六卒实从之。”①楚王因愤怒而只派遣少量军队参战，具体包括“西广”“东宫”“若敖之六卒”三部分。杜预注曰：“楚有左、右广，又太子有宫甲，分取以给之。”左广和右广，可能是楚王的直属精锐部队。孔颖达疏曰：“《周礼》‘车仆掌戎路之萃，广车之萃’，郑玄云：‘广车，横陈之车。’襄十一年郑人赂晋侯以广车。盖兵车之名，名之为广，因即以车表兵，谓属西广之兵也。”②孔颖达引用了《周礼》和郑玄的注释，进一步解释了“广”的含义。根据郑玄的解释，广车是一种横陈之车，即用于布阵的战车。广车不仅是战车的名称，还引申为以车为代表的军队编制。所以西广也可以理解为，是以广车为核心的精锐部队，具有较强的机动性和战斗力。

宣公十二年，晋楚邲之战爆发，《左传》对此战役中的楚王之左右二广多次提及。大战之前栾武子言道：“其君之戎分为二广，广有一卒，

---

① 杨伯峻：《春秋左传注》，北京：中华书局1990年第2版，第457页。

② 《十三经注疏·春秋左传正义》，北京：中华书局1957年版，第641页。

卒偏之两。右广初驾，数及日中，左则受之，以至于昏。内官序当其夜，以待不虞。不可谓无备。”[①]楚王的军队分为“二广”，即左广和右广。每“广”由一“卒”组成，每“卒”又分为两“偏”。杜预在注释中提道：“十五乘为一广。《司马法》记载，百人为一卒，二十五人为一两。车十五乘为大偏。今广十五乘，亦沿用旧偏法，并以二十五人为承副。”杨伯峻先生则提出不同见解，认为一偏为十五乘，两偏为三十乘，因此一广中的“一卒”应配备三十辆战车，左右二广合计六十辆战车。这一观点在成公七年申公巫臣出使吴国的记载中得到了进一步印证。当时申公巫臣“以两之一卒适吴，舍偏两之一焉”。[②]此处“两”“卒”“偏”三者并称，其中“偏”指战车数量。若按《司马法》解释，“两之一卒”应指徒兵，而“偏两之一”则涉及车兵，这与“舍偏两之一焉”的解释存在矛盾，难以对应。因此，杨伯峻先生的观点认为，“卒”应指战车数量而非徒兵数量。故杜预认为“十五乘为一广”，而杨伯峻先生主张“一广为三十乘”，这种分歧源于对“楚子为乘广三十乘”一句的不同理解角度。

“广鸡鸣而驾，日中而说。左则受之，日入而说。”左右二广有其独特的运作方式。右广在早晨开始行动，负责作战到中午。中午之后，左广接替右广，继续作战到黄昏。关于“说”，杨伯峻先生释曰“舍也，意即今之卸车”，可以避免因长时间使用而导致战车损坏或士卒、马匹的疲劳。这种轮换制度确保了军队在长时间作战中保持战斗力，避免疲劳。夜间由“内官”负责警戒，以防意外情况。

上述关于左右二广的记载，其内容有多处符合《孙子兵法》的作

---

① 杨伯峻：《春秋左传注》，北京：中华书局1990年第2版，第731页。

② 同上①，第835页。

战原则。如《孙子兵法·势篇》："凡治众如治寡，分数是也。"楚军的"二广"编制（每广一卒，每卒两偏）体现了明确的层级划分，便于指挥和调度。《孙子兵法·作战篇》："久则钝兵挫锐。"楚军的左右二广轮换制度，右广上午作战，左广下午接替，如此安排则可有效避免士兵过度疲劳，便于保持持续的战斗力。《孙子兵法·九变篇》："无恃其不来，恃吾有以待也。"楚军夜间由"内官"负责警戒，体现了对突发情况的充分准备，符合孙子的"先胜而后求战"的备战思想。

在楚国军队中，左右二广各自设有专门的统帅和御者。楚庄王时期，右广由养由基统领，许偃担任御者；左广则由屈荡统领，彭名负责驾车。然而，左右二广的出行顺序在邲之战后发生了调整。这一变化的起因是楚庄王在邲之战中乘左广追击晋国将领赵旃，此举直接引发了晋楚两军的正面冲突，并最终导致晋军惨败。战后，楚庄王原本计划换乘右广，但左广的车右屈荡劝阻道："君以此始，亦必以终。"楚庄王采纳了屈荡的建议，从此将左广改为先行。这一调整很可能是为了表彰左广在邲之战中的重大贡献，同时也以此纪念楚国对晋国的这场重大胜利。

左军和右军可以不必和中军一起进行军事行动，但是中军出动则左右二军必定跟随，三军出战，意味着会发生较大的军事冲突。桓公五年，在周郑繻葛之战中，周桓王统帅中军，以领联军左右二军，郑庄公坐镇中军，命左右二拒出战。成公十六年，晋楚鄢陵之战："楚子救郑。司马将中军，令尹将左，右尹子辛将右。"[①]昭公二十三年，吴国和楚国在鸡父展开大战："吴为三军以系於后，中军从王。光帅右，掩馀帅左。"[②]哀公十七年三月，吴越笠泽之战，越王三军出动，中军坐镇不动，

① 杨伯峻：《春秋左传注》，北京：中华书局1990年第2版，第886页。

② 同上①，第1446页。

派左右勾卒即左右二军骚扰敌人乘乱取胜。因此，左右二军既可单独进行军事行动，也可和中军一起发动军事攻击。春秋时期，诸侯国都常备有左右两个军阵，如果遇逢较大的军事冲突，则左右二军随中军出战。

僖公二十五年，晋文公统帅中军坐镇阳樊，“右师围温，左师逆王”，左师和右师也是充当中军的“左右手”，负责具体的军事行动。僖公二十八年，在晋楚城濮之战中，下军（左军）之佐胥臣以虎皮蒙马，率先对楚国右军发动攻击，并且将之击溃，而后狐毛所率上军（右军）示弱诱敌，楚国左军冒险追击，这时候中军才参与进攻，与上军夹击楚国左军并将之击溃。因此，左右二军就像是中军的两支触角，先行碰触敌人，了解敌人虚实，攻击敌人的薄弱环节，造成有利战机，这时候中军主力才会投入战斗。

在《左传》中，有时候左师又称作“左拒”，右师又称作“右拒”，他们有关联之处，却不可以等同。繻葛之战中的左拒和右拒等同于左师和右师，因为史料中并未出现左右二军的记载，而郑国军队的左拒和右拒承担的正是左右二军的职能，即作为中军的先锋军阵攻击周王联军。

但是在晋楚邲之战中，“左右师”和“左右拒”是两个截然不同的军阵概念。据《左传》记载，宣公十二年晋楚邲之战，庄王率军北上驻扎在郑国边境郔地。楚国大夫沈尹率领中军，子重率领左军，子反率领右军。之后晋国中军、下军败退抢渡黄河。“工尹齐将右拒卒，以逐下军。”[①]工尹齐为楚国大夫，他率领右拒阵之兵追击晋国的下军。同时楚庄王还命令潘党率领游动补阙的车乘四十辆随从唐侯以为左拒，追赶晋国士会率领的上军。这里左拒和右拒是两个追击敌人的军阵，不等同于

① 杨伯峻：《春秋左传注》，北京：中华书局1990年第2版，第739页。

楚国左师和右师，因为左拒和右拒有自己的指挥将领，分别是楚国大夫工尹齐和唐侯，而不是楚国左右军的将领子重和子反。

因此可以说，左拒和左军、右拒和右军并非同一军阵概念，两者有联系也有区别。在晋楚邲之战中，左拒应是左军中的前锋，右拒应是右军中的前锋，而且楚军的左拒为临时组成，潘党所统帅的是楚军“游阙”，是楚军的预备队。唐侯是楚国附属国唐国国君。唐侯是在收到楚庄王所派使者唐狡和蔡鸠居的告急之后加入左拒军阵的，所以楚国的左拒应当是临时拼成。左右军阵的规模要比左右拒阵的规模大，左右军阵可能包括左右拒阵。

左军和右军虽然同是非常重要的军阵模式，两者也承担非常相似的作战职责，作用也非常相似，都是先于中军和敌方进行接触，为中军主力创造有利战机；不过，左军和右军还是有着一些比较细微的区别。

桓公八年，楚武王讨伐随国，随侯出兵抵抗，随国大夫季梁观察楚国军队之后说道：“楚人上左，君必左，无与王遇。且攻其右，右无良焉，必败。”①可见，当时在楚国因为以左为上，所以楚王居于左军而非右军。可以推断，左军兵力必定强于右军，而右军成为楚军薄弱之处，所以随国大夫季梁才会提出“攻其右”的战略计划。

此外，在《左传》的记载中，关于楚国军阵的描述一般都是先说左军再言右军。如成公十六年：“楚子救郑。司马将中军，令尹将左，右尹子辛将右。”宣公十二年：“沈尹将中军，子重将左，子反将右，将饮马於河而归。”②昭公三十一年：“吴师围弦，左司马戌、右司马稽

① 杨伯峻：《春秋左传注》，北京：中华书局1990年第2版，第122页。

② 同上①，第728页。

帅师救弦。”[1]

除了对军阵的叙述有先左后右之分外，《左传》中对楚国军队将领官职的叙述也有左、右的先后。楚国设有左右司马之官职，但是《左传》中对楚国左司马的记载明显多有右司马。楚国的左司马经常出现在战斗中，而右司马出现的次数则较少。如昭公二十七年，吴子乘楚国之丧准备攻打楚国，“左司马沈尹戌帅都君子与王马之属以济师”[2]，这里不见右司马。定公四年冬天，蔡昭侯、吴王阖庐、唐成公联合攻打楚国，楚国左司马沈尹戌给令尹子长献计献策，并且“左司马戌及息而还，败吴师于雍澨，伤”。[3]左司马沈尹戌在同吴军作战中受伤战死，在如此重要的战斗中，不见右司马之踪迹。又如哀公四年夏：“夏，楚人既克夷虎，乃谋北方。左司马眅、申公寿馀、叶公诸梁致蔡于负函，致方城之外于缯关……司马起丰、析与狄戎，以临上雒。左师军于菟和，右师军于仓野。”楚国左司马眅调动丰、析的兵力，联合狄戎部落，进逼晋国的上雒。楚国左军驻扎在菟和，右军驻扎在仓野，左右军阵形成夹击之势。这则史料中，楚国左司马眅权力极大，可以调动地方兵力，也可以部署左右军阵，可见在春秋末期的楚国，若三军中只有左右二军出征，左军司马即为二军主将。

与楚国相反的是，《左传》中对中原诸侯军阵的记载则是先言右、后言左，这是因为中原诸国是以右为上。如襄公十年：“范宣子曰：‘天子所右，寡君亦右之；所左，亦左之。’”[4]右为先，左为后。其他如桓公

① 杨伯峻：《春秋左传注》，北京：中华书局1990年第2版，第1512页。
② 同上①，第1482页。
③ 同上①，第1546页。
④ 同上①，第984页。

五年周郑繻葛之战："王为中军；虢公林父将右军……周公黑肩将左军，陈人属焉。……曼伯为右拒，祭仲足为左拒，原繁、高渠弥以中军奉公，为鱼丽之陈。"

昭公元年，晋国在大原和山戎国交战，魏舒临时将车兵阵改为步兵阵，《左传》中记载"专为右角，参为左角"[①]，亦是先言右而后言左。文公十年，宋昭公引导楚王在孟诸泽打猎，"宋公为右盂，郑伯为左盂"。[②]此处亦是先言右阵，后言左阵。

又如襄公二十三年秋，齐侯伐卫。齐国的军阵中包括了前军"先驱"、次前军"申驱"、后军"大殿"，还有左右二军"启"和"胠"。"启：牢成御襄罢师，狼蘧疏为右。胠：商子车御侯朝，桓跳为右。"杜预注曰："左翼曰启，右翼曰胠"。桂馥札樸卷二曰："启即'肎'，三者皆取名于身。……胠即胳，掖下也。"[③]《山海经·海外北经》曰："无肎之国在长股东，为人无肎。"[④]郭注曰："肎，肥肠也。"而"胠"即"胳"，腋下之意。

不过笔者对杜预所注之"启"与"胠"表示怀疑。若"启"为"肥肠"而"胠"为"腋下"，肥肠与腋下如何划分左右，难道"启"为左边肥肠，"胠"为右边腋下吗？在《左传》的记载中，凡是有关中原诸侯国及吴国军阵部署的记载均是先言右阵而后言左阵，对楚国和越国则是先言左阵再言右阵。齐国乃中原大国，所以此处应该亦是如此，即"启"应为左而"胠"应为右。

---

① 杨伯峻：《春秋左传注》，北京：中华书局1990年第2版，第1216页。

② 同上①，第577页。

③ ［清］桂馥：《札樸》，北京：中华书局1992年版，第69页。

④ ［晋］郭璞注：《山海经》，湖南：岳麓书社1992年版，第122页。

昭公二十三年："吴为三军以系於后，中军从王，光帅右，掩馀帅左。"对吴国军阵的记载亦先言右而后言左。吴国军阵以右为上，因为成公七年，原楚臣申公巫臣为报复楚国子重、子反杀其族人，向晋侯请求出使吴国，送给吴国战车、弓箭射手和战车御者，并且教导吴人驾驶战车和布置作战列阵的方法，所以吴国军阵的设置特点和晋国相似。[①]

晋国不称左右，而称上下，上军居右，下军居左，在城濮之战中，"胥臣以下军之佐当陈、蔡。……陈、蔡奔，楚右师溃。……狐毛、狐偃以上军夹攻子西，楚左师溃。"[②]晋国下军攻击楚国的右军，而晋国的上军攻击楚国的左军，从方向上判断，晋国上军位于中军之右，而下军位于中军之左。

在《左传》中关于晋国上中下三军的记载中，无一例外地均是先言上军即右军再言下军即左军。如文公七年："荀林父佐上军，先蔑将下军。"文公十二年："郤缺将上军……栾盾将下军。"宣公十二年："士会将上军。……赵朔将下军，栾书佐之。"等等。可见，《左传》对晋国军阵之记述亦是遵循着先记右、后记左的顺序。可见于中原诸侯国而言，右军优于左军，强于左军。

《左传》中的左军和右军，有时也被称为左师和右师，但是左师和右师在《左传》中还是官职名称。左师和右师官职多次出现于《左传》中，是宋国和鲁国的官职名称。大部分关于"左师"和"右师"作为官职的记载多和宋国有关，鲁国有些许记载，其他诸侯国中未见有此官职的设置。

如僖公九年："宋襄公即位，以公子目夷为仁，使为左师以听政，

---

① 杨伯峻：《春秋左传注》，北京：中华书局1990年第2版，第834页。

② 同上①，第461页。

於是宋治。故鱼氏世为左师。”[①]杨伯峻先生所注曰：“宋以右师、左师、司马、司徒、司城、司寇为六卿……宋襄之世，左师居右师之上。”左右二师的重要性因时而替。宋襄公时，左师地位高于右师，先言者要比后言者地位居高。文公七年：“宋成公卒。於是公子成为右师，公孙友为左师。”[②]成公十五年：“秋，八月，葬宋共公。於是华元为右师，鱼石为左师。”这时的记载，右师又先于左师。昭公二十二年：“宋公使公孙忌为大司马……仲几为左师，乐大心为右师。”[③]这里又是先言左而后言右。可见，左师和右师作为官职，在宋国的政治地位各自有变化，并非固定，这与宋国国君的重视程度以及与左师、右师各自所掌握的政治资源的多少相关。

鲁国也有左师和右师官职的设置。昭公二十五年：“公徒将杀昭子，伏诸道。左师展告公。……左师展将以公乘马而归，公徒执之。”[④]左师公孙展，左师是官职名称，展为其名。不过鲁国关于“左师”的记载非常少见，其在鲁国地位如何较难确定。

综上所述，左军和右军在春秋时期似乎已是较为成熟的阵型布置方法，这在《左传》中的记载中已可明见。左军和右军是中军两翼，既承担攻击敌人的职责，也具有保护中军的功能。左右二军阵可以脱离中军单独执行军事行动，不过很少见单独的左军或右军与敌人接触，更多时是左右二军合作共同出击。

此外，如果中军参与战斗，左右二军必定护行左右。三军之阵，左

① 杨伯峻：《春秋左传注》，北京：中华书局1990年第2版，第331页。

② 同上①，第556页。

③ 同上①，第1466页。

④ 同上①，第1434页。

右二军先于中军与敌人接触，具有前锋的性质。不过在左右二军阵中，亦包含有各自的先驱军阵，负责攻击敌人，这些先驱军阵有时称之为“拒”，“拒”也有左右之分。左右军阵有相同之处，但在不同诸侯国左右二军阵之地位和兵力强弱有所不同。中原诸国以右为上，故右军略高于左军，而楚国则以左为上，左军地位高于右军。楚王亲军有左右两支部队，职能相同但有出行次序的不同，先右后左，《左传》对诸侯国军阵的记载就是依照这样的顺序进行描述的。

## 六、中军阵

宣公十二年，晋楚邲之战前夕，晋国上军将士会分析楚国实力时，认为楚国军阵的配置是“中权后劲”[①]，中即为中军阵，权即权谋，负责制定战略战术引领三军作战，如同人之首脑，谋略皆从此出，因其地位在三军阵中极为重要，因此在《左传》中，关于中军的资料多次出现。

如桓公五年：“王以诸侯伐郑，郑伯御之。王为中军；虢公林父将右军，蔡人、卫人属焉；周公黑肩将左军，陈人属焉。”[②]“原繁、高渠弥以中军奉公。”此役中提及交战双方的中军。

又因春秋时期晋国和楚国为争夺霸权曾发生多次战斗，故在《左传》中有诸多关于晋国中军的记载。如僖公二十七年，“乃使郤縠将中军，郤溱佐之”[③]、“原轸将中军”[④]。僖公三十三年，“襄公以三命命先且

① 杨伯峻：《春秋左传注》，北京：中华书局1990年第2版，第723页。

② 同上①，第105页。

③ 同上①，第446页。

④ 同上①，第452页。

居将中军”[①]。文公六年，“使狐射姑将中军……改蒐于董，易中军”[②]。宣公十二年，“夏，六月，晋师救郑。荀林父将中军”[③]。宣公十六年，“戊申，以黻冕命士会将中军，且为大傅”[④]。成公二年，“郤克将中军”[⑤]。成公十三年，“晋栾书将中军”[⑥]。襄公十三年，“使士匄将中军，辞曰：‘伯游长。昔臣习於知伯，是以佐之，非能贤也。请从伯游。’荀偃将中军，士匄佐之”[⑦]。作为晋国的主要对手，楚国中军阵也多见于史料。例如，僖公二十七年：“子玉以若敖之六卒将中军。”[⑧]宣公十二年：“楚子北师次於郔。沈尹将中军。”[⑨]成公十六年：“司马将中军，令尹将左，右尹子辛将右。”[⑩]

春秋末年，吴越两国先后崛起，实力不容小觑，因此其相关战斗也多被记录下来，其中不乏中军阵的记载。例如，昭公二十三年：“吴子以罪人三千先犯胡、沈与陈，三国争之。吴为三军以系於后，中军从王，光帅右，掩馀帅左。”[⑪]哀公十一年：“为郊战故，公会吴子伐齐。五月，克博，壬申，至于嬴。中军从王，胥门巢将上军，王子姑曹将下军，展如将右军。”[⑫]哀公十七年：“越子以三军潜涉，当吴中军而鼓之，

① 杨伯峻：《春秋左传注》，北京：中华书局1990年第2版，第502页。
② 同上①，第544页。
③ 同上①，第521页。
④ 同上①，第768页。
⑤ 同上①，第789页。
⑥ 同上①，第865页。
⑦ 同上①，第999页。
⑧ 同上①，第461页。
⑨ 同上①，第728页。
⑩ 同上①，第880页。
⑪ 同上①，第1446页。
⑫ 同上①，第1661页。

吴师大乱，遂败之。”①《国语·吴语》记载曰：“越王勾践乃率中军泝江以袭吴，入其郛，焚其姑苏，徙其大舟。”“越王乃中分其师以为左右军。以其私卒君子六千人为中军。……夜中，乃命左军、右军涉江鸣鼓中水以须。吴师闻之，大骇，曰：‘越人分为二师，将以夹攻我师。’乃不待旦，亦中分其师，将以御越。越王乃令其中军衔枚潜涉，不鼓不譟以袭攻之，吴师大北。”②至于其他诸侯国的中军阵的记载，则并不多见，只有哀公十一年，齐鲁会战中有“齐国书将中军，高无丕将上军，宗楼将下军”③。鲁国虽有中军，但国力偏弱且内政紊乱。昭公五年：“春，王正月，舍中军，卑公室也。毁中军于施氏，成诸臧氏。初作中军，三分公室而各有其一。季氏尽征之，叔孙氏臣其子弟，孟氏取其半焉。”④

中军阵之职责即是负责战前“庙算”，“庙算多者，得算多也”。三军若只懂得“武进”，必然败多胜少，“兵者，国之大事，死生之地，存亡之道”，战事不比儿戏，岂能不谋而战？故《孙子兵法·谋攻》中言道：“上兵伐谋，其次伐交，其下伐兵，其下攻城。”又有“胜兵先胜而后求战”，即战前必然已经谋划妥当，知晓自己获胜之道，而不是“先战而后求胜”。

正因为孙子特别强调战前谋划的重要性，因此《孙子兵法》中多次提及“智将”，如《孙子兵法·始计》说道：“将者，智、信、仁、勇、严也。”其中就将“智”作为考察将领的第一个标准。《孙子兵法·作战》有云：“故智将务食于敌。”《孙子兵法·地形》曰：“料敌制胜，计

① 杨伯峻：《春秋左传注》，北京：中华书局1990年第2版，第1707页。

② 徐元诰：《国语集解》，北京：中华书局2002年版，第546页。

③ 同上①，第1662页。

④ 同上①，第1261页。

险厄远近，上将之道也。”故孙子极为强调将领需具备分析敌情、制定战略的能力。

晋楚鄢陵之战前夕，楚王通过观察晋军的举动，试图判断对方的意图和行动，这时伯州犁作为楚王的智囊，对晋军的动向进行了解释，帮助楚王更好地理解敌情，为即将到来的战斗做准备。成公十六年：“楚子登巢车以望晋军，子重使大宰伯州犁侍于王后。王曰：‘骋而左右，何也？’曰：‘召军吏也。’‘皆聚于军中矣！’曰：‘合谋也。’‘张幕矣。’曰：‘虔卜于先君也。’‘彻幕矣！’曰：‘将发命也。’‘甚嚣，且尘上矣！’曰：‘将塞井夷灶而为行也。’‘皆乘矣，左右执兵而下矣！’曰：‘听誓也。’‘战乎？’曰：‘未可知也。’‘乘而左右皆下矣！’曰：‘战祷也。’伯州犁以公卒告王。苗贲皇在晋侯之侧，亦以王卒告。皆曰：‘国士在，且厚，不可当也。’苗贲皇言于晋侯曰：‘楚之良，在其中军王族而已。请分良以击其左右，而三军萃于王卒，必大败之。’”

在成公十六年的这段记载中，中军在军阵体系里的核心地位与特殊作用得以充分彰显。楚子通过巢车观察晋军，从晋军人员聚集“合谋”、张幕“虔卜”、彻幕“发命”等一系列动作，可看出中军作为指挥中枢，承担着谋划战略、发布军令等关键职能，左右着整个军队的行动节奏与作战部署。而苗贲皇点明“楚之良，在其中军王族而已”，表明楚军将精锐力量集中于中军，以王族为核心构建起战斗力最强的部分，成为军队的中流砥柱。这也使得中军在战争中既是敌方重点关注与试图突破的目标，也是己方坚守与依托的关键。晋军据此制定“分良以击其左右，而三军萃于王卒”的战术，正是基于中军在军阵中牵一发而动全身的重要地位，通过先削弱楚军两翼，再集中力量围攻其中军，一旦中军被破，楚军整个军阵体系将陷入混乱，由此可见中军在军阵编制与作战指挥中的核心战略价值，与前文所述春秋军阵重视阵型组织、兵力配置以及指挥效能等内容相互呼应。此外，该战役也反映了对敌情的细致观察和解读，以及将领在战争前夕的谨慎和谋略。伯州犁通过对晋军动态的观察和解释，展现了将领的“智”；楚共王通过巢车观察敌情，体现了“料敌制胜”的思想；而楚军的整体行动，则是“庙算”之后的具体实践。

孙子有言：“三军可夺气，将军可夺心。”中军主将居于中军阵中，除了应对敌人作出决策之外，还应当示以战斗之决心、必胜之勇气、无畏之精神，三军将士也会因此而士气大振。反之，若中军主将被“夺心”，三军必会被“夺气”，心意不坚，士气不振，获胜无望也。公元前589年，齐国和晋国爆发鞍之战，“晋解张御郤克，郑丘缓为右。齐侯曰：‘余姑翦灭此而朝食。’不介马而驰之。郤克伤于矢，流血及屦，未绝鼓音，曰：‘余病矣！’张侯曰：‘自始合，而矢贯余手及肘，余折以御，左轮朱殷，岂敢言病。吾子忍之！’缓曰：‘自始合，苟有险，余必下推车，子岂识之？然子病矣！’张侯曰：‘师之耳目，在吾旗鼓，进退从之。此车一人殿之，可以集事，若之何其以病败君之大事也？擐甲执兵，固即死也。病未及死，吾子勉之！’左并辔，右援枹而鼓，马逸不能止，师从之。齐师败绩。”[①]郤克身为晋国中军主将，“伤于矢，流血及屦，未绝鼓音”，战鼓之声只要不断，则三军将士知晓主将之命令，并力进攻；若战鼓之声断绝，三军将士以为主将受伤或身亡，士气必然大损，因此郤克中箭流血，仍坚持击鼓指挥。后在郤克受伤严重之时，其御者解张又以“擐甲执兵，固即死也”激励郤克，提醒郤克“师之耳

① 杨伯峻：《春秋左传注》，北京：中华书局1990年第2版，第792页。

目，在吾旗鼓，进退从之”，不可因伤而放弃主将之职责，既已为将，当将生死置之度外，现在伤重但不至死，应该继续与敌作战，故中军主将郤克仍然率军向前并未退缩，战鼓之声不辍，晋国士兵受此鼓舞，士气高涨而勇猛进攻，最终获胜。

反观宣公十二年的晋楚邲之战，晋军中军将荀林父“不知所为，鼓於军中曰：‘先济者有赏！’中军、下军争舟，舟中之指可掬也”。晋军的中军将荀林父在面对楚军快速冲击时，发出了错误的指挥信号，导致中军和下军争相渡河，军阵秩序混乱，士兵为求生自相践踏，结果引发混乱，晋国士兵死伤无数，晋国大败。这正如《孙子兵法·地形篇》中所说的“将弱不严，教道不明，吏卒无常，陈兵纵横，曰乱”。对于晋国，此战之败，晋军中军将荀林父负有不可推卸之责任。

正因为“知兵之将，生民之司命，国家安危之主也”，因此对中军主将的保护至关重要。《孙子兵法·用间》也提到：“凡军之所欲击，城之所欲攻，人之所欲杀，必先知其守将，左右，谒者，门者，舍人之姓名，令吾间必索知之。”如果能够让间谍获取主将的相关信息，从而找到其薄弱可进攻之处，继而“擒贼先擒王”，这既是“伐谋”的一种策略，也是“全胜”思想的体现。而对于己方，因中军主将之决策可影响国家之命运，能决定士兵、百姓之生死，故其在三军中的作用极为重要，务必要保护好决策中枢的安全；对于敌方，则要尽可能地获取相关信息，进而瓦解乃至消灭敌方的决策机构，使其失去指挥，为己方创造胜利的条件。

除此之外，担任中军主将者，若非一国之君，必然是国之重臣。若其因战而亡，必然引发国内政局动荡，因此中军主将也是三军必然护卫的首要对象。如桓公五年的繻葛之战，周桓王即亲自为中军统帅；昭公二十三年的鸡父之战中，中军阵的主将是吴王僚；哀公十一年吴鲁联军与齐国会战，吴国中军阵的主将是吴王夫差；哀公十七年，吴越笠泽之战中，越王勾践坐阵三军，制定偷袭吴国的战术，勾践亲自指挥。其他一些战役中，则由国军信任的重臣担任中军将，如同样是桓公五年的繻葛之战，郑国却是“原繁、高渠弥以中军奉公”，“以中军”三字反映出原繁极有可能就是中军阵的直接统帅。僖公二十八年的晋楚城濮之战中，虽然晋文公也随军出征，但是根据史料记载，晋国中军阵的主将却是先轸。又如宣公十二年的晋楚邲之战中，楚庄王同晋文公一样也随军出征，但同样并未担任中军阵的统帅，而是由楚国大夫沈尹负责。成公十六年的晋楚鄢陵之战中，晋国和楚国的国君都亲临战场，但是两国的中军阵的主帅则分别是栾书和子反。之所以国君不担任中军统帅，一则可能是为了安全考虑，不必以身犯险，二则可能是让更具有作战经验的大臣来担任中军主将，以提升获胜的可能性。因此一些战役中，并未出现国君的身影，如晋楚城濮之战，楚成王带兵驻扎在申地，真正参与作战指挥的是楚国中军将子玉。晋楚邲之战中，中军主将是荀林父，而晋景公于此役中缺席。吴楚鸡父之战中，楚平王不见于史料，只有“楚薳越帅师及诸侯之师”。

故而中军阵的一大职能，就是对三军决策指挥系统的保护，这也就决定了中军阵中的士卒，绝不是疲兵弱卒，必然是三军阵中千挑万选的精锐，作战能力极强。此外，中军阵必然也是三军主帅最为信任的士卒所组成，如此才可去除顾虑安心指挥。如僖公二十八年：“子玉以若敖之六卒将中军。”公元前632年，晋楚城濮之战，楚国令尹子玉率军迎战晋文公。子玉为楚国令尹，统帅楚军。杨伯峻先生推测若敖之六卒为若敖所初设之宗族亲军，若敖为楚君葬于若者，为子玉之祖。这里的卒是车兵而非步兵，一卒三十乘，可详见江永《群经补义·卷二》。[①]若敖为楚国先君，乃为子玉的祖父，其宗族亲军为“若敖之六卒”。宗族亲军与主帅有血缘或宗族关系，作战时更忠诚、可靠。一卒三十乘战车，六卒共计180乘，无论是进攻还是防守，都具有极大战力。反观晋国：“原轸、郤溱以中军公族横击之。”[②]与“若敖之六族”类似，晋国中军主力即为晋国公族部队，也是由晋国公室子弟组成，忠诚度高，战斗力强，是晋军的核心力量。成公十六年，晋楚爆发鄢陵之战，战前苗贲皇对晋侯献策曰：“楚之良，在其中军王族而已。请分良以击其左右，而三军萃於王卒，必大败之。”[③]公元前575年（鲁成公十六年），晋楚鄢陵之战，晋国大夫苗贲皇向晋侯献策。苗贲皇本为楚国贵族，是鬬椒之子，后来逃奔晋国，较为熟悉楚国情况，故能够提出具有高度针对性的意见。苗贲皇提议说，楚军的精锐部队集中在中军王族，左右两翼相对薄弱，所以建议攻击楚军左右两翼，避免直接与中军王族硬碰硬，这也体现《孙子兵法》“避实击虚”的战术思想。又如，吴越笠之战中，越王勾践“以其私卒君子六千人为中军”，徐元诰在《国语集解》中认为“私卒君子”是“王所亲近，有志行者。犹吴所谓贤士，齐所谓士”。[④]《史记·越王勾践世家》集解引虞犯曰：“君子，言君养之如子。”[⑤]“私卒君子”是越王勾践的亲信部队，成员不仅忠诚可靠，还具备高尚的品德与坚定的意志。故此处“私卒君子”同样兼具忠诚与战斗力，是越军的核心力

① 《文渊阁四库全书·经部·五经总义类》，中国台湾：台湾商务印书馆1986年版，第23页。

② 杨伯峻：《春秋左传注》，北京：中华书局1990年第2版，第461页。

③ 同上②，第885页。

④ 徐元诰：《国语集解》，北京：中华书局2002年版，第560页。

⑤ 司马迁：《史记》，北京：中华书局1982年第2版，第1745页。

量。因此中军阵中军队的战斗力不仅依赖装备与训练，更需建立在忠诚与信任的基础上。《孙子兵法·始计》中的“道”，列为“五事”之首，只有互相信任，上下一心，才可以“并力”，即发挥全部战斗力，才有获胜的希望，而宗族亲兵，正好具备了这一特征。

因为中军阵为三军之“首脑”，不可轻易犯险，且中军阵之战力，为三军之最，故中军阵也不能一直退守后方，必然要求在战机出现的时候，能够予以敌方以致命一击，因此中军阵作用的发挥，有赖于上军阵和下军阵的配合。《孙子兵法·势》中有一句作战名言：“凡战者，以正合，以奇胜。”通过正兵来创造敌方的“虚”，也就是战机，通过奇兵来做到以实击虚，而中军阵在一些重大战役中就是承担奇兵的作用。《六韬·虎韬·疾战》曰：“左军疾左，右军疾右，无与敌人争道。中军迭前迭后，敌人员众，其将可走。”[①]通过左军和右军两翼的快速进攻，牵制敌军兵力，分散其注意力。中军根据战况前后移动，时而突前进攻，时而退后防守。三军不应与敌军争夺主要道路或阵地，避免消耗战。敌军则因分兵而陷入被动，被各个击破。

僖公二十八年的城濮之战中，“晋师陈于莘北，胥臣以下军之佐当陈、蔡。子玉以若敖六卒将中军，曰：‘今日必无晋矣。’子西将左，子上将右。胥臣蒙马以虎皮，先犯陈、蔡。陈、蔡奔，楚右师溃。狐毛设二旆而退之。栾枝使舆曳柴而伪遁，楚师驰之。原轸、郤溱以中军公族横击之。狐毛、狐偃以上军夹攻子西，楚左师溃。楚师败绩。子玉收其卒而止，故不败”。此役中，晋军下军副将胥臣率部对阵楚军右翼的陈、蔡联军，实施牵制战术。胥臣用虎皮蒙马，制造恐怖效果，扰乱

---

① 《武经七书·六韬·虎韬·疾战》，北京：中华书局2007年版，第456页。

陈、蔡联军的士气。狐毛在晋军上军设两面大旗，假装撤退，栾枝命令战车拖曳树枝，扬起尘土，制造大军撤退的假象，引诱楚军追击，通过诱敌深入，为晋军反击创造机会。楚军误以为晋军溃退，放松警惕，全力追击。在楚军追击过程中，晋军上军突然回师，与中军配合夹击楚军左翼。晋军中军将原轸与郤溱率中军公族从侧翼横击楚军，打乱其阵型。侧翼攻击使楚军陷入混乱，无法组织有效反击。楚军左右军阵皆已溃败，使中军陷入孤立，无法抵御晋国三军合力攻击，只能败退。经此一战，晋国确立中原霸权，成为春秋五霸之一。在城濮之战中，晋国的上军、下军和中军通过精妙的配合，展现出高度的协同作战能力。下军的牵制与击溃、上军的诱敌与夹击、中军的侧翼突袭，共同构成了晋军的胜利基石。这一战役正好印证了《孙子兵法》中“奇正相生”“避实击虚”“诱敌深入”等战术思想的实践价值。

《国语·吴语》记载吴越笠之战曰：“越王乃中分其师以为左右军。以其私卒君子六千人为中军。明日将舟战于江，及昏，乃命左军衔枚泝江五里以须，亦令右军衔枚泝江五里以须。夜中，乃命左军、右军涉江鸣鼓中水以须。吴师闻之，大骇，曰：“越人分为二师，将以夹攻我师。”乃不待旦，亦中分其师，将以御越。越王乃令其中军衔枚潜涉，不鼓不譟以袭攻之，吴师大北。越之左军、右军乃遂涉而从之，又大败之于没，又郊败之，三战三北，乃至于吴。越师遂入吴国，围王台。”[①] 此役中，同样是通过三军阵之间的配合创造了战机，令中军阵的精锐部队可以趁虚而入。公元前478年（笠泽之战），越王勾践率军与吴王夫差决战，越王勾践将军队分为左军、右军和中军三部分，左军与右军在

① 徐元诰：《国语集解》，北京：中华书局2002年版，第560页。

夜间衔枚（口中含木片，防止发出声音）沿江上行五里，隐蔽待命。夜半时分，左军与右军涉江鸣鼓，制造声势，吸引吴军注意力。吴军误以为越军分为两路夹攻，匆忙分兵应对，导致兵力分散。中军在夜间衔枚潜渡，不鼓不譟（不击鼓、不喧哗），秘密接近吴军，等吴军兵力分散之际，中军突然发动袭击，打乱吴军阵型，使其陷入混乱。吴军在夜间遭遇突袭，未能识破越军的真实意图，陷入被动和混乱，无法组织有效防御，被越军各个击破。越国通过笠泽之战大败吴军，为最终灭吴奠定了基础。这一战役同样印证了《孙子兵法》中“奇正相生”“攻其无备”“示形动敌”等思想的实践价值。

桓公五年，周郑繻葛之战中，“曼伯为右拒，祭仲足为左拒，原繁、高渠弥以中军奉公，为鱼丽之陈，先偏后伍，伍承弥缝。战于繻葛，命二拒曰：‘旝动而鼓。’蔡、卫、陈皆奔，王卒乱，郑师合以攻之，王卒大败”[①]。此役中，虽然并没有上述两个战例中出现的“诡道”战法，但是中军阵同样是待而后动，伺机进攻。曼伯率右拒（右翼方阵），祭仲足率左拒（左翼方阵），通过两翼方阵牵制敌军，为中军的鱼丽之阵创造战机。原繁与高渠弥率中军，采用“鱼丽之阵”布阵。此阵中，“偏”为战车单位，“伍”为步兵单位。战车在前，步兵在后，步兵填补战车之间的空隙，形成紧密的防御与攻击体系。周桓王所率领的王军，其侧翼是蔡、卫、陈等国军队，战力薄弱，故被郑国的左右两个军阵击溃，郑军左右拒阵与中军协同作战，合围周桓王军队，使其陷入被动，周桓王军队大败，郑国取得决定性胜利。郑国的作战思想也是通过正奇结合，成功瓦解了王族联军的战斗力。

---

① 杨伯峻：《春秋左传注》，北京：中华书局1990年第2版，第105页。

除此之外，中军阵中亦有“分合”。虽然集中力量可以最大化中军阵的战斗力，但是战场情况瞬息万变，充满了不确定性。中军阵如果进退都是全部士兵共同行动，则缺乏灵活性，这又与孙子所言的“分合为变”的思想相违背，因此中军阵中会再分出一部分兵力交由其他将领来统领，这部分军队称为“中军佐”，其设置可以用来灵活应对突发的情况。如文公二年：“先且居将中军，赵衰佐之。”僖公二十七年：“乃使郤縠将中军，郤溱佐之。”又如，襄公九年：“范匄少於中行偃而上之，使佐中军。”不过，在《左传》中并未有明确记载中军佐和中军直接的配合作战，但是在僖公二十八年城濮之战中，下军佐胥臣的表现极为勇猛，而且在晋国战术实施过程中发挥了非常重要的作用，因此中军佐也极有可能如同下军佐，在中军阵受到威胁或者中军阵发动奇袭之时，是整个军阵的前锋部队，如宣公十二年晋楚邲之战，先縠不听上军将士会之劝，于是“以中军佐济”。孔颖达所注疏曰：“‘以中军佐济’，谓一军之内，将佐分之，各有所帅，故注云‘佐，彘子所帅也’。”这则史料中先縠“以中军佐济”，即是中军阵的前锋部队先行渡河。不过，正因为中军佐的贸然行动，反而让晋国处于被动，最终导致晋国战败，这也是“分合为变”错误应用的反面战例，但也更凸显了孙子“上下同欲者胜”作战原则的重要性。

在春秋军阵体系中，中军阵作为核心存在，其作战模式与战略定位深刻影响着战争走向。从《左传》记载来看，中军极少单独行动，多由左、右二军护卫双翼，形成稳固的作战体系。襄公十八年，晋军“荀偃、士匄以中军克京兹”[①]，是罕见的中军单独出击案例，但此次行动具

① 杨伯峻：《春秋左传注》，北京：中华书局1990年第2版，第1039页。

有特殊背景：彼时齐国败退，晋军追击过程中，中军攻击的仅是齐军据点而非主力。究其原因，或是晋国上下二军在与齐军主力交战中受损需休整，且齐国中军主力尚存，权衡之下才由中军单独攻打京兹。而在中军克京兹后的六天与半月，下军克邿、上军围卢的军事行动相继展开，这三次针对齐国孤立据点的进攻，均由单一军阵独立完成，说明当敌方力量分散薄弱时，一军之力足以应对。由此可见，中军虽偶有单独行动，但前提是自身具备足够实力且敌方威胁可控；面对一国主力时，中军必须依赖左右二军掩护，协同作战，其作战风格相对“保守”，多在关键时刻配合左右二军，发挥“一锤定音”的关键作用。

中军阵的重要战略地位，决定了其独特的布阵规则。鉴于中军是军队指挥中枢与精锐所在，其设置位置不会过于靠近敌军，通常位于左右二军之后，呈倒“品”字形布局，以此获得充分保护，确保指挥系统安全、稳定。同时，中军与左右二军距离又不能过远，鄢陵之战中，楚共王登巢车便能清晰观望到晋国中军内部士兵活动。这一细节充分说明，中军阵虽居后方，但与左右二军始终保持着紧密联系，既能保障信息快速传递、兵力及时支援，又能在关键时刻整合三军力量，形成强大的作战合力。

在春秋军阵体系中，中军作为全军核心，其地位显著高于左右二军，这种特殊性不仅体现在作战职能与兵力配置上，更通过军旗、军鼓和军章等专属“信号”工具得以强化。这些标志性器物不仅是中军阵区别于其他军阵的显著符号，更是维系三军指挥体系、确保作战协同的关键要素。

军旗作为中军阵最直观的标志，承载着重要的战略意义与象征价值。以《左传》记载的晋楚城濮之战为例，晋国中军在沼泽地遭遇大风，致使“亡大旆之左旃”①，此处提及的“大旆”极有可能便是中军大旗。其不仅是中军位置的标识，更是军队指挥中枢的象征，一旦遗失将动摇军心、扰乱指挥。再如鲁哀公二年的铁丘之战，赵鞅作为晋国中军主帅，其乘坐战车上的“蠭旗”被郑军夺取后②，公孙尨不惜率五百徒众夜袭敌营夺回，这一行为充分印证了中军军旗的重要性。作为中军阵的标志性旗帜，“蠭旗”，不仅是赵鞅身份的象征，更是晋国中军指挥权的具象体现，其得失关乎军心士气与战争走向。

《尉缭子·经卒令》《尉缭子·兵教上》《墨子·旗帜》等典籍，为我们揭开了春秋中军阵标识体系的严密规制。在旗色方面，《尉缭子·经卒令》明确规定中军之旗为黄色，左右二军分别为苍色和白色。这种差异化的旗色设定，不仅便于各军阵在广袤战场上快速识别彼此位置，更以象征中央正统的黄色赋予中军至高地位，凸显其作为全军核心的威严与统领性。同时，《尉缭子·兵教上》强调“将异其旗”③，要求不同军阵主将的军旗各具特色，进一步强化了指挥体系的辨识度，保障作战指令能够精准传递至各军。

在徽章佩戴规制上，中军阵的独特性同样鲜明。《墨子·旗帜》④与《尉缭子·兵教上》⑤均指出，中军士兵的徽章需佩戴于胸前，而左军、右军士兵则分别将徽章佩戴于左肩与右肩，通过明确且区分化的佩戴部位，在混乱的战场上能瞬间辨识出不同军阵的士兵，避免自相混淆，确保作战协同、有序。此外，《尉缭子》中提到中军士兵需佩戴与军旗同

① 杨伯峻：《春秋左传注》，北京：中华书局1990年第2版，第470页。

② 同上①，第1617页。

③《武经七书·尉缭子·兵教上》，北京：中华书局2007年版，第281页。

④ 吴毓江撰：《墨子校注》，北京：中华书局2006年第2版，第885页。

⑤ 同上③。

色的黄羽，推测其可能插于战盔之上，作为额外的显著标识。这种将旗色与个体标识相呼应的设计，进一步增强了中军阵的整体性与辨识度。从军旗到徽章、黄羽，中军阵的标识体系层层递进、环环相扣，体现了当时对军队组织与指挥效率的深刻考量，也折射出中军在三军体系中不可撼动的核心地位，这些严密的规制为实现高效军事指挥、保障战争胜利奠定了坚实基础。

春秋时期，随着军事制度的逐步完善与军阵体系的成熟，战鼓的功能得到进一步细化与强化，中军战鼓的重要性更加凸显，并通过众多战役得到淋漓尽致的展现。

宣公十二年的晋楚邲之战堪称典型反面教材。面对楚军的迅猛冲击，晋军中军将荀林父因惊慌失措，错误击鼓下达"先济者有赏"的指令。这一错误信号瞬间引发中军与下军的混乱，士兵们为争抢渡河船只自相践踏，以至于"舟中之指可掬"，场面惨不忍睹。这场混乱不仅导致晋军未战先败，更深刻暴露出中军战鼓错误指挥所带来的灾难性后果。与之形成鲜明对比的是，未遵从这一错误指令的上军，反而得以保全，这从侧面凸显了中军战鼓指挥的权威性与影响力，一旦其信号出现偏差，整个军队都将陷入万劫不复之地。

成公二年的鞌之战，则是中军战鼓正确发挥效能的绝佳范例。"晋解张御郤克，郑丘缓为右。齐侯曰：'余姑翦灭此而朝食。'不介马而驰之。郤克伤于矢，流血及屦，未绝鼓音，曰：'余病矣！'张侯曰：'自始合，而矢贯余手及肘，余折以御，左轮朱殷，岂敢言病。吾子忍之！'缓曰：'自始合，苟有险，余必下推车，子岂识之？然子病矣！'张侯曰：'师之耳目，在吾旗鼓，进退从之。此车一人殿之，可以集事，若之何其以病败君之大事也？擐甲执兵，固即死也。病未及死，吾子勉之！’左并辔，右援枹而鼓，马逸不能止，师从之。齐师败绩。”[①]晋国中军将郤克在战斗中身中箭矢，鲜血浸透鞋子，即便如此，他仍强忍剧痛，坚持击鼓指挥。其御者张侯一句“师之耳目，在吾旗鼓，进退从之”，生动且准确地诠释了中军战鼓作为全军行动指南的关键地位。当郤克重伤难支时，张侯果断左手控缰、右手击鼓，以持续不断的鼓声为三军指明前进方向、激励将士奋勇杀敌。正是在这激昂鼓声的鼓舞下，晋军将士士气大振，跟随主帅战车一路向前，最终大败齐军。这场战役充分证明，中军战鼓不仅是简单的声响信号，更是凝聚军心、统一行动、克敌制胜的强大精神力量。

中军战鼓的权威性，还体现在其作为军队核心与权威的象征意义上。襄公十八年：“晋州绰及之，射殖绰，中肩，两矢夹脰，曰：‘止，将为三军获。不止，将取其衷。’顾曰：‘为私誓。’州绰曰：‘有如日！’乃弛弓而自后缚之。其右具丙亦舍兵而缚郭最，皆衿甲面缚，坐于中军之鼓下。”晋国州绰俘获齐国殿后指挥官殖绰和郭最，特意将二人捆绑置于中军战鼓之下。这一极具仪式感的行为，向敌方乃至己方都传递出明确信息：中军战鼓所在之处，便是军队的核心与灵魂所在，代表着不可挑战的权威。此外，《国语·齐语》曰：“三军，故有中军之鼓，有国子之鼓，有高子之鼓。”[②]齐国三军皆设有战鼓，但国子之鼓、高子之鼓必须严格服从中军之鼓，严禁发出相悖信号。这一规制构建起以中军战鼓为核心的三军指挥层级关系，确保全军在复杂多变的战场上能够保持高度统一的行动节奏，使中军战鼓成为维系三军协同作战的关键纽带。中军战鼓作为春秋军阵体系的重要组成部分，不仅是军事指挥

① 杨伯峻：《春秋左传注》，北京：中华书局1990年第2版，第792页。

② 徐元诰：《国语集解》，北京：中华书局2002年版，第224页。

的工具，更是军心士气的凝聚者、军队权威的象征物。

在春秋军阵体系中，中军将作为全军核心，其权威的落实与战术的执行依赖于一套精密的属官体系。中军佐、中军司马、中军尉等职官的设置，构建起分工明确、协同互补的管理架构，既体现了中军阵内部的专业化治理，也折射出春秋时期军事制度的成熟化与系统化特征。

中军佐作为中军将的首要助手，其职能贯穿于军事行动的全过程。这一职官多见于晋国，如晋中军阵中，中军佐不仅需辅助主将制订作战计划、协调兵力部署，更需在战场上承担护卫主将与冲锋陷阵的双重任务。以城濮之战为例，晋国中军将郤縠与中军佐栾枝的配合，既保障了指挥中枢的安全，又使中军在突破楚军阵型时形成前后呼应的战力。从编制逻辑看，中军佐的设置旨在通过"双核心"架构增强指挥系统的稳定性，即当主将因故无法履职时，中军佐可迅速接管指挥权，确保军阵运作不致中断。这种职能定位，凸显了春秋军阵对指挥层协同能力的重视。

中军司马的核心职能在于维护军阵纪律与法令执行，是中军阵的"执法者"。《国语·晋语七》记载："四年，会诸侯于鸡丘，魏绛为中军司马，公子扬干乱行于曲梁，魏绛斩其仆。"[①]魏绛任中军司马时，因公子扬干"乱行于曲梁"，果断斩杀其仆从以正军法，即便面对晋侯之弟的特殊身份仍毫不留情。这一案例既体现了中军司马"法不阿贵"的执法原则，也揭示了其在维系军阵秩序中的关键作用。从制度设计上看，中军司马的常设性，如定公六年季桓子对范献子说："阳虎若不能居鲁，而息肩於晋，所不以为中军司马者，有如先君！"其中提及"中军司

① 徐元诰：《国语集解》，北京：中华书局2002年版，第409页。

马”为晋国常职，确保了军事纪律的持续性贯彻，其职能范围涵盖战时违禁处置、行军队列整肃等。中军司马正是通过严格执行此类律令，才塑造出“令行禁止”的强军风貌，为《孙子兵法》中“修道而保法”的治军思想提供了制度支撑。

中军尉的职能聚焦于士兵训练与基础军事管理，是中军阵战斗力生成的源头。《淮南子·兵略训》中说道：“夫论除谨，动静时，吏卒辨，兵甲治，正行伍，连什伯，明鼓旗，此尉之官也。”[①]即从人员编配、装备维护到队列训练、信号识别均需统筹规划。成公十八年，晋悼公任命百官，“卿无共御，立军尉以摄之”[②]。杨伯峻先生认为，晋国“以前各军将佐之御者都有定员定人……此时取消此定员定人，而立军尉以兼代之。闵二年传云‘梁馀子养御罕夷，先丹木为右。羊舌大夫为尉’，则以前诸军之御与尉各别，今则合并之”。所以杨先生认为，晋悼公之后三军主将的战车御者和军尉合为一人。[③]

这段记载揭示了春秋时期晋国军制改革的关键细节。晋悼公“立军尉以摄之”的改革，本质是对传统战车指挥体系的系统性整合。此前晋国各军将佐的御者与尉官为独立职官，如闵二年记载中“御者”梁馀子养与“尉”羊舌大夫分属不同职能岗位。这种分离模式虽符合西周以来“御者主驾控、尉官主训练”的专业化分工，但在实战中可能导致难以快速响应战场变化，因为御者需专注驾车，尉官需协调队列，两者分属不同系统。晋悼公的改革打破了这一传统架构，通过合并御与尉为“军尉”一职，实现了战车指挥层的职能整合。这一调整使得军尉身兼御者

① 刘文典：《淮南鸿烈集解》，北京：中华书局1989年版，第496页。

② 杨伯峻：《春秋左传注》，北京：中华书局1990年第2版，第1045页。

③ 同上②，第910页。

与尉官双重职责，既需熟练驾驭战车性能，又需承担“正行伍、明鼓旗”的训练管理职能。这种“二职合一”使主将战车的指挥单元从多人协作简化为单人统筹，减少了信息传递损耗，尤其在复杂地形或紧急战情中，可快速完成“驾控战车、整肃队列、传递指令”的连贯动作。改革后军尉成为兼具驾驶技能与军事素养的复合人才，其选拔标准从单一的“驾车技艺”转向综合素质的考量，反映出春秋中期军队对“复合型将才”的需求增长。杨伯峻先生强调的“合并御与尉”，深层逻辑是晋国对军阵机动性与协同性的双重追求。春秋中期以降，车战逐渐从贵族式“列阵对冲”转向更灵活的战术配合，战车指挥者需同时具备战场感知与即时调度能力。军尉的设立，正是通过制度创新来适应这一战争形态变革，中军主将战车从此拥有兼具驾驶技术与指挥能力的核心助手，既保障了指挥中枢的战场生存能力（因为御者的驾驶水平直接关系主将安危），又强化了对基层军阵的实时控制（因为尉官的训练职能确保士兵对指令的快速响应）。正如《孙子兵法·计篇》强调的“将者，智、信、仁、勇、严也”，军尉的出现正是对“将才复合能力”的制度回应。

襄公三年，中军尉祁奚退休前推荐其子祁午继任，并以羊舌赤为佐[①]，说明中军尉体系已具备成熟的人才梯队与职责细分。这种对训练体系的重视，与春秋军阵从“贵族车战”向“多兵种协同”转型的趋势密切相关。随着步兵比重增加、战术复杂度提升，专业化的训练官成为提升军队协同效能的必需，而中军尉正是这一历史需求的制度回应。

中军佐、司马、尉三职的设置：中军佐主“谋”，确保战术执行的灵活性；中军司马主“法”，保障军令畅通与阵型稳定；中军尉主

① 杨伯峻：《春秋左传注》，北京：中华书局1990年第2版，第927页。

“训”，夯实士兵技能与装备基础。三者既独立履职，又相互配合，这种属官体系的构建，使中军阵在春秋战争中展现出独特优势：相较于左右军，中军因属官配置完整而具备更强的指挥韧性、纪律刚性与训练系统性，这正是其能承担“一锤定音”角色的制度根源。

在春秋军事体系中，中军阵作为军阵的核心枢纽，其制度设计与实战功能均凸显其独特地位。从建制普遍性来看，《左传》记载的晋、楚、齐等大国均设中军阵，足见其为当时诸侯列国的标准配置。诸多史料中往往优先记述中军阵，次及其他军阵，这种书写顺序直接反映出中军将与中军阵的主导地位。在人员构成上，中军士卒多由国君亲族、近侍或亲兵组成，这类群体因与君主关系密切，天然具备更高的凝聚力与忠诚度，成为中军阵稳定的基石。作为军队的“大脑中枢”，中军阵承担着制定与发布最高作战计划的核心职能，其指令直接辐射三军或五军体系。实战中，中军阵通常不率先冲锋，而是作为战略预备队蓄势待发，在战局关键节点发动决定性攻击。这种战术定位依赖其顶级的装备与战力，中军士卒不仅配备最精良的武器，且武艺训练更为系统和精湛，确保在关键时刻发挥致命一击的作用。值得注意的是，中军阵的标识系统具有独特性，以“鼋旗”作为专属大旗，士卒佩戴的“章”亦与其他军阵不同，这种差异化设计强化了中军的权威性。中军阵的领导架构呈现层级化特征，其最高指挥官通常由国君或执政大臣担任——国君亲征时，中军阵直接成为王室权威的象征；卿大夫出任中军将时，则代表君主行使指挥权。在核心领导层之下，设有中军佐、中军司马、中军尉等职官组成的辅政体系：中军佐主司军事行动辅助，兼具护卫主将与充当前锋的双重职责；中军司马执掌军令纪律，负责监督法令执行与违规惩处；中军尉则专注士卒训练，通过整肃行伍、明确旗鼓号令等工作强化军队组织效能。这一分工细致的职官体系，确保了中军阵从战略制定到战术执行的全流程高效运转。

在《左传》记载中，晋国有关中军将的史料保留最多，讨论中军阵时晋国中军将是尤为醒目的内容。据统计，从僖公二十三年晋国"作三军"至哀公二十七年，晋国共有郤縠、原轸、先且居、狐射姑、赵盾、郤缺、荀林父、士会、郤克、栾书、韩厥、荀罃、荀偃、士匄、赵武、韩起、魏舒、范鞅、赵鞅、荀瑶二十位中军统帅。这二十位中军将里，家族分布与为政年数差异显著：荀氏占四个，分为中行氏和知氏，两家各二人，中行氏为政十年，知氏八年；赵氏和士（范）氏各占三个，为政年数分别达五十年和十五年；先氏、郤氏和韩氏分别占两个，为政年限为十三年、十一年、三十三年；狐氏、栾氏和魏氏各占一个，狐射姑同年任职同年被免，栾氏和魏氏分别为政十四年和四年。若按为政年数排序，依次为赵氏、韩氏、荀氏、士氏、栾氏、先氏、郤氏、魏氏、狐氏，从中可见，晋国中军将职位长期由世卿家族垄断，且各家族因权力博弈呈现出任职时间长短不一的特点，深刻反映了春秋时期晋国军事权力的家族化特征与政治演变趋势。

根据《左传》记载，晋国中军将制度以"终身制"为核心特征，其权力交接模式与贵族政治深度绑定，凸显春秋时期军事制度的延续性与政治博弈逻辑。从僖公二十三年至哀公二十七年的二十位中军将中，除狐射姑因与赵盾权力斗争"同年被免"外，其余十九人皆严格遵循终身任职规则：原轸战死于僖公三十三年，其子先且居随即继任；荀罃襄公十三年卒后，荀偃同年接掌中军；范武子宣公十七年"请老"致仕，郤献子方得执政。此类案例显示，中军将卸任主要基于"死亡"或"主动让贤"两种途径，尤以"死后继任"为常态——先且居卒于文公五年，次年晋国通过“大蒐礼”任命狐射姑，清晰呈现出权力真空与填补的制度流程。史料中虽仅明确记载七位中军将的死亡时间，但其余人物在下任履职后均未再活跃于记载，暗示其大概率已身故或彻底退隐。这种“任职至终结”的模式，使中军将职位成为世卿家族维系权力的核心纽带：赵氏凭借赵盾、赵武、赵鞅三代连续五十年担任中军将，巩固了其在晋国六卿中的主导地位；荀氏（含中行、知氏）虽分两支，仍通过四人次任职长期参与核心决策。终身制的本质，是晋国公室对卿族势力的妥协，通过承认军事指挥权的家族世袭，换取世卿对国家战略的持续投入。值得注意的是，狐射姑的“例外”恰恰印证了制度的刚性，其被罢免后，晋国中军将职位再未出现中途更迭，直至春秋末期知伯瑶败亡。这种稳定性既保障了军队指挥体系的连续性，如韩厥、韩起父子三十三年执政维持晋国霸权，也加速了公室权力的“空心化”，当中军将成为“世卿专权”的代名词时，晋国最终走向“三家分晋”的结局便已埋下伏笔。晋国中军将的终身制，实为春秋时期“礼崩乐坏”背景下，军事制度与贵族政治相互形塑的历史标本。

《左传》记载显示，晋国任命中军将与“蒐礼”存在一定关联，但该仪式并非制度性必备程序。“春蒐、夏苗、秋狝、冬狩，皆於农隙以讲事也。”[①]“蒐”本为四季田猎演武活动，兼具军事训练与政治象征意义。从史料看，仅有郤縠（被庐之蒐）、原轸（清原之蒐）、狐射姑（夷之蒐）、赵盾（董之蒐）、荀偃（绵上之蒐）等少数中军将的任命与蒐礼直接相关。这一现象反映出春秋时期制度的灵活性。蒐礼的举行与否，取决于晋公室对权力交接合法性的需求强度，在卿族势力较弱或新君即

① 杨伯峻：《春秋左传注》，北京：中华书局1990年第2版，第42页。

位时，如晋文公“作三军”，通过蒐礼强化“公室授命”的仪式感；而当世卿家族主导政局时，如赵氏连续执政，中军将更迭更依赖家族继承或贵族协商，无须借蒐礼背书。因此，蒐礼本质上也是晋国公室与卿族博弈的政治工具，其兴衰轨迹与中军将“终身制”“家族化”趋势互为表里，共同勾勒出春秋中期以降“礼乐征伐自大夫出”的历史脉络。

晋国中军将的人选首先受制于严格的身份准入制度，其核心特征为大族垄断与公族边缘化。从僖公二十三年“作三军”到哀公二十七年的二十位中军将，无一例外出自晋国大族，形成“非大族不得为将”的铁律。这些家族以晋文公即位为界分为两类：一类是郤氏、先氏、栾氏、荀氏、范氏等“旧族”，多为晋国公室同姓或早期姻亲，凭借宗法血缘占据政治传统优势；另一类是赵氏、韩氏、狐氏、魏氏等“新族”，通过晋文公改革获得晋升通道，以军功或政治忠诚跻身核心圈层。

若以公族与异族划分，二十人中仅荀氏、韩氏、狐氏为公族，且狐射姑因政治斗争“同年被免”，实际长期掌权的公族仅荀氏、韩氏两家，其余十七人均为异族大族。这种格局的形成源于晋国特殊的政治传统，晋献公“尽杀群公子”导致公族人才断层，晋文公争霸则依赖异姓贵族的军事才能，如先轸以“兵不厌诈”闻名，赵衰擅长外交协调。童书业在《春秋左传研究》中指出，晋国“卿族皆异姓”的现象，本质是宗法制度崩解、军事贵族崛起的产物。中军将的大族垄断，既是西周分封制的历史延续，也是春秋时期“选贤与能”思潮对传统血缘政治的有限突破，尽管仍以家族为单位，但能力与战功成为比血缘更重要的晋升砝码。

晋国中军将的晋升路径呈现鲜明的阶梯式特征，但这一规则在春秋末期逐渐虚化。除首任中军将郤縠外，其余十九人中至少有十四人在任职前担任过其他军阵的将或佐，形成“下军佐→上军佐→上军将→中军将”的典型晋升链条。如先轸就曾经担任过下军佐，“乃使郤縠将中军，郤溱佐之……使栾枝将下军，先轸佐之”[①]。郤缺曾为上军将，“赵盾将中军，荀林父佐之；郤缺将上军，臾骈佐之……”[②]。有些人既曾为佐，又曾为将，如荀偃，“栾书将中军，士燮佐之；郤锜将上军，荀偃佐之……”[③]“范匄少於中行偃而上之，使佐中军”[④]。

统计显示，十四人有明确履历的中军将中，五人曾为上军将（占比35.7%），两人曾为下军将，四人曾为上军佐，三人曾为下军佐，三人兼具将佐经历，反映出上军将因常担主攻任务更易积累权威，而下军将佐的晋升空间相对有限。值得注意的是，所有中军将均无跨上、下军担任主将的经历，这与三军职能分工密切相关：上军侧重战略进攻，下军侧重后勤防御，将领能力往往局限于单一军种。然而，春秋末期，魏舒、赵鞅等最后四位中军将的史料中未见基层将佐记录，暗示传统规则因世卿权力固化与战争形态转型而失效。例如，赵鞅以赵氏宗主身份直接掌权，其私兵“白衣徒兵”已脱离传统三军编制，反映出六卿通过家族武装垄断军权的趋势。

晋国中军将制度的演变，本质是公室集权与卿族专权博弈的产物，呈现明显的阶段性特征。晋文公至晋悼公时期，中军将选拔严格遵循“大族出身+军中历练”双重标准。大族身份确保其对公室的政治忠诚，军中历练则保障专业能力。此时的中军将既是贵族政治的代表，也是军

① 杨伯峻：《春秋左传注》，北京：中华书局1990年第2版，第446页。
② 同上①，第589页。
③ 同上①，第880页。
④ 同上①，第966页。

事精英的典范，两者的平衡使晋国维持了近百年霸权。

晋平公以后，六卿通过“三分公室”“四分公室”逐步掌控经济、军事命脉，中军将选拔沦为家族博弈的工具。赵氏连续五十年掌权，形成“世袭化”格局；知伯瑶未经基层历练直接上位，仅凭知氏实力成为中军将，其执政目标从“尊王攘夷”变为消灭其他卿族。当荀瑶以中军将身份发动晋阳之战时，中军将制度已彻底异化为贵族内战的武器。

晋国中军将的人选条件，实为一部浓缩的晋国政治史，其演变轨迹与晋国命运深度绑定，早期通过大族共治与制度化选拔，构建高效指挥体系，城濮之战、鞌之战的胜利均依赖此机制，奠定晋国霸主地位。之后荀氏、范氏等大族通过跨军历练维持权力平衡，“弭兵之会”后军事需求下降，制度逐渐转向保守，公室与卿族的“共治”格局濒临破裂。春秋末期世卿垄断导致制度彻底虚化，中军将成为六卿争权的工具，晋阳之战中知氏灭亡标志着中军将制度随晋国分裂而终结。这一过程印证了《孙子兵法》“将者，国之辅也”的深刻洞见：当中军将作为“辅弼”时，晋国得以称霸；当其异化为“卿族私将”时，晋国走向分裂。

晋国中军将制度的双重筛选机制，其大族背景提供了相对稳定的权力交接框架，军中历练则推动军事人才的专业化成长。尽管这一制度最终因贵族势力膨胀而失效，但其“选贤与能”的理念或为战国时期“军功爵制”所继承。此外，中军将制度的演变揭示了“军事集权与政治分权”的内在矛盾。当晋国公室通过中军将制度集中军事指挥权时，卿族却通过世袭化将其转化为家族私权。这种矛盾贯穿中国古代史，如唐代藩镇节度使、明代总兵制度均可见类似逻辑。晋国中军将的历史，因此成为观察中国古代军事制度如何影响政治结构的典型样本，其经验教训至今仍具启示意义。

在春秋时期的晋国政治版图中，中军将不仅是军事统帅，更是政治权力的核心枢纽。从晋文公“作三军”到知伯瑶灭亡的两百余年间，20位中军将的更替史，本质是一部公族与卿族、卿族与卿族之间血雨腥风的博弈史。他们的命运不仅关乎个人荣辱，更直接塑造了晋国的政治格局，甚至为“三家分晋”埋下伏笔。

公族衰落与卿族崛起的初次碰撞，始于狐射姑与赵盾之争。他们的权力争夺，是晋国历史上第一次公开的中军将位之争，也是公族与异姓卿族的正面冲突。晋文公去世后，晋襄公欲立狐射姑为中军将，但赵盾凭借其父赵衰的政治遗产及对朝堂的实际控制，通过“夷之蒐”改革军制，挤掉狐射姑上位。狐射姑逃亡狄国，狐氏从此退出晋国权力中心。

狐氏作为晋献公时期的公族，狐偃为晋文公舅父，其失败证明晋献公“尽杀群公子”后，公族已失去政治庇护，无法与异姓卿族抗衡。赵盾以“非公族”身份掌权，开创了异姓卿族主导中军将位的先例，此后二十位中军将中仅荀氏、韩氏为边缘公族，其余均为异姓。赵盾的胜利，得益于中军将职位的“政军合一”特性，其军事权可以统帅三军，掌握战场上的生杀予夺；行政权则表现为兼任正卿，主持国政，“制事典，正法罪”。这种双重权力使中军将成为“挟军权以令朝堂”的实际统治者。晋襄公虽为公室，却因依赖卿族军事力量而无法制衡。

然而，中军将职位在带来巨大收益的同时，其风险也如影随形。先轸、先且居父子相继担任中军将，先轸更是城濮之战的实际指挥者，其家族因军功显赫而权倾一时。但邲之战中，先縠擅自行动导致晋军大败，晋景公借此清除先氏，“尽灭先氏之族”。先氏的灭亡，表面是军事失误，实则是公室对卿族坐大的必然反击，当卿族军功威胁到公室权威时，惩罚只是时间问题。

郤克在鞌之战中大败齐军，使郤氏成为晋国第一大族。但郤克死后，郤锜、郤犨、郤至“三郤”专权。晋厉公联合胥童族灭三郤。郤氏的悲剧印证了“陪臣执国命，三世希不失矣”的警示，卿族若不知收敛，必遭公室与其他卿族联合绞杀。

赵盾执政时期，赵氏达到权力巅峰，赵盾身兼中军将与正卿，甚至拥有废立国君的权力，如废晋灵公，立晋成公。但赵盾死后，晋景公联合郤氏、栾氏发动“下宫之难”，族灭赵氏，仅存赵武。从赵盾掌权到赵武复位，赵氏沉寂近六十年，反映出卿族势力的脆弱性，即便强如赵氏，也无法抵御公室与其他卿族的联合打击。赵氏的遭遇揭示出晋国政治的深层逻辑，即公室通过扶持一派卿族打击另一派，维持表面均势，如晋景公用郤氏、栾氏灭赵氏。此外，中军将的个人能力决定家族命运，赵盾在世时能压制矛盾，其死后赵氏因缺乏核心人物而迅速崩溃。

栾书执政时期，与范氏的矛盾成为晋国政治的主线。栾书曾助晋厉公灭三郤，但因害怕厉公清算，反过来弑君立晋悼公，埋下栾氏“不忠”的隐患。栾书死后，其子栾黡与范宣子因权力分配冲突加剧，最终演变为栾盈之乱。《左传》记载：“范鞅以其亡也，怨栾氏，故与栾盈为公族大夫而不相能。”[①]栾盈遭范鞅驱逐后，借齐国军队反攻晋国，甚至攻入曲沃，形成“卿族内战国际化”的罕见局面。晋军攻破曲沃，“晋人克栾盈于曲沃，尽杀栾氏之族党”[②]。栾氏成为第五个因中军将职位灭亡的家族。这场斗争的本质，是卿族从“公室附庸”向“独立政治实体”的转变，栾氏试图通过军事手段打破范氏垄断，而范氏则借公室名义彻底消灭竞争对手，标志着晋国政治从“公室与卿族共治”转向“卿

① 杨伯峻：《春秋左传注》，北京：中华书局1990年第2版，第1058页。

② 同上①，第1084页。

族寡头争霸”。

栾氏灭亡后，晋国中军将位在范氏、中行氏、知氏、赵氏、韩氏、魏氏六家之间轮换，形成“六卿专权”格局。这一时期的显著特征是，公室权力的空心化，晋侯仅保留祭祀权，朝政由六卿协商决定。如魏献子执政时，灭祁氏、羊舌氏，分其封邑为十县，六卿子弟出任县大夫，彻底瓦解公室的经济基础。

经历先、郤、栾等族的灭亡，六卿不再公开对抗公室，魏献子为中军将时，灭掉了祁氏和羊舍氏，这两族是大夫中的强族。《史记·晋世家》记载：“晋之宗家祁傒孙，叔乡子，相恶於君。六卿欲弱公室，乃遂以法尽灭其族。而分其邑为十县，各令其子为大夫。晋益弱，六卿皆大。”[①]此外，六族通过“内部联姻”“利益交换”维持均势。例如，韩氏与赵氏联姻，知氏与魏氏结盟，形成“一荣俱荣，一损俱损”的利益共同体。

赵简子为中军将时，“梁婴父嬖於知文子，文子欲以为卿。韩简子与中行文子相恶，魏襄子亦与范昭子相恶”[②]。于是在“范氏、中行氏伐赵氏之宫”之后，“荀跞、韩不信、魏曼多奉公以伐范氏、中行氏”，结果就是“荀寅、士吉射奔朝歌。韩、魏以赵氏为请。十二月，辛未，赵鞅入于绛，盟于公宫”。自此，晋国六大卿族只剩下了知、赵、韩、魏。

知伯瑶作为最后一任中军将，此人“贪而愎”[③]，且“瑶之很在心”[④]，试图通过“强干弱枝”重振中军权威，要求韩、赵、魏各献万户之邑给

① 司马迁：《史记·晋世家》，北京：中华书局1982年第2版，第1684页

② 杨伯峻：《春秋左传注》，北京：中华书局1990年第2版，第1736页。

③ 同上②，第1591页。

④ 徐元诰：《国语集解》，北京：中华书局2002年版，第454页。

公室，实则削弱卿族实力。韩康子、魏桓子被迫献地，赵襄子拒绝，知伯遂率韩、魏攻赵，引发晋阳之战。韩、魏因害怕“唇亡齿寒”，临阵倒戈与赵联合灭知，“哀公四年，赵襄子、韩康子、魏桓子共杀知伯，尽并其地”[①]。知伯虽为中军将，却无法真正调动韩、魏军队，其失败也标志着“以中军将为核心”的指挥体系的瓦解。

晋阳之战后，知氏灭亡，其领地被赵、韩、魏瓜分。从狐射姑到知伯瑶，20位中军将的更替史，最终以“三家分晋”告终，揭示出制度性矛盾的不可调和性。中军将制度本为集中军事指挥权而设，却因卿族世袭化演变为分裂因素；晋国试图通过大族共治维持霸权，但最终被更具活力的新兴阶级取代。

中军将制度推动了晋国军事专业化，如先轸的战术创新、郤克的军制改革，使其长期称霸中原；军事权力的家族化导致“政在家门”，最终分裂国家。这种“成也卿族，败也卿族”的结局，成为春秋时期“礼崩乐坏”的最佳注脚。晋国中军将的政治博弈，本质是“权威”与“权力”的永恒困境，当公室无法提供足够的安全保障时，卿族通过军事力量自我赋权；当卿族权力超越制度边界时，又必然引发新一轮的权力重组。这种循环不仅塑造了晋国的命运，更成为中国古代政治“中央与地方”“君权与将权”博弈的原始模型。

晋国的中军将位作为权力与地位的巅峰象征，宛如一块磁石吸引着诸大家族前赴后继地卷入争夺旋涡，而二十位中军将的迥异命运，不仅折射出晋国政治格局的波谲云诡，更勾勒出春秋时期贵族政治从鼎盛走向崩解的完整轨迹。

---

① 司马迁：《史记·晋世家》，北京：中华书局1982年第2版，第1686页。

狐射姑作为公族代表，因晋襄公无法制衡异姓卿族而成为权力博弈的牺牲品，其“同年被免”的遭遇，实则是晋献公“尽杀群公子”后公族势力彻底衰微的缩影；而赵盾凭借流亡集团核心成员的政治遗产上位，开创了异姓卿族垄断中军将位的先例，这种权力交接的非制度化特征，埋下了日后卿族坐大的隐患。郤氏、栾氏等家族的悲剧，则将中军将位的风险暴露无遗：郤克凭借鞌之战的赫赫战功奠定家族根基，但其子“三郤”却因肆意侵夺田产、羞辱政敌，触发了晋厉公与其他卿族的联合绞杀，印证了卿族若无视权力边界必招祸患的残酷法则；栾书虽以弑君立贤巩固权位，但其子栾黡的专横跋扈竟使栾氏与范氏的内斗演变为“借齐兵攻晋”的国际冲突，最终栾氏族人在曲沃被屠戮殆尽，成为第五个因中军将位灭族的家族。

与之形成鲜明对比的是韩厥、赵鞅等中军将的生存智慧。韩厥执政时正值栾氏与范氏争斗白热化，他选择以“公室守护者”的姿态低调行事，既不介入卿族纷争，又通过主持晋悼公复位等举措积累政治资本，使韩氏在血雨腥风中得以保全；赵鞅则更具战略眼光，为赵氏构建起包括韩、魏在内的利益同盟。这种“外示柔和、内修实力”的策略，本质是对晋国“政由家臣”政治生态的深刻适应，当单纯的军事权威不足以维系家族存续时，唯有通过制度创新与联盟构建，才能在六卿博弈中占据主动。

晋君在这一过程中的角色充满矛盾性，一方面，他们需要卿族的军事力量维系霸权，如晋文公依赖先轸、郤縠打造争霸军队；另一方面，又对卿族坐大心怀恐惧，于是默许甚至推动“以卿制卿”的平衡术。晋景公扶持郤氏、栾氏灭赵氏，晋悼公利用韩氏、魏氏制衡中行氏，晋顷公更是眼睁睁看着六卿瓜分公室土地。这种饮鸩止渴的策略，短期内维持了权力均势，却彻底瓦解了公室的经济基础与政治权威。当魏献子将祁氏、羊舌氏封邑分为十县并由卿族子弟治理时，晋国公室已沦为徒有其名的祭祀符号。而中军将制度的异化，则加速了这一进程，制度规则让位于丛林法则，权力彻底沦为卿族争霸的工具。这种长期内耗的终极代价，是晋国从“礼乐征伐自诸侯出”滑向“陪臣执国命”的深渊。

知伯瑶要求韩、赵、魏献地的跋扈行为，则是中军将权威的最后彰显。当晋阳之战的战火熄灭后，知氏领地被三家瓜分，晋国的分裂命运已不可逆转。中军将位如同一场残酷的权力游戏，狐氏、先氏等家族成为早期祭品，郤氏、栾氏化作权力路上的铺路石，而知氏则沦为旧贵族政治的殉葬品，唯有韩、赵、魏三家以隐忍与变革笑到最后。这场持续两百余年的家族博弈，最终以“三家分晋”的裂变收场，既宣告了春秋霸主的落幕，也拉开了战国七雄争霸的序幕。

## 七、预备军阵

春秋时期，战争形式复杂多样，军阵布局精妙。在布列军阵时，除了左军、右军、上军、下军等能直接参与战斗的常规军阵外，预备军阵也扮演着关键角色。预备军阵并非在作战伊始就投入厮杀，而是作为一支“奇兵”，于战争的关键节点或危机时刻才被派上战场，往往能发挥扭转战局的重要作用。“一俟敌人发起猛攻，这支队伍为避免战线被突破，出现在需要加强兵力的地方。……要是敌人有一支部队攻击你的一翼或者你的某一部分，而你却没有后备兵力去对付这支队伍，你就只好从正面抽调步兵或骑兵，那时候你就会出现顾此失彼的情况。”[1]若缺乏预备兵力，当敌军猛攻一翼或薄弱处时，主帅往往被迫从正面防线抽调兵力救援，这会导致正面防御空虚，陷入“拆东墙补西墙”的被动局面。正如《孙子兵法·虚实篇》所言：“故备前则后寡，备后则前寡；备左则右寡，备右则左寡；无所不备，则无所不寡。”预备军阵的意义便在于打破这种困局。作为机动力量，它能在关键时刻快速支援薄弱环节，避免因临时调兵导致的战线失衡。

《左传》记载的邲之战与城濮之战，生动展现了预备军阵的运用智慧与战术价值，揭示出当时军事指挥艺术的发展水平。邲之战中，楚国“游阙”成为扭转战局的关键力量。“使潘党率游阙四十乘，从唐侯以为左拒，以从上军。”[2]楚庄王派遣潘党率领四十乘战车组成“游阙”，作为预备军阵加入左军，目的是应对晋国上军的顽强抵抗。当时，晋军中军主将荀林父下达错误的后撤指令，导致中军与下军在渡河时陷入混乱，唯有士会统领的上军严阵以待，“晋师右移，上军未动”[3]。“游阙”此时作为机动部队，作为新生力量，可以用来专门针对尚未溃败的晋国上军阵。所以“游阙”可在战场巡游，根据局势灵活支援薄弱环节。孔颖达疏曰：“游车补阙者。”杨伯峻先生注曰：“此种车本可以在战场巡游，何处需要，即投入补充。”杨伯峻先生注解“游阙”时指出，此种战车能于战场巡游，按需投入补充。当楚国试图扩大战果时，“游阙”及时增强左军实力，对晋国上军形成强大压力，体现出预备军阵在弥补

① ［古罗马］弗拉维乌斯·韦格蒂乌斯·雷纳图斯：《兵法制》，袁坚译，中国台湾：华世出版社1984年版，第164页。

② 杨伯峻：《春秋左传注》，北京：中华书局1990年第2版，第740页。

③ 同上②，第739页。

战线缺口、增强局部优势方面的重要作用。值得注意的是，“游阙”的命名暗含深意，“游”强调其机动灵活的特性，“阙”则表明填补战线缺口的职能，这种命名方式也从侧面反映出楚国对预备军阵战术价值的深刻认知。

在城濮之战中，虽然晋国未设明确的独立预备军阵，但中军的表现却与预备军职能高度契合。战斗初期，晋军下军佐胥臣以“蒙马虎皮”之计击溃楚右师，上军将狐毛、栾枝则采用佯退诱敌之策，唯独中军保持按兵不动，静观战局变化。这种战术安排并非偶然，而是晋国将领基于对战场局势的精准判断。中军作为晋军的核心力量，保留实力是为了在最关键的时刻给予敌人致命一击。在楚军左军因轻敌追击而侧翼暴露时，中军主将原轸、郤溱抓住战机，率中军公族精锐“横击之”，与上军协同夹击，一举击溃楚左师。这种“谋而后动、观局应变”的战术运用，显示出晋国中军将领已具备“保留实力、伺机而动”的作战理念，与预备军“在关键时刻投入战场、改变战局”的本质职能相通。

从兵力配置上来看，中军多由公族子弟和精锐部队组成，这也为其作为预备力量提供了坚实的基础，确保在关键时刻能够发挥决定性作用。陈恩林先生在《先秦军事制度研究》中提出，春秋时期五军阵体系下，各军阵均预留三分之二兵力作为预备力量，为前线部队提供战略支援，“以为接敌部队的后盾”①。邲之战与城濮之战的实践印证了这一观点。无论是楚国将“游阙”作为独立预备军阵灵活调配，还是晋国中军阵发挥预备军阵的作用，都反映出当时军事指挥者对战场节奏的主动把控能力。

① 陈恩林：《先秦军事制度研究》，吉林：吉林文史出版社1991年版，第127页。

预备军阵的运用，不仅提升了军队应对复杂战况的灵活性，更标志着春秋时期的战争已从简单的兵力对抗，转向对战略时机、战术配合的深度博弈。它体现了当时军事思想从“蛮勇拼杀”向“智谋取胜”的转变，为后世《孙子兵法》等军事著作中“以正合，以奇胜”等理论的形成提供了实践基础，在军事制度和战略战术的发展历程中具有承前启后的重要意义。

春秋时期的预备军阵，虽在史料中记载有限，但其战略价值与制度创新意义深远。从形态特征、战术逻辑到历史影响，预备军阵的存在不仅体现了当时军事指挥艺术的发展水平，更折射出古代战争从单一对抗向战略博弈的重要转变。

从形态上看，预备军阵显著区别于常规作战部队，其核心特征在于高度的行动自由度与明确的功能指向性。以楚国“游阙”为例，《左传》中“游车补阙者”的记载，精准概括了其“游”与“阙”的双重属性：“游”强调其脱离固定军阵序列，在战场自由巡游的机动特性；“阙”则点明其填补战线缺口、补救薄弱环节的核心功能。这种游离于正规军阵之外的独立编制，使得预备军阵能够像“战场救火队”般，根据战局变化灵活部署。

从装备选择上看，为满足“快”的战术要求，预备军阵多以轻型战车为主。如邲之战中，楚庄王派遣潘党率领的四十乘“游阙”，需快速穿插支援左军，必然采用轻甲设计与优质战马，而非笨重迟缓的“广车”；从人员构成上看，因其常承担扩大战果的进攻任务，士卒多为精于突击的精锐力量。

在战术运用层面，预备军阵遵循“快”“准”“狠”的三位一体逻辑。“准”是前提，要求指挥官具备敏锐的战场洞察力，精准捕捉战机。如邲之战中，楚庄王正是判断出晋国上军的顽强抵抗成为楚军推进的阻碍，才果断投入“游阙”增强左军实力。“快”是关键，强调机动响应的时效性，要求预备军阵能在最短时间内抵达关键位置，实现战术支援。由于其价值会随时间迅速衰减，因此对行军速度与地形选择都有极高要求。“狠”是目标，预备军阵的投入往往是决定胜负的关键一击，这依赖于其精锐的兵力配置与强大的突击能力。如城濮之战中，晋国中军公族在楚军左师侧翼暴露时突然发动冲击，与上军形成夹攻，直接导致楚军溃败。

预备军阵的出现标志着古代军事思想的重大突破，因为它打破了早期战争“一决胜负”的简单模式，引入“战略预备队”概念，赋予战场指挥动态调整能力。其“弹性防御”“伺机而动”的作战理念，为后世《孙子兵法》“避实击虚”“致人而不致于人”等军事理论提供了实践基础。

## 第二节　春秋军阵的特殊形态

### 一、鱼丽阵

《孙子兵法·作战》言及：“车战得车十乘以上者，而赏其先得者。”“车战”是因为在春秋时期，作战区域多地势平坦，故战车优势便较为明显，战车速度快、冲击力强，适合在开阔地带进行冲锋，能够迅速突破敌军防线，打乱敌方阵型。但是车战亦有其劣势，有时会被敌人“得车十乘以上”。这是由于战车冲锋后，在敌军阵型中打开缺口的同时，可能会因战车本身灵活性较差，反而容易被敌军包围或反击，而且如果战车冲锋之后，遇到了复杂地形，比如山地、沼泽，那么战车移动力和战斗力会更加受到限制。那么，如何保护战车以及车兵？便成为一个非常重要的问题。为此，郑国军队发明了“鱼丽”阵：“取消了原配置在战车前面的第一线步兵横队，把战车放在前列，提高了方阵的运动速度，将步卒疏散配置在战车的两侧和后方，密切了步车协同作战。”①

韦格蒂乌斯在论述古罗马的兵法时曾经提到过步兵和骑兵混同作战的好处，那就是“用经过专门训练的持轻盾的快速步兵去加强骑兵。这种快速步兵称作‘韦利特’。敌人的骑兵不管多么强大，要对付这样的混成部队也是无能为力的”②。骑兵虽具机动性但近战防御弱，轻盾步兵提供贴身防护，弥补骑兵对抗重骑兵时的防御短板。此外，韦利特的轻盾设计既保持速度又增强生存能力。传统骑兵依赖冲锋威力，但混成部队通过步兵盾阵瓦解冲锋动能，骑兵可以趁机反制。这种组合迫使敌方骑兵陷入“冲锋失效—近战不利”的困境，印证了冷兵器时代“体系对抗优于单一兵种”的规律。韦利特的出现，也与鱼丽阵类似，反映了军事思想从兵种单独作战向协同作战的进化，这种早期合成作战理念通过优化资源配置，正是“优势互补形成体系压制”的核心逻辑的体现。

关于鱼丽阵的记载，是在桓公五年，当时周郑之间冲突爆发，引发繻葛之战。《左传》曰：“秋，王以诸侯伐郑，郑伯御之。……祭仲足为左拒，原繁、高渠弥以中军奉公，为鱼丽之陈。先偏后伍，伍承弥

① 蓝永蔚、黄朴民、刘庆、钟少异：《鼓角争鸣》，上海：华东师范大学出版社2006年版，第62页。

② ［古罗马］弗拉维乌斯·韦格蒂乌斯·雷纳图斯：《兵法简述》，袁坚译，北京：中国人民解放军出版社2006年第2版，第163页。

缝。"[①]《春秋左传正义》杜预引《司马法》曰："车战二十五乘为偏，以车居前，以伍次之，承偏之隙而弥缝阙漏也。五人为伍，此盖鱼丽陈法。"至于郑国为何要进行阵法的革新，史书上并未有明确说明。但是隐公四年："诸侯之师败郑徒兵，取其禾而还。"[②]杜预在《春秋经传集解》中释曰："时郑不车战。"杨伯峻先生认为，"古皆车战，此言仅败其徒兵，足见郑难败，未受大创"。但是根据隐公元年记载，郑庄公攻打大叔段的时候，曾派出过二百乘的战车[③]，所以郑国必然是有车兵的，而单独记载郑国的徒兵，可能是因为郑国军队中徒兵的数量较多，且因为徒兵单兵种作战有战败的经验，故将车兵与徒兵进行混合而成鱼丽阵。

刘文淇则在《春秋左氏传旧注疏证》桓公五年的注文里认为，鱼丽阵是"斜而长"的军阵。明朝宋征壁在《左氏兵法测要》一书中，提出"鱼丽"二字并无甚深难测之意，所谓"鱼丽"，乃是指徒兵犹如水中之鱼，依次比附于战车周围。

蓝永蔚先生则认为，"鱼丽"来源于"鱼丽于罶"。"鱼丽于罶"出自《诗·小雅·鱼丽》："鱼丽于罶，鲿鲨。君子有酒，旨且多。""丽"通"罗"[④]，罶是用来捕鱼的器具，"鱼丽"即鱼儿被困在罶中。"《左传》记鱼丽之阵的队形是'先偏后伍，伍承弥缝'，承是御的意思，这显然是把步卒之伍比做鱼，把两车的间隙比做罶，说步卒之伍在车缝之间紧紧掩护着两车的翼侧，就像鱼儿被关狭窄的罶中一样。极言其步车关系

① 杨伯峻：《春秋左传注》，北京：中华书局1990年第2版，第105页。

② 同上①，第37页。

③ 同上①，第13页。

④ （汉）郑玄注，（唐）贾公彦疏：《周礼注疏》，上海：上海古籍出版社1997年版，第837页。

的密切。”[①]因此蓝永蔚先生也认为，《左传》所载鱼丽之阵的“先偏后伍，伍承弥缝”体现了先秦时期步车协同战术的精妙设计。这一阵型将战车（偏）前置为突击核心，步卒（伍）则灵活填充车阵间隙，形成如鱼入罟（罶）般的紧密配合。其战术价值就是战车突破敌阵后，步卒迅速巩固突破口，既弥补了战车机动性不足的缺陷，又通过“承”的防御功能形成连续战线，与《孙子兵法·九地》“率然之蛇”的协同理念暗合。

此外，从《孙子兵法·行军》“兵非贵益多，惟无武进”的角度审视，鱼丽阵的精髓恰在于克制战车单独冒进的弊端。步卒在车缝间的机动防御，符合《孙子兵法·势》中“以正合，以奇胜”的原则，战车为正兵突击，步卒为奇兵补缺，这展现了春秋时兵种合成作战的雏形。

明朝茅元仪于其所著《武备志》一书中，指出鱼丽阵是“按周制而为者也”，即是在周朝军阵基础上变化而来，但是“郑人好奇其名”，故有“鱼丽”之名。茅氏指出，郑国“一军五偏，一偏五队，一队五车，五偏五方而立为方阵，以偏居前，以伍承偏之后，弥缝之间，如鱼队之附，故名鱼丽阵。周制五车为一队，二十五车为一师，一百二十五车为一军，郑不称师而称偏，一师各当其一面故也。周以百人为卒，一卒分为四两，两各二十五人，四面环车而立，以车甲士三人为中，两各当其一面，战合用奇，而车出则卒分列车之两旁，随军而进，先偏后伍，伍承弥缝，其法同也”。依茅元仪所言，鱼丽阵以“军—偏—队—车”四级编制为基础，形成五进制嵌套体系：一军含五偏（125车）、一偏含五队（25车）、一队含五车，构成层级严密的战术单元。其方阵布局以

① 蓝永蔚：《春秋时期的步兵》，北京：中华书局1979年版，第178页。

“偏”为前锋单位，“伍”（步兵）紧随车阵填补间隙，形成车步交错的鱼群式联动结构，故得名“鱼丽”。相较周制“五车为队、二十五车为师”的标准化编制，郑国改“师”为“偏”，使每偏独立承担战场方向控制，强化战术灵活性。士兵配置方面，周代百人编为“卒”，分四“两”（每两25人）环绕战车：甲士三人居中驾车，两列步兵分护左右，战时车卒协同推进。郑国继承“先偏后伍”原则，但创新性地将步兵嵌入车阵间隙，通过“伍承弥缝”实现攻防无缝衔接。这种变革突破周礼束缚，以实战需求重构兵种协同：战车担任突击矛头，步兵转化为动态补位力量，两者形成攻守兼备的立体阵型。具体见表2–1和表2–2。

表2–1　周朝军阵编制单位及人数

| 编制单位（周） | 单位之间倍数 | 人数 | 车数 |
|---|---|---|---|
| 伍 | | 5人 | |
| 两 | 5伍 | 25人 | |
| 卒 | 4两 | 100人 | 1车 |
| 旅 | 5卒 | 500人 | 5车 |
| 师 | 5旅 | 2500人 | 25车 |
| 军 | 5师 | 12500人 | 125车 |

表2–2　郑国军阵编制单位及人数

| 编制单位（郑） | 单位之间倍数 | 人数 | 车数 |
|---|---|---|---|
| 伍 | | 5人 | |
| 两 | 5伍 | 25人 | |
| 卒 | 4两 | 100人 | 1车 |
| 队 | 5卒 | 500人 | 5车 |
| 偏 | 5队 | 2500人 | 25车 |
| 军 | 5偏 | 12500人 | 125车 |

按照茅氏所绘阵图[①]，周朝与郑国军阵体系存在显著差异，主要体现在战术单元的编组逻辑与空间布局上。周朝军制采用五进制层级结构：每军包含五师，每师下设前、后、左、右、中五旅，各旅配置五辆战车作为先锋，步卒列阵于车后。这种布局以战车为锋刃，士卒形成线性支援序列，符合“五车成队”的基础作战单元设计。

郑国推行的“先偏后伍”体系则有异于传统模式。其核心特征是将二十五辆战车（即一偏）划分为三个战术层级：首先，二十辆战车分别部署于阵型四面，每面五辆构成环形防御；其次，剩余五辆中四辆呈四角方位拱卫中央主帅战车，形成立体防护网。步卒并非分散于战车周边，而是集中列于车阵后方，采用回字型多层布防。这种结构既保证战车冲击力的释放，又通过步卒集群实现纵深防御，较之周制单线配置更具战场适应性。

茅元仪在《武备志》中的阵图绘制，可能基于周代“五车为队”的文献记载，将战车统一前置、步卒线性排列。但郑制实际运作更强调空间维度的攻防协同：四面战车承担机动阻截，四角战车实施侧翼策应，中央指挥体系则依托回形步卒阵维持稳定。这种将战车分阶运用、步卒集约布阵的创新，反映出春秋中期军事思想从线性对抗向立体防御的转型，为后世阵法学说提供了重要范本。

鱼丽阵作为春秋时期郑国创制的经典战阵，其核心突破在于实现了车兵与步兵的有机协同，标志着古代军事战术的重要革新。从阵型设计来看，“后伍”与“伍承弥缝”的配置体系，使步兵既能依托战车形成纵深防御，又可灵活填补战车间隙，这种精密配合彻底改变了此前车、

① 可参看附录阵图13、阵图14。

步兵种各自为战的局面。考诸繻葛之战前的军事实践，郑国军队显然尚未形成有效的兵种协同机制，导致战术效能难以充分发挥。

这一军事创新具有深刻的历史背景。当世诸侯普遍沿袭西周以来“以车为主”的传统战法时，郑国却基于其特殊的军事传统，率先重视步兵价值。《左传》隐公四年记载诸侯联军独破郑“徒兵”的史实，恰好印证了步兵实为郑军主力兵种。正是这种独特的武装力量结构，促使郑国将领突破常规，通过鱼丽之阵重构战场指挥体系，将步兵由辅助兵种提升为战术核心之一。其创新意义不仅在于阵型改良，更在于开创了多兵种协同作战的新范式，对后世军事思想发展产生深远影响，体现了春秋时期军事变革的内在逻辑。

## 二、荆尸阵

关于荆尸阵，在《左传》中，皆为楚国军阵，如庄公四年：“春，王正月。楚武王荆尸，授师孑焉，以伐随。”[①]又有宣公十二年晋楚邲之战前夕，晋国上军主将士会分析楚国实力时，言及楚国“荆尸而举”。

至于何为荆尸阵，不同学者观点不一。西晋杜预认为，此乃军阵阵法，其在《春秋经传集解》中明确注解：“尸，陈也。荆亦楚也，更为楚陈兵之法。”此注包含三重阐释维度：首先，从文字训诂判定“尸”通“陈”（阵）；其次，指明“荆”系楚国别称；最后，关键在于“更”字的特殊强调，暗示此阵法相较传统战法具有革新性。唐代孔颖达《春秋左传正义》进一步体系化此说：“‘尸，陈也’，《释诂》文。荆即楚之旧邑，故云荆亦楚也。楚本小国，地狭民少，虽时复出师，未自为法

① 杨伯峻：《春秋左传注》，北京：中华书局1990年第2版，第163页。

式，今始言‘荆尸’，则武王初为此楚国陈兵之法，名曰‘荆尸’，使后人用之。宣十二年传称‘荆尸而举’，是遵行之也。”其疏解着重揭示三层要义：其一，楚国在武王之前因“地狭民少”而未形成系统军事制度；其二，“荆尸”乃武王创制的首套规范化战阵体系；其三，宣公十二年记载印证该阵法已成为固定军事范式。值得注意的是，孔颖达特别强调“法式”概念，认为这标志着楚国军事从临时动员向制度化的历史性转变。

现当代学者中，杨伯峻虽未明确支持阵法说，但在《春秋左传注》中指出：“疑此‘荆尸’当作动词，指军事。”仍将其与军事活动紧密关联。不过，随着睡虎地秦简的出土，于豪亮据秦简《日书》中“正月，楚刑夷”的记载，论证“刑夷”即“荆尸”（《秦简〈日书〉记时记月诸问题》）。其理由在于云梦原属楚地，秦简反映楚俗，而“尸”与“夷”存在通假例证[①]，故“楚武王荆尸”可解为正月兴兵。此说价值有出土文献佐证，也符合古代“兵时相应”观念，但是“刑”与“荆”通假缺乏《左传》内证，二字的互通性尚待证实，且为何特定月名会转化为军事术语，尚需进一步论证。张军则在《荆尸新探》认为，“荆尸”最初即楚国宗庙和军中所奉祖先的“种灵”，此本为祖先崇拜仪式，由楚王或莫敖主持，且具有“激励士气”的实战功能，后经历语义演变，宗教仪式继而变为陈兵之法，再后来则成为了军事统称。此说从历时演变的角度，结合了楚国巫祭传统来解释“荆尸”。诸说虽异，但“荆尸”确与楚国军事密切相关，反映了楚国军事文化的独特性。

《左传》宣公十二年曾记载楚国的荆尸阵：“蔿敖为宰，择楚国之令

---

① 《于豪亮学术文存》，北京：中华书局1985年版，第160页。

典，军行，右辕，左追蓐，前茅虑无，中权，后劲，百官象物而动，军政不戒而备，能用典矣。”①明朝茅元仪便依此在《武备志·荆尸阵记》一文中发表其观点曰：“荆尸之阵，楚子武王霸天下所作也。楚自若敖蚡冒之世，以启山林，至武王始为军阵，而备于庄公。荆楚地，尸陈也，故号曰荆尸。其法五十人为两，百人为卒，十五乘为偏，以其山泽之国，车少而人多，车各一卒一两焉。上中下三军，中军以奉公，上下分左右二拒，盖方阵也。公有亲戎分为左右二广，一广各一偏，阵后别有游阙四十乘，行则前军为先锋，载茅为号，虑敌有无，右军次之，挟辕为战备，中军主帅节制如悬权，左军次于中军，见地有委草，知前军见敌也，急追而进以相应，后军闻之劲然以殿其后，即行次之，间而阵立成矣。”②茅元仪在《武备志·荆尸阵记》中对“荆尸之阵”的记载，揭示了春秋时期楚国军事体系的独创性。这一阵法由楚武王创立，标志着楚国从若敖、蚡冒时期的山林开发阶段，正式迈向体系化军事建设的重要转折阶段。其命名“荆尸”具有深刻内涵：“荆”，指代楚国核心统治区荆山地带；“尸”，则生动体现了战阵布局的严整性。在编制结构方面，该阵法展现出鲜明的适应性特征：基础作战单位采用50人“两”和100人“卒”的步兵编制，配合15乘战车组成的“偏”单位，形成1卒（100人）1两（50人）配属1乘战车的特殊比例。这种“车少人多”的配置（总计约1∶3的车步比例），充分适应了楚国多山少原的地形特点。全军架构分为上、中、下三军体系：中军作为指挥中枢“奉公”而行，左右二拒构成方阵主体，配合楚王亲率的“二广”部队（每广15乘）及40乘“游阙”机动兵力，形成层次分明、攻守兼备的立体战阵。在战

① 杨伯峻：《春秋左传注》，北京：中华书局1990年第2版，第723页。

② 茅元仪：《武备志·阵练制》，中国台湾：华世出版社1984年版，第1871页。

术执行层面，该阵法展现出精密的时间、空间协同机制：行军时前军以茅草为视觉信号实施警戒，右军保持“挟辕”战备状态，中军通过“悬权”（权衡机制）实施动态指挥；接敌阶段，左军通过辨识前军遗留的“委草”迅速判明敌情并前出支援；阵型转换时后军自动转为殿军，使部队能在行军间完成战斗队形部署。这种融合地理适应性、编制弹性与战术规范性的军事体系，不仅反映了楚文化“因地制宜”的务实精神，更开创了春秋时期山地作战体系的先河，对后世兵家阵法发展产生深远影响。

茅元仪对于荆尸阵的分析，与《孙子兵法》的军事思想呈现出内在的契合，展现了先秦军事智慧在不同地域的共生演化（见表2–3和表2–4）。从军事地理维度看，荆尸阵“车少人多”的独特编制（1卒1两配1乘）与15乘为“偏”的小型车兵单位，正是对《地形篇》“知天知地，胜乃可全”原则的完美诠释，楚人将山泽地形的限制创造性转化为战术优势，其“山泽之国”的适应性改造与《九变篇》“通于九变之地利”的训诫不谋而合。在战术哲学层面，该阵三军架构中中军“奉公”为“正”，左右二拒与游阙四十乘为“奇”的布局，生动演绎了《势篇》中“以正合，以奇胜”的用兵精髓，特别是“阵后游阙”的机动兵力设置，体现了战略预备队的超前意识。更值得注意的是其战场信息系统，前军“载茅为号”的视觉通讯与左军“见委草而应”的响应机制，实质是将《行军篇》“处军相敌”的经验观察制度化，通过标准化信号实现了《用间篇》中“先知者必取于人”的战场透明化追求。荆尸阵在编制体系中50人“两”与100人“卒”的模块化单位完美实践了《势篇》中“治众如治寡，分数是也”的管理思想，其“偏—广—拒”三级指挥体系更暗合“形名”理论中标准化与灵活性的辩证统一。最具深意的是中军“节制如悬权”的指挥艺术，这直接呼应《军争篇》“悬权而动”的核心理念。在中军的指挥下，楚军各部队就具备了“行次之间而阵立成”的快速转换能力，即孙子提到的“其疾如风”的机动要求，而“劲然殿后”的部署又符合“不动如山”的防御哲学。尤其需要指出的是，楚武王时代早于孙武，荆尸阵可能是南方军事实践向中原兵学理论输送的重要案例，两者共同构建了中国古典军事思想“道器相生”的完整图景。

表2–3　周朝军阵编制单位人数

| 编制单位（周） | 单位之间倍数 | 人数 | 车数 |
| --- | --- | --- | --- |
| 伍 | | 5人 | |
| 两 | 5伍 | 25人 | |
| 卒 | 4两 | 100人 | 1车 |
| 旅 | 5卒 | 500人 | 5车 |
| 师 | 5旅 | 2500人 | 25车 |
| 军 | 5师 | 12500人 | 125车 |

表2–4　楚国军阵编制队伍人数

| 编制单位（周） | 单位之间倍数 | 人数 | 车数 |
| --- | --- | --- | --- |
| 伍 | | | |
| 两 | | 50人 | |
| 卒 | 2两 | 100人 | |
| | | 150人 | 1车 |
| 旅 | | | |
| 师（偏） | | 2250人 | 15车 |
| 军 | | | |

楚国的荆尸阵从《左传》的记载来看，更像是一种行军的阵型，这种行军阵型和古罗马的行军阵型有一定相似之处。在《兵法简述》中曾经这样描述古罗马的行军阵型：“先头部队最好是骑兵，步兵尾随其后；

辎重、驭兽、辎重兵和车马居中央位置，再配置一部分骑兵和步兵殿后，准备击退来袭之敌。"[1]从其中所绘的行军队形图来看[2]，也是有前卫、主力、左右翼侧和后卫五个部分组成，这五个部分的功能与荆尸阵中提到的"右辕，左追蓐，前茅虑无，中权，后劲"类似。例如，前卫的职能是去"察看前方的地形，探明前后左右的整个地势，要躲开敌人可能设伏的地块"。而这与荆尸阵中"前茅虑无"的表现是相似的。

综上所述，明朝茅元仪认为"荆尸"就是"右辕，左追蓐，前茅虑无，中权，后劲"，荆尸是军阵无疑。至于荆尸是否是楚国军阵之名，在湖北云梦县睡虎地秦墓竹简的秦楚月名对照表出现之后，开始发生较大的分歧，但是于豪亮先生在"刑夷"与"荆尸"的比较中尚未解决"刑"与"荆"可以完全通假的问题，两者虽然形似但是若完全代表不同的意思，"刑夷"并不一定就是"荆尸"，所以还存在商榷的空间。张君先生所言"荆尸"在不同历史时期具有不同的历史内涵，此说法很有启发性。对"荆尸"的意义进行新的开发与挖掘，是一个非常有意义的补充。

## 三、角阵

《左传》宣公十二年，晋国和楚国爆发了邲之战。据记载，楚国的乐伯和摄右向晋军"致师"即向晋军挑战，"晋人逐之，左右角之。乐伯左射马而右射人，角不能进，矢一而已"。[3]"左右角之"就是说人追

① ［古罗马］弗拉维乌斯·韦格蒂乌斯·雷纳图斯：《兵法简述》，袁坚译，北京：中国人民解放军出版社2006年第2版，第139页。

② 同上①，第140页。

③ 杨伯峻：《春秋左传注》，北京：中华书局1990年第2版，第735页。

击他们，张左右两翼从旁夹攻楚国致师者，就像动物的双角一样，从敌军的左右两边进行夹击，这样的阵可以称之为“角阵”，是一种追击敌人的阵型，目的是从左右包合将敌人围困继而歼灭的阵法。

昭公元年，晋国和狄人作战：“为五陈以相离，两於前，伍於后，专为右角，参为左角，偏为前拒……。”[①]战车八十一乘为专，二十七乘为参，车二十五乘为偏。说明在春秋时期，以“双角”之阵对敌人发动夹击的战术已经出现。“双角”之阵既是一种攻击阵法，也是一种追击阵法。以敌人为参照物，将兵力由两面散开，成角状，敌人就像是进了口袋，这样也便于车兵从战车上对敌人射击。因为敌人是位于兵车的侧前而非正前方，射击的可视范围扩大。

这种“双角”和战国出现的“雁行阵”有相似之处，所以两者应该有某种关联存在。蓝永蔚先生认为：“战国时期的雁行之阵却是由春秋时期的角演化来。”[②]《孙膑兵法·十阵》中记载：“凡阵有十：有方阵，有圆阵，有疏阵，有数阵，有锥行之阵，有雁行之阵……。”[③]雁行阵被孙膑列入十阵之内，可见当时应当是被使用得比较多的一种阵型。

《孙膑兵法·十阵》还记载有“雁行之阵……中，此谓雁阵之任。前列若罐，后列若貍……阙罗而自存，此之谓雁阵之任”。“罐”和“貍”是两种有不同特征的动物，前者擅于奔跑，《尔雅·释畜》作操牛，注云：“即犎牛也……状如橐驼，健行者日三百余里。”程大昌《演繁露》中说：“此兽抵触百兽，无敌当者，故金吾仗刻棵牛于槊首。”前

① 杨伯峻：《春秋左传注》，北京：中华书局1990年第2版，第1216页。

② 蓝永蔚：《春秋时期的步兵》，北京：中华书局1979年版，第191页。

③ 银雀山汉墓竹简整理小组：《银雀山汉墓竹简·贰》，北京：文物出版社2010年版，第188页。

列的作用似乎主要是以速度见长，奔跑于敌方的两侧，具有冲击和突破的作用，而攻击能力似乎并不是很强。

后列的军队像貍，孙诒让正义引《大射仪》注说："貍之伺物，每举足者，止视远近，为发必中也。"所以貍这种动物应该是善于观察猎物，然后发动攻击且命中率很高的。所以在雁行阵中后列的作用是准确地射杀敌人。《孙膑兵法》中提到说雁行之阵"所以接射也"，"所谓接射，指以弓矢交战。以刀剑矛戟交战谓之接刃，以弓矢交战谓之接射"①。《孙膑兵法·威王问》又说："雁行者，所以触侧应口［也］。"②詹立波认为"触"字应该是"能"字。③詹立波指出："'所以能厕（侧）应'，'（木妾）（同接）射也'，即便于左右周旋，接应和发射弓弩。"蓝永蔚先生对"接"字有详细的考证④，"接射"就是逐次进行射击的意思。逐次射击是因为雁行阵是逐次展开，前列的镳展开得越快，射击展开的速度也越快。

双角之阵和雁行之阵最大的相同点就是有两个向侧前方伸出的两翼，从形状上来看具有很大的相似之处。双角之阵出现在春秋中前期，春秋时期以车战为主，所以双角之阵的主力是战车和车兵，攻击方式主要是以弓箭为主。雁行之阵出现于战国，战国的步兵已经是战场主力，而且已经有独立的弩兵军阵出现，所以猜测雁行阵的主要攻击兵种为弩兵而非车兵。车兵可能执行的是前列的快速奔驰压缩敌阵的使命，因为

① 银雀山汉墓竹简整理小组：《银雀山汉墓竹简·贰》，北京：文物出版社2010年版，第191页。

② 银雀山汉墓竹简整理小组：《银雀山汉墓竹简·壹》，北京：文物出版社1985年版，第46页。

③ 詹立波：《〈孙膑兵法〉残简介绍》，《文物》，1974年第3期。

④ 蓝永蔚：《春秋时期的步兵》，北京：中华书局1979年版，第192页。

弩兵的攻击力明显要比车兵弓箭射击力强。

此外，雁行阵有先行快速突击部队，所以不排除在前列的部队中应当还包括骑兵。《六韬·均兵》说："骑者，军之伺候也，所以踵败军，绝粮道、击便寇也。""踵败军"就是跟踪追击败退的敌军。《六韬，略地》说："凡攻城围邑，车骑必远屯警戒。"双角之阵中是很少有骑兵出现的，主力是战车，而且是速度比较快的战车。《孙子兵法·行军篇》说："轻车先出居共侧者，陈也。"是说，如果发现敌人的轻车先出动并且部署在两侧，那么敌人是在布置作战的阵势。

角阵就像双翼，向前展开，而形成包围之势，同时也具备守护中军的作用。不过，角阵之用，重点在攻不在守，因此使用角阵，也有其限制条件，如己方兵力最好多于敌方。《孙子兵法》有云："十则围之。"兵力若多于敌方，角阵正好可以充分发挥此优势。此外，角阵斜向展开，需要占据较大的空间面积，因此使用角阵，必须考虑地形因素，地势宽阔，角阵方有用武之地；地形狭窄，布列角阵，空耗兵力而无功效。最后，依史料所载："晋人逐之，左右角之。"晋国追击败逃的楚军，"左右角之"，左右二阵变换角阵而攻击，此时角阵即为追击阵型，兵力配备必然不能以慢速的徒兵为主，必定是以车兵为先，所以构成角阵的兵力应以快速的车兵为主。

综上所言，角阵的表现形式，具有如下的特点：第一，"角"，本是有蹄类动物头顶或鼻前长的骨质或角质凸起物，有攻击、防御的功能。所以从军阵形态上而言，角阵就如同动物之双角，呈现左右对称的形态。第二，角阵不仅左右对称，而且左右展开的军阵，对前方敌人会形成合围的态势。第三，发动角阵的一方，在兵力上应该处于相对优势，否则兵力相对薄弱，自守尚且不足，又如何展开合围呢？第四，对"角阵”中的士卒，既要求其速度够快，如此才能够追击逃跑之敌，还要求其射艺要精，这是因为角阵的展开更适合弓箭矢弩的发射。第五，角阵的组成兵种，在骑兵尚未普及的春秋时期，当以车兵为主。而就其功能作用而言，角阵重攻不重守，重快不重慢。如果兵多将广，且胜券在握，则是围而击之取得全胜的不可或缺的阵型之一。

## 四、鸡父阵

根据《左传》记载，昭公二十三年，吴国派兵讨伐州来：“楚薳越帅师及诸侯之师奔命救州来。吴人御诸钟离。……戊辰晦，战于鸡父。”[①]

鸡父阵是指此战役中，吴国所列的军阵。《左传》中关于军阵的相关描述如下：“吴子以罪人三千，先犯胡、沈与陈，三国争之。吴为三军以击于后，中军从王，光帅右，掩余帅左。吴之罪人或奔或止，三国乱。吴师击之，三国败，获胡、沈之君及陈大夫。舍胡、沈之囚，使奔许与蔡、顿，曰：‘吾君死矣！’师噪而从之，三国奔，楚师大奔。书曰：‘胡子髡、沈子逞灭，获陈夏啮。’君臣之辞也。不言战，楚未陈也。”[②]

战役伊始，吴军面对以楚国为首的胡、沈、陈、顿、许、蔡、郑七国联军，虽兵力处于劣势，却精准捕捉到联军“不同心”的致命弱点，诸侯多为被迫依附楚国的小国，对楚既畏惧又怨恨，如顿、许、蔡“疾楚政”，且楚军统帅薳越“帅贱而政令不壹”，无法有效协调各军。吴王僚采纳“以诈破敌”的策略，以三千“罪人”，佯装溃逃以诱敌。胡、

① 杨伯峻：《春秋左传注》，北京：中华书局1990年第2版，第1446页。
② 同上①，第1446页。

沈、陈三国军队见状果然中计，争相追击，导致阵型大乱。此时，吴军主力早已分兵埋伏：中军由吴王亲率，公子光率右军，掩余率左军，趁三国军队混乱之际突然从后方突击，迅速击溃敌军，俘获胡君髡、沈君逞及陈国大夫夏啮。击溃三国后，吴军进一步施展心理战：释放胡、沈俘虏，令其向许、蔡、顿等国传播“吾君死矣”的假消息。恐慌如瘟疫般在联军中蔓延，许、蔡、顿军队未战先溃，楚军因诸侯逃亡而全线动摇，最终“大奔”，彻底溃败。

当传统战争礼仪被权谋取代，军事成败便不再取决于兵力多寡，而在于对人心向背、战术时机的精准把控。鸡父之战中，吴军使用敢死队诱敌、心理战瓦解敌军等手段，打破了“不鼓不成列”的传统规则，为《孙子兵法》中“兵以诈立”的军事思想奠定了实践依据。

明代何良臣《阵纪》卷三中，专门记述有“鸡父阵”曰：“吴阖闾以步兵三万为三军，一军分百行，一行卒百人，列成方势，以白为中，以赤为左，以黑为右，惟取相生之义，不施诡谲，不练戎车，故不敢抗于中国。后巫臣教吴以偏乘之法，以罪人居先，三军居后，以步卒居先，戎车居后，与楚战于鸡父，乃称鸡父阵也。”吴阖闾早期军事体系以步兵为核心，三万兵力分三军，每军百行，每行百人，列成规整的方阵，以白、赤、黑三色区分中、左、右阵营，暗合五行相生之理，彰显春秋时期的礼仪化战争思维。但因过于恪守成规，“不施诡谲，不练戎车”，致使吴国军事力量难以抗衡中原诸国。直到楚国叛臣巫臣奔吴，将中原先进的车战技术与战术思想倾囊相授，吴军由此迎来重大变革。

巫臣推行的“偏乘之法”打破传统，构建起“步卒居前诱敌、戎车居后突击”的协同作战模式，更以罪犯或战俘组成敢死队扰乱敌军阵型，摒弃了以往单纯依赖方阵的僵化战术。这种革新在鸡父之战中得到完美实践，阖闾命三千罪人佯装溃逃，诱使胡、沈、陈三国军队贸然追击，待其阵型大乱后，主力三军携战车部队从后突袭，一举击溃楚国及其七国联军，此役所用阵法也因此被称为“鸡父阵”。

巫臣的改革让吴军实现了从“不敢抗于中国”到“以弱胜强”的跨越，将南方步兵的灵活性与中原车战的机动性相结合，创造出独特的作战体系。这一过程本质上是边缘诸侯国对华夏军事文明的吸收与本土化改造，既突破了周礼对战争的束缚，也为战国时期“兵不厌诈”的军事思想奠定基础。从宏观历史视角看，吴国的军事变革展现了春秋时期华夷文化的动态融合，其界限在技术交流与战术创新中逐渐消弭，而军事领域的碰撞与融合，也成为推动社会文明演进的重要力量。这场变革不仅重塑了吴国的命运，更为后来阖闾、伍子胥破楚入郢埋下伏笔，深刻影响了春秋晚期的地缘政治格局。

从兵力部署、兵种配置到战术运用，鸡父阵不仅打破了春秋早期的战争规则，更成为“知己知彼，因敌制胜”军事思想的经典范例。从兵力规模来看，吴国参战部队常规为三万士卒，分属左、中、右三个军阵，在此基础上，又额外投入三千罪人作为先锋，总兵力超过三万三千人。这三千罪人并非简单的战力补充，而是被赋予特殊战术使命的“诱饵”部队。

从军阵配置角度看，虽然表面上延续传统左、中、右三军体系，但三千罪人前置的部署，使其实际上构成了第四道“虚阵”，这种非常规布局为后续战术实施埋下伏笔。在兵种配备方面，鸡父阵呈现出明显的复合特征。春秋末期，弩机的发明显著提升了步兵的远程杀伤力，吴国步卒很可能大量装备这一先进武器，增强了阵线的压制能力。与此同时，车兵作为当时战争的核心突击力量，被部署于三军主力之中，与步卒形成“步先车后”的协同配置。这种兵种组合既保留了传统车战的冲击力，又通过灵活机动的步卒弥补了战车在复杂地形下的局限性，展现出吴国对新兴军事技术与传统战术的巧妙融合。

鸡父阵的核心价值，更体现在其对战术思想的突破上。吴国完全摒弃了春秋早期“不鼓不成列”“结日定地，各居一面，鸣鼓而战”的古军礼规则，转而践行《孙子兵法》中“避实击虚”的理念。公子光战前对楚军联军的精准分析，成为制定战术的关键依据：楚国虽统领七国联军，但胡、沈、陈等小国因畏惧楚而被迫参战，顿、许、蔡更因长期受楚压迫而心怀怨恨；加之楚国令尹新丧、统帅地位低微且政令不一，联军内部矛盾重重。基于此，吴国制定了“先弱后强、各个击破”的策略：以三千罪人作为诱饵，故意示弱，诱使胡、沈、陈三国轻敌冒进；待其阵型散乱后，主力三军严整阵型发动突袭，迅速击溃三国。随后，释放三国俘虏散布“吾君死矣”的假消息，进一步瓦解剩余诸侯军心，最终实现楚军的全面溃败。

何良臣在《阵纪》中总结的“以罪人居先，三军居后，以步卒居先，戎车居后”，精准概括了鸡父阵的战术精髓。三千罪人作为“去威示弱”的工具，成功麻痹敌军，使其产生误判；而主力三军“敦阵整旅”，保持阵型严整，确保在关键时刻能够爆发出强大的战斗力。这种“先正后奇”的战术设计，将“虚”与“实”的运用发挥到极致：罪人构成的“虚阵”是为“正”，用以迷惑敌人；而隐藏其后的主力三军则是“奇”，等待最佳时机给予致命一击。

鸡父之战的胜利，不仅彰显了吴国卓越的军事谋略，更标志着春秋时期战争形态的重大转变。从遵循礼制的堂堂之阵，到强调权谋的虚实之战，鸡父阵的出现预示着战争正从贵族式的礼仪对抗，向更注重实效的“兵以诈立”模式演进。

## 五、内政阵

《国语·齐语》谓：“齐桓任管仲作内政阵，一战帅服二十一国。”可见春秋时期，齐国管仲曾经制备此阵。

关于齐国的军阵，《左传》中并未提及专有的名称，即《国语》中所谓的“内政阵”，不过对齐国的军阵设置，确实也有相关的记载。襄公二十三年：“秋，齐侯伐卫。先驱：穀荣御王孙挥，召扬为右。申驱：成秩御莒恒，申鲜虞之传挚为右。曹开御戎，晏父戎为右。贰广：上之登御邢公，卢蒲癸为右。启：牢成御襄罢师，狼蘧疏为右。胠：商子车御侯朝，桓跳为右。大殿：商子游御夏之御寇，崔如为右；烛庸之越驷乘。”①

齐国此次伐卫，发生于春秋争霸的大背景之下。各诸侯国为了争夺土地、人口和霸权，战争频繁。齐国作为东方强国，通过对卫国的军事行动，旨在扩大自身影响力，获取战略利益。而从军队如此细致的编制和人员安排可以看出，齐国对此次战役十分重视，精心准备以求胜利。齐国军阵呈现出层级分明、功能各异的编制特点。“先驱”作为前锋部队，承担侦察敌情、开路破障的任务，为后续大军行进扫清障碍；“申驱”紧随其后，可理解为第二梯队，起到接应先驱、巩固前阵的作用；“曹开御戎，晏父戎为右”所指的主力中军，是全军的核心，掌控着战争全局的指挥调度；“贰广”即副车，通常由国君或主将的亲信率领，负责保卫主将安全，同时作为机动力量随时支援关键战场；“启”与

① 杨伯峻：《春秋左传注》，北京：中华书局1990年第2版，第1076页。

“胠”分别为左翼和右翼部队，负责从两侧包抄敌军，扩大战果并保护主力部队的侧翼安全；最后的“大殿”，也就是后卫部队，主要职责是防止敌军追击，掩护主力部队的后方安全，烛庸之越作为“驷乘”，增强了后卫部队的防御力量和应变能力。这种严密的车阵编制，体现了春秋时期军事组织的高度成熟，各部分各司其职又相互配合，形成了一个有机的作战整体。

在每一个作战单元中，御者和车右的分工明确且关键。御者负责驾驭战车，其驾车技术直接关系到战车的行进速度、方向控制以及在战场上的机动灵活性，如縠荣、成秩、曹开等御者，需在复杂的战场环境中保障战车稳定运行；车右则是战斗的核心力量，通常由勇猛且武艺高强之人担任，主要负责在战车上与敌人近身搏斗，同时还要承担保护御者和主将的职责，像召扬、申鲜虞之传挚、晏父戎等车右，在战场上要抵御敌方攻击，并抓住时机主动出击。这种分工协作的模式，使战车上的战斗力量得到了高效发挥，两者紧密配合才能确保战车在战场上发挥最大效能。

而明代何良臣《阵纪》卷三云：“管仲更周制，以三万人、六百乘、一军各五旅，小戎各四十乘，别有卒万人，车二百，为奇兵，而分先驱、申驱、启、胠、广、戎、驷乘、大殿八名，欲使人相畴，福相共，居同乐，行同和，死同哀，而立政阵也。”

管仲变更周朝军制，而创立此阵。“管仲更周制：管仲改变周王室所规定的诸侯军队编制。周制为大国三军三万七千五百人，车三百五十乘，一军五偏，一偏二十五车，一车卒百人，一卒分四两，一两分为五伍。管仲改制后为三万人，车六百乘，一军各五旅，一旅小战车四十乘，一乘卒五十人，五十人分为十伍，仍为三军。”①

管仲在齐国的军事改革以周代军制为蓝本，结合齐国实际需求进行系统性重构，其核心在于通过兵力配置、编制革新与“政阵”理念的融合，打造一支组织严密、协同高效且兼具政治凝聚力的军队。

管仲的军制改革以“三万人、六百乘”为基础框架，将军队划分为常规主力与机动奇兵两大模块。以三万人编为“一军”，下设“五旅”，每旅约六千人，对应六百乘战车，每旅一百二十乘。“小戎各四十乘”可能指每旅下辖若干小型战车集群，每集群四十乘，便于在复杂地形中灵活调度。

单独编练“卒万人，车二百”作为奇兵，其规模接近主力部队的三分之一，凸显对机动作战的重视。这支奇兵独立于三军之外，可承担突袭、包抄、断后等特殊任务，体现了“正奇相生”的战术思想。奇兵与主力的协同设计，打破了春秋早期“堂堂之阵”的传统作战模式，为后世“兵不厌诈”的战争理念埋下伏笔。

管仲将军队细分为“先驱、申驱、启、胠、广、戎、驷乘、大殿”八大战术单元，每个单元均有明确的战场定位与职能分工，体现了对战争精细化指挥的追求。先驱作为先头部队，由彀荣驾驭战车，王孙挥为车右，召扬为副手。其职能为侦察敌情、开辟通道，需具备快速机动与临战应变能力。申驱即次前锋，成秩驾车，莒恒为御手，申鲜虞之傅挚为车右，与先驱形成梯队推进，巩固前沿阵地，防止敌军突袭。

“广”为指挥车集群，“上之登御邢公，卢蒲癸为右”，可能是主将所在的核心指挥单元，负责全局调度。主力战车部队，由曹开驾车，晏

① 陈秉才点注：《阵纪注释》，北京：军事科学出版社1984年版，第145页。

父戎为车右，承担正面突击任务。战车的辅助兵力，如“烛庸之越驷乘”，可能指一车四马、多人共乘的加强型战车，用于增强冲击力或保护重要将领。启作为左翼部队，牢成驾车，襄罢师为将，狼蘧疏为车右，负责攻击敌军右翼或掩护主力侧方。胠作为右翼部队，商子车驾车，侯朝为将，桓跳为车右，与启形成左右呼应，完成对敌军的包抄。大殿作为后卫部队，商子游驾车，夏之御寇为将，崔如为车右，负责掩护撤退或阻挡追兵，“大殿”之名即取“压轴殿后”之意。这种八大单元的编制，使军队在战场上形成“前锋探路—主力攻坚—侧翼迂回—后卫保底”的完整作战链条，突破了传统军制中单一的“三军列阵”模式，体现了战术层面的专业化与协同性。

管仲军制改革的深层价值，更在于将军事编制与社会治理相结合，提出“使人相畴，福相共，居同乐，行同和，死同哀”的“政阵”理念。“畴”指田亩、居地，通过将士兵按居住区域编为同一战斗单元，使同伍之人“福相共、居同乐”，利用地缘纽带增强士兵间的熟悉度与信任度。这一制度将军事组织嵌入地方行政体系，实现“兵农合一”，平时为民耕种，战时为兵作战，既节省军费，又强化了军队的社会基础。

通过共同生活、训练与作战，培养士兵“行同和”的协作习惯与“死同哀”的袍泽情谊，使军队超越单纯的军事集团，成为具有情感共鸣的共同体。这种“认同感”在春秋时期贵族主导的战争中尤为重要，可有效提升士气与战斗力。“政阵”理念是管仲“富国强兵”思想的延伸，军事力量的强大不仅依赖装备与编制，更需依托社会结构的稳定性与民众的归属感。

相较于春秋早期强调“礼义”的战争观，管仲更注重实际战力与战术效能。管仲对周制的革新，本质是在春秋乱世中寻求军事效率与社会治理之间的平衡。他以“八名”细化战术单元，以“三军”构建主力框架，以“奇兵”突破传统局限，最终通过“政阵”理念将军事力量转化为国家治理的工具。这一改革不仅奠定了齐国的霸权基础，更揭示了中国古代军事思想的一个核心逻辑：真正的强大，始于对“人”的组织与凝聚，即《孙子兵法》中的“上下同欲”，无论是战场上的协同，还是社会中的认同，皆为“兵强则国胜”的根本支撑。

## 六、其他军阵

春秋时期的军阵，除了以上所述之外，当有其他。如在《中国古代军事文化大辞典》中，与春秋军阵相关的军阵名还有：积卒阵、师卦阵、握奇阵、三才五行阵、农兵阵、握奇营阵、乘之阵等。①不过，有关以上军阵的史料，在《左传》等先秦史料中却并不多见。因为缺乏足够的史料支撑，所以关于这些军阵的记述，略显单薄。但是从军阵历史延承的角度观察，以上军阵对春秋军阵的形成，亦有关系。如果仅以《左传》等先秦史料为依据，那么所筛选梳理的军阵，可能会有所漏缺。此外，既然前人于此有所记载，所以不妨也摘录如下，并作简要分析，以供读者了解研究。

上述《中国古代军事文化大辞典》中所记录的军阵如积卒阵、师卦阵、握奇阵、三才五行阵、农兵阵、握奇营阵、乘之阵等，在何良才所著《阵纪》中均有提及。②摘录如下：

① 陈高春主编：《中国古代军事文化大辞典》，北京：长征出版社1992年版，第255页。

② 陈秉才点注：《阵纪注释》，北京：军事科学出版社1984年版，第138页。

### （一）积卒阵

《阵纪·卷三》记载："天之积卒，阵之宗也。内外方圆，左右顾应，曲折参连，互隐奇正，备而简，固而整。虽神圣握兵，不外乎是。""天之积卒，阵之宗也"，点明军阵的本质，将"积卒"的特性，隐喻军阵需实现兵力的有序聚合与协同运转，指出无论军阵形态如何变化，其核心皆在于优化组织形式以提升战斗力。

在此基础上，何良臣提出"内外方圆，左右顾应，曲折参连，互隐奇正"四大布阵原则。"内外方圆"，取方阵之厚实坚固、圆阵之灵活机动；"左右顾应"，强调各作战单元相互呼应，保障兵力调度的统一性；"曲折参连"，要求阵型随地形、敌情灵活延展且形成多层梯队；"互隐奇正"，突破传统认知，主张奇正力量相互隐藏、动态转化，增强战术欺骗性与突然性。同时，他强调军阵应"备而简，固而整"，兼具完备性、简洁性、稳固性与纪律性。

"积卒星座十二星所排之兵阵。据说此为最原始阵法。其阵的基本结构为五营八阵，即前左右二营、后左右二营、中垒共为五营，八阵为鸟、蛇、龙、虎、天、地，风、云。"[①]十二星布局精巧，可勾连出多元组合，这般复杂且有序的星象变化，恰似兵法阵法的无穷变幻，为古代军事家构建兵阵提供了灵感源泉。基于积卒星座所创的积卒阵，基本结构为五营八阵。五营之中，前左右各设一营，后左右亦各设一营，再加上中垒，共同构成稳固的架构。八阵涵盖鸟、蛇、龙、虎、天、地、风、云。若以其特性譬喻，那么鸟阵或为灵动，可用于奇袭、侦察；蛇阵或为诡谲，擅长迂回包抄；龙阵或为磅礴，主攻正面突破；虎阵或为

① 陈高春主编：《中国古代军事文化大辞典》，北京：长征出版社1992年版，第254页。

威严，侧重于攻坚防御；天阵或为高远，象征掌控全局、布局战略；地阵或为厚重，寓意稳扎稳打、筑牢根基；风阵或为轻盈，能够快速机动、扰乱敌阵；云阵或为多变，用于迷惑敌人、隐藏真实意图。各阵依据战场形势、敌军状况灵活转换、相互配合，充分发挥战术效能。

## （二）师卦阵

“故伏羲氏观积卒而立五军九营，谓顺静临险，或不可测，遂名之曰师卦阵也。申奇正之用，明进退之理，而兵家节制，昭然始见。”积卒星座由十二颗星组成，其星象排列蕴含着秩序与变化的规律，伏羲氏从中汲取灵感，构建出“五军九营”的军事布局。“五军”即前、后、左、右、中五营，分别对应不同的作战职能。“九营”则在五军基础上细化编制，增强军队的灵活性与协同性。此阵以“顺静临险，或不可测”为特点，强调军队在战场上应如静水般沉稳，静待时机，一旦出击则如雷霆万钧，令敌人难以捉摸，充分体现出“以静制动，后发制人”的战略思想。“申奇正之用”，指明确作战中常规兵力与机动兵力的配合运用，通过正兵吸引敌人注意力，奇兵出其不意发动攻击，两者相互依存、灵活转换，使战术变化无穷；“明进退之理”，则强调军队要根据战场形势，合理把握进攻与撤退的时机，进攻时果断迅猛，撤退时有序不乱，避免盲目行动导致的损失。孙子提出的“凡战者，以正合，以奇胜”，便是对“奇正之用”的进一步深化，“知可以战与不可以战者胜”，也与“进退之理”一脉相承。

## （三）握奇阵

“轩辕氏又发积卒之秘，变师卦之体，立天地风云，衡轴冲之义，而成握奇阵也。其主持在两轴，其司变在四衡，智巧之端始根于是。”

《中国古代军事文化大辞典》对此阵的解释是："此阵由师卦阵演变而来，其结构为八卦，每卦布八阵，共为六十四阵，分内外两重，其形为圆。奇，《续武经总要》释为'圆之数也，凡物之圆者，外围三则内径一'，'三为外营，一为中军，大将握之故取名为握奇'。"[①]从渊源来看，握奇阵发端于师卦阵，是古代军事家对星象与兵法结合的进一步探索。师卦阵以积卒星座为灵感，确立了五军九营的基础框架，而轩辕氏在此基础上"发积卒之秘，变师卦之体"，将阵形从五军九营的布局转变为以八卦为核心的全新结构，每卦布八阵，构成六十四阵的庞大体系，并分内、外两重，整体呈圆形。其"奇"的命名源于"圆之数"，遵循"外围三则内径一"的数理逻辑，即外营兵力占三份，中军兵力占一份，中军由大将直接掌控，形成"外重防御、内主指挥"的格局。

### （四）三才五行阵

"吕望变轩辕之制，画为九区，方诸井字，而作三才五行阵也。其用相生，井然条理，实正兵之经纬。"吕望对轩辕氏握奇阵的改造，形成三才五行阵，突破性地将阵形"画为九区，方诸井字"。相较于握奇阵以八卦为核心的圆形结构，三才五行阵采用方形布局，以"井"字格划分九个区域，三才五行阵将"三才"与"五行"学说融入军事布局。"三才"可能对应指挥中枢、主力作战部队及后勤保障。

不过，在《六韬·虎韬·三阵》中说道："武王问太公曰：'凡用兵用天阵、地阵、人阵，奈何？'太公曰：'日月星辰斗柄，一左一右，一向一背，此为天阵；丘陵水泉，亦有前后左右之利，此谓地阵；用车用马，

---

① 陈高春主编：《中国古代军事文化大辞典》，北京：长征出版社1992年版，第255页。

用文用武，此谓人阵。'"[①]武王向太公吕望询问用兵时天阵、地阵、人阵的运用方法，太公回答道：观测日月星辰、北斗斗柄的方位变化，依据其左右、向背规律制定军事策略，此为天阵，体现了古人顺应天时的智慧；依据丘陵、水泉等地形地貌，分析其前后、左右的利弊，因地制宜部署兵力、设计战术，即为地阵，强调地理环境对战争胜负的重要影响；根据作战需求灵活调配战车、骑兵等军事装备，同时注重文臣武将的合理分工协作，充分发挥人员与资源的效能，则是人阵，突出人的主观能动性在战争中的关键作用。太公提出的天阵、地阵、人阵，将天文现象、地理条件与人为因素有机结合，纳入“天人合一”的哲学框架，形成“三位一体”的作战体系，既体现了对自然规律的尊重，又强调了发挥人的主观能动性，三者相互依存、缺一不可，要求将领在战争中统筹考量多重维度。

“五行”则可能意味着使各区域相互支援、协同作战。其“相生”原则突出整个军阵为有机整体，任何一处的行动都能引发连锁反应，扩大战术效果；“井然条理”则体现在明确的区域划分与指挥体系上，将领可依据战场形势，精准调动对应区域兵力，执行进攻、防御、迂回等任务，避免了兵力混乱与资源浪费。

五行为金、木、水、火、土。五行相生相克，而多取其相生之法，故言“其用相生”。依《中国古代军事文化大辞典》所释，“土居井字形之中央，其他分居四角，即称五行阵。交战时，五方为五军，为正兵。其他四方为闲地。为训练之地，战时可布奇兵，前为天阵，后为地阵，左右为人阵，可出奇制胜，进退无常，名之为三才阵。三才、五行实为一阵。全阵占地为开方1200步，可容3万人。此阵中央由大将居之，四

① 《武经七书·六韬·虎韬》，北京：中华书局2007年版，第455页。

旁为四正四奇，可以变化使用。大将居中，四正四奇，此实为一阵八体”。[①]三才五行阵采用井字形结构，中央为“土”，象征指挥中枢，由大将坐镇，掌控全局，四角分属金、木、水、火，构成五方，对应五支正兵部队，承担正面作战、稳固阵线的任务。其余四方被视为“闲地”，平时作为训练场所，战时可灵活布置奇兵，增强战术变化。

在阵法的功能划分上，形成“前应天时、后据地利、左右合人和”的三才格局。天阵利用天时与气象条件，如选择有利的风向、时辰发动突袭；地阵依托地形设伏或防御；人阵则通过兵种配合与战术调度，实现灵活攻防。这种布局使三才与五行合二为一，形成“一阵八体”的复合结构，四正四奇相互配合，可根据战场形势随时转换角色，正兵变奇兵，奇兵补正兵，进退无常，令敌人难以捉摸。

从规模与效能来看，该阵占地广阔，达一千二百步见方，能够容纳三万人的庞大兵力。如此规模的阵法，既保证了兵力的集中部署，又通过精妙的区域划分，避免了兵力过于密集导致的调度困难。大将居中指挥，可清晰把控各方向的战况，及时下达指令；四正四奇的分布，使兵力能够快速响应，实现多点协同作战，无论是正面强攻、侧翼包抄还是伏击突袭，都能灵活应对，充分发挥出三万兵力的整体战斗力，达到出奇制胜的战略目标。

### （五）农兵阵

“周公立伍两卒旅师军之法，以六军为正，奇兵在正军之外，从兵又在奇兵之外，而立农兵阵也。此为伍法，车骑徒因用之，则其功固不在师阵、握机之下矣。”周公所创立的农兵阵体系，以“伍两卒旅师军”

① 陈高春主编：《中国古代军事文化大辞典》，北京：长征出版社1992年版，第255页。

六级编制为核心，构建了“正军、奇兵、从兵”三层兵力结构，这一体系将军事组织深度嵌入社会结构，实现“寓兵于农”的治国目标。平时士卒务农，战时应征入伍，既节省国家军费开支，又确保兵源稳定。这种“耕战一体”的模式，使军队成为维护社会秩序与农业生产的双重力量。与师卦阵、握奇阵相比，农兵阵更侧重制度层面的系统性建构，农兵阵以层级编制为基础，注重军事与社会的深度融合。

根据《周礼·地官司徒·大司徒》中记载：“令五家为比，使之相保；五比为闾，使之相爱；四闾为族，使之相葬；五族为党，使之相救；五党为州，使之相赒；五州为乡，使之相宾。”①又有《周礼·地官司徒·族师》记载曰：“五家为比，十家为联；五人为伍，十人为联；四闾为族，八闾为联；使之相保相爱，刑罚庆赏，相及相共，以受邦职，以役国事，以相葬埋。若作民而师田行役，则合其卒伍，简其兵器，以鼓铎旗物帅而至。掌其治令、戒禁、刑罚。”②《周礼》记载的周代基层社会组织与军事编制，其核心在于通过“相保、相爱、相救、相赒、相宾”的层层联结，将邻里联保、宗族互助、礼仪教化与军事动员深度融合。战时需“合其卒伍，简其兵器，以鼓铎旗物帅而至”，完成兵力集结、装备检点与纪律管理，确保“刑罚庆赏，相及相共”。这种“寓兵于农”的设计，使民众平时务农，战时应征。“比人为伍，同伍为列，比长为公司马；以闾人为两，以族人为卒，百卒同一；以党人为旅，同旅五车为一队；以州人为师，同师25车为偏以乡人为军，同军五偏为阵，命卿为军将，即一阵之大将。因平时务农，战时为阵，故又称‘寓兵

① 杨天宇：《周礼译注》，上海：上海古籍出版社2004年版，第155页。

② 同上①，第177页。

于农之策'。"[①]此乃以基层行政单元为基础构建军事编制，民众平时务农为生，战时按行政单元迅速转化为战斗力量，既依托农耕经济保障后勤，又通过固定编制简化动员流程，实现"耕战结合"的治国目标。

### （六）握奇营阵

"司马穰苴废管仲五偏，而行周公丘乘，复黄帝之握奇，以万二千五百人，取十之三为奇兵布之中垒，十之七为正兵布之外营，而曰握奇营阵也。体方用圆，参错泥变，守之仅可，其能战乎？"《司马法》有云："六尺为步，步百为亩，亩百为夫，夫三为屋，屋三为井，四井为邑，四邑为丘。丘有戎马一匹，牛三头，是曰匹马丘牛。四丘为甸，甸六十四井，出长毂一乘，马四匹，牛十二头，甲士三人，步卒七十二人。戈楯具谓之乘马。"[②]司马穰苴在军事改革中废除管仲的五偏制，推行周公的丘乘制，恢复黄帝的握奇阵，创立握奇营阵，以一万二千五百人为基本单位，取十分之三为奇兵布于中垒，十分之七为正兵布于外营，形成"体方用圆，参错泥变"的阵型，强调正奇结合与阵型动态转换；《司马法》记载的丘乘制以井田制为基础，确立"六尺为步，步百为亩，亩百为夫，夫三为屋，屋三为井，四井为邑，四邑为丘，四丘为甸"的层级，规定丘出戎马一匹、牛三头，甸出长毂一乘、马四匹、牛十二头、甲士三人、步卒七十二人并备齐戈楯，将田制、兵制、赋役整合为一体；司马穰苴的改革融合三代兵制，既通过丘乘制强化兵农合一、依托农耕经济保障后勤，又以握奇营阵的正奇配置提升战术灵活性。

---

① 陈高春主编：《中国古代军事文化大辞典》，北京：长征出版社1992年版，第256页。

② 《十三经注疏》整理委员会整理，李学勤主编：《十三经注疏·毛诗正义》，北京：中华书局1957年版，第1892页。

# 第三章

# 《孙子兵法》与春秋军阵的训练

《司马法·严位》中说道，凡是作战，并不是阵法本身难，而是使士卒列阵难；并不是使士卒列阵难，而是使士卒灵活运用难；士卒了解阵法并不难，难的是让士卒去执行它。①士卒如果不经过训练，就不会相互熟悉。如果军阵内各个部分不能相互配合，无法按照统一的军令行动，在执行军事行动时就无法做到非常默契。

军阵中的士卒需要进行非常刻苦的训练，从而达到相互之间能协调一致的目的。《孙子兵法》曰："厚而不能使，爱而不能令，乱而不能治，譬若骄子，不可用也。"②阵法最大的困难之处在于阵法的实际运用，因为阵形的主体是由士兵组成，即使阵形再怎么适合于战场情势，但是如果士兵不能很好地让阵形发挥作用，也是没有意义的。

合格的军士应当能够通过刻苦的训练掌握能够保持严整的战斗队形的本领。一旦队形遭到破坏，军阵的任何一部分就会出现拥挤成堆或是兵员稀疏的情况。如果要使阵形"行"得有效，就要"使人可阵"和"使人可用"，前者是要士兵认识阵形，后者是要士兵熟练阵形。因此"战争获胜的因素，并不取决于人多势众，或者说与作战凶猛无关。只

---

① 《武经七书·司马法·严位》，北京：中华书局2007年版，第179页。

② 《武经七书·孙子兵法·地形》，北京：中华书局2007年版，第58页。

有武艺精湛、熟知兵法、训练有素的军士，才能使战争取得胜利”[①]。只有士兵熟练了阵形并能灵活运用，这样的阵法才能够发挥作用。

明朝茅元仪在《武备志》中曾说道，如果士兵能够布列军阵，但是不能熟练运用，那么这就像一个土偶的须发和眉毛，虽然好看，但是却不能让土偶有生机；如果士兵能够熟练应用军阵，但是却不去使用，那么就像驱赶虎豹进入市集，虎豹各自为战，只要有三个百姓同心协力，乘势而为，那么就可以立即杀死它们。[②]所以士兵不仅要“知”军阵，还要会“用”军阵，更能“行”军阵，只有如此，军阵的力量才会真正发挥出来。而士兵要做到能知、会用、能行，必须经过相关的训练才行。

在春秋时期，军阵的训练又有多种方式，不同方式有其自身的特点，有的寓兵于农，有的寓教于乐，有的注重单兵作战技能的训练，有的则重视军阵队列的训练，这些训练都表明春秋时期对军阵训练的重视。但是不管是农闲时的演练，又或者是战前的军事演习，军阵的训练都有一个明确的特点，即军阵训练和指挥离不开金鼓和旌旗。金鼓和旌旗就像是神经系统，军将发出的号令只有通过金鼓和旌旗才能迅速地传达到军阵的“手足”，即基本的作战单位。如果没有此“神经系统”，“手足”就会混乱，“各兵种组成的部队，它各个部分的前进方向可能是不同的，战斗开始后队形可能发生混乱，而由于相互间都不明确知道对方的位置，队形就会更加混乱”[③]。金鼓和旌旗对军阵的运转有着不可或缺的重要作用。金鼓和旌旗功能各异，两者缺一不可，金鼓和旌旗只

---

① ［古罗马］雷纳图斯：《兵法藏书·罗马兵法》，兰州：兰州大学出版社2007年版，第72页。

② 茅元仪：《武备志·阵练制》，中国台湾：华世出版社1984年版，第1773页。

③ ［德］克劳塞维茨：《战争论》，中国人民解放军军事科学院译，北京：中国人民解放军出版社2008年第2版，第261页。

有相互配合无间，才可以让军阵攻防兼备、能守能攻，立于不败之地。

《孙子兵法·势篇》提出的“凡治众如治寡，分数是也；斗众如斗寡，形名是也”这一经典论述，构建了古代军事指挥体系的核心理论框架。其中“分数”强调军队编制的科学划分，正如北宋梅尧臣所注“部伍奇正之分数，各有所统”[①]；而“形名”则着重指挥信号系统的标准化，即“形以旌旗，名以采章，指麾应速，无有后先”[②]。这两个维度共同构成了古代军事指挥体系的理论基础，至今仍具有重要的军事学术价值。

在春秋时期的实战环境中，这一理论得到了充分实践。当时典型的阵列作战中，军阵之分合、立坐、进退，以及方圆、攻守等复杂战术动作，完全依赖于金鼓和旌旗的指挥系统。《孙子兵法·军争》明确指出：“金鼓旌旗者，所以一民之耳目也。民既专一，则勇者不得独进，怯者不得独退：此用众之法也。”[③]这一论述揭示了古代军事指挥系统的本质功能，通过标准化的视听信号实现部队的统一行动。

金鼓系统作为古代军事指挥的听觉信号体系，“古代的金属制乐器和鼓，常用于军事：部队军事演练和作战用以决行止，助军威，壮声势”[④]。其精妙之处在于鼓声有高低而金音有轻重的音律变化。根据《周礼·夏官》等文献记载，古代军队已经发展出一套完整的声频指挥密码：不同节奏的鼓点代表前进、冲锋或撤退；而钲、铎等金属乐器的轻重缓急则传达停止、转向等指令。这种多层次的声频信号系统，使部队能够在战场嘈杂环境中准确接收命令。

① 李如龙：《孙子注会要》，北京：商务印书馆2019年版，第226页。

② 同上①，第226页。

③ 《武经七书·孙子兵法·军争》，北京：中华书局2007年版，第38页。

④ 陈高春主编：《中国古代军事文化大辞典》，北京：长征出版社1992年版，第280页。

旌旗系统则构成了视觉指挥体系的核心。虽然“旌旗”常被作为旗帜通称，但两者在军事用途上存在明显区别：旌多用于标识方位和传递简单指令，而旗则更多用于展示部队番号和指挥官身份。正如古代兵书所述，“旌有五色，旗有三彩”，通过色彩、图案和挥动方式的组合，可以传达丰富的战术指令。

将金鼓与旌旗系统、有机结合，就形成了完整的古代战场指挥体系。这种多模态的信号系统具有显著优势：在能见度良好的日间作战中，以旌旗指挥为主；在夜间或能见度较低时，则主要依靠金鼓声讯；在复杂战场环境下，两者可互为补充、相互验证。正如军事史学家指出的：“军士们在真正的交战时才能较易于辨清信号并按其行动，才能确知上级是命令他们出战还是原地待命，是前进还是后退。”[①]

这种指挥系统的有效性完全依赖于平时的严格训练。《吴子·治兵》强调：“教战之令，短者持矛戟，长者持弓弩，强者持旌旗，勇者持金鼓。”只有通过反复演练，才能使士兵形成条件反射，在实战中做到“士卒能知主将号令，进退有据，攻守有法”。这正是古代军阵训练的重点和难点所在。

从现代军事学的视角来看，春秋时期发展的这套金鼓、旌旗指挥系统，实际上构建了最早的标准化战场通信协议。它不仅解决了大规模兵团作战的指挥控制难题，更为后世军事通信系统的发展奠定了基础。直到火器时代来临前，这一系统始终是各国军队的核心指挥手段，其设计理念至今仍影响着现代军事通信系统的构建。

---

① ［古罗马］弗拉维乌斯·韦格蒂乌斯·雷纳图斯：《兵法简述》，袁坚译，北京：中国人民解放军出版社2006年第2版，第113页。

## 一、建立金鼓、旌旗的绝对指挥权威

《尉缭子·武议》中说道："将受命之日……援枹而鼓忘其身。吴起临战，左右进剑。起曰：'将专主旗鼓尔，临难决疑，挥兵指刃，此将事也。一剑之任，非将事也。'"[①]其中关于"将受命之日……援枹而鼓忘其身"的论述，与《左传》多个战例相互印证，共同揭示了金鼓和旌旗在古代军事指挥系统中的核心地位及其存亡攸关的战略价值。这一指挥体系的核心特征在于，主将必须专司旗鼓指挥之责，正如吴起所言"将专主旗鼓尔，临难决疑，挥兵指刃，此将事也"，强调将帅的职责在于运筹帷幄而非冲锋陷阵。《左传》成公二年记载的鞌之战中，晋将郤克"流血及屦，未绝鼓音"，其御者张侯更明确指出"师之耳目，在吾旗鼓，进退从之"[②]，生动体现了"将死鼓，御死辔"[③]的军事原则，这种坚守指挥岗位的精神在《左传》哀公二年赵简子"吾伏弢呕血，鼓音不衰"[④]和襄公二十三年"莒子亲鼓之，从而伐之，获杞梁。"[⑤]等记载中得到反复强调，说明金鼓和旌旗必须由主将绝对掌控。

此外，金鼓指挥系统的有效性直接关系到全军命运。《尉缭子·制谈》所谓"金鼓所指，则百人尽斗"[⑥]揭示了其强大的组织动员能力。当主将能够"不衰鼓音"时，就能如《尉缭子·武议》所说"赏功立

① 《武经七书·尉缭子·武议》，北京：中华书局2007年版，第242页。
② 杨伯峻：《春秋左传注》，北京：中华书局1990年第2版，第792页。
③ ［清］王先谦：《荀子集解》，北京：中华书局1988年版，第278页。
④ 同上③，第1618页。
⑤ 同上③，第1084页。
⑥ 《武经七书·尉缭子》，北京：中华书局2007年版，第202页。

名”[①]；反之，则会导致“身死国亡”的严重后果。《左传》宣公十二年记载的邲之战就是典型反面案例。晋军主帅荀林父“不知所为”而错误“鼓於军中曰：‘先济者有赏！’”[②]，这种“临难不能决疑”的指挥失当直接导致“士卒淹死甚多”的惨败，完美诠释了“存亡安危在于枹端”的深刻道理。这一正一反的战例对比，凸显了主将旗鼓指挥的极端重要性，它不仅是战术层面的进退信号，更是战略层面的三军“耳目”与精神支柱。

从军事指挥学的角度看，这套系统具有三个关键特性：其一，权威性，如《尉缭子》强调旗鼓必须由主将“专主”，任何僭越都会导致指挥体系崩溃；其二，连续性，要求主将必须如郤克、赵简子般保持“鼓音不衰”，确保指挥信号不间断；其三，准确性，荀林父案例证明，错误的金鼓指令比没有指令更危险。这三个特性共同构成了古代军事指挥的铁律，主将必须始终牢牢掌握旗鼓指挥权，在任何情况下都不能放弃这一核心职责。正如《尉缭子·武议》深刻指出的，主将“提鼓挥枹”的行为看似简单，实则关系“身死国亡”的重大责任，因为“三军性命存于金鼓旌旗”。

通过分析这些经典战例与兵书论述，我们可以清晰地看到，古代军事上极为强调将帅应该专注于旗鼓指挥这项更高层次的军事艺术。这种专业化分工思想，不仅提高了军队的组织效率，更推动了军事指挥学的理论化发展，为后世《孙子兵法》“将者，智、信、仁、勇、严也”的将帅观奠定了实践基础。

此外，还可以通过严明军纪来维护金鼓、旌旗的权威性。古代军事

① 《武经七书·尉缭子》，北京：中华书局2007年版，第234页。

② 杨伯峻：《春秋左传注》，北京：中华书局1990年第2版，第739页。

体系对金鼓、旌旗的训练与执行有着严格规范，其制度设计体现了“先教后诛”的治军理念。《六韬·犬韬·教战》明确指出：“凡领三军……将必先明告吏士，申之以三令，以教操兵起居、旌旗指麾之变法。”①这与《论语·尧曰》“不教而杀谓之虐”②的仁政思想、《荀子·富国》“故不教而诛，则刑繁而邪不胜”③的治理智慧一脉相承。《唐李问对·卷上》强调“教战时，各认旗鼓”④，表明将帅必须首先让士卒充分理解金鼓、旌旗的指令含义，“申之以三令”，使其熟练掌握，这种“先教后诛”的制度设计既保证了训练效果，又体现了军事管理的规范性。

在训练内容上，春秋军阵已经具备了较为完整的金鼓、旌旗指令系统。《吴子·应变》规定“鼓之则进，金之则止。一吹而行，再吹而聚”⑤，详细说明了基础指令规范；《墨子·旗帜》记载“鼓，中军一，每鼓三、十击之，有鼓之吏，谨以次应之”⑥，则展现了更为复杂的信号组合。这些规范要求士卒必须准确识别不同节奏、次数的金鼓信号，并作出正确反应。《荀子·议兵》强调“令不进而进，犹令不退而退也，其罪惟均”⑦，表明对任何错误执行金鼓、旌旗指令的行为都将严惩不贷，这种严格要求源于金鼓、旌旗系统在战场上的关键作用。

对违反金鼓、旌旗指令者的严厉惩处，是古代军纪体系的重要组成部分。《左传》定公十四年记载：“吴伐越。越子勾践御之，陈于槜

① 《武经七书·六韬·犬韬·教战》，北京：中华书局2007年版，第498页。
② ［清］刘宝楠著：《论语正义》，北京：中华书局1957年版，第418页。
③ ［清］王先谦撰：《荀子集解》，北京：中华书局1988年版，第191页
④ 《武经七书·唐太宗李卫公问对·卷上》，北京：中华书局2007年版，第525页。
⑤ 《武经七书·吴子·应变》，北京：中华书局2007年版，第121页。
⑥ 吴毓江撰：《墨子校注》，北京：中华书局2006年第2版，第885页。
⑦ 同上③，第278页。

李。……使罪人三行，属剑于颈，而辞曰：‘二君有治，臣奸旗鼓，不敏于君之行前，不敢逃刑，敢归死。’遂自刭也。”①槜李之战中，越王勾践令三行罪人自陈“奸旗鼓”之罪后自刭，这一案例诠释了《孙子兵法·行军篇》“令素行以教其民”的治军思想。勾践通过让罪人公开认罪自裁的震撼方式，向吴军展示了越军“令行禁止”的严明纪律。这一做法也体现了《孙子兵法·计篇》“法令孰行”的比较原则，通过确立金鼓和旌旗的绝对权威，强化己方将士“民既专一”（《孙子兵法·军争篇》）的服从意识。案例中“奸旗鼓”的罪名与《尉缭子》“不听金、鼓、铃、旗者有诛”的记载相互印证，共同揭示了古代军事家对指挥系统纪律性的极端重视，其本质是通过“赏罚孰明”（《孙子兵法·计篇》）实现“使民与上同意”的指挥效能。

上述“奸旗鼓”罪名，以及《尉缭子·勒卒令》规定的“鼓失次者有诛，喧哗者有诛，不听金、鼓、铃、旗者有诛”等条文，都体现了对金鼓和旌旗纪律的严格维护。这种严苛的惩罚制度有其深刻的军事考量：首先，战场环境下，一个士兵的错误响应可能引发连锁反应，导致整个军阵混乱；其次，如《墨子》中所述“当应鼓而不应，不当应而应鼓，主者斩”的规定，确保了信号传递的绝对准确性；最后，通过“惩一戒百”的威慑效应，强化全体士卒对金鼓和旌旗指令的服从意识。

因此，严明的金鼓、旌旗纪律，以及其所具有的权威性，对作战具有多重价值。其一，确保指挥信号的有效传递和执行，使军队能够“如臂使指”般灵活运转；其二，维护战场秩序，避免因个别士兵的失误导致整体混乱；其三，培养士兵的条件反射，使其在战场压力下仍能准确

① 杨伯峻：《春秋左传注》，北京：中华书局1990年第2版，第1596页。

响应指令。《尉缭子》的相关记载表明，不仅普通士兵要严守金鼓旌旗纪律，就连专职的鼓手也必须严格按规范操作，否则同样要受到严惩，这种一视同仁的纪律要求，保证了指挥系统的整体可靠性。

这种严格的训练与纪律体系，与《孙子兵法》强调的“令素行以教其民”的军事思想密切相关，都重视通过规范化训练和严明军纪来提升战斗力。金鼓、旌旗系统作为古代军队的“神经系统”，其有效性既依赖于科学、合理的信号设计，更取决于严格的训练和纪律保障。

成公十八年，《左传》中较为系统性地记载晋国三军的军事训练与指挥体系：“弁纠御戎，校正属焉，使训诸御知义。荀宾为右，司士属焉，使训勇力之士时使。卿无共御，立军尉以摄之。祁奚为中军尉，羊舌职佐之，魏绛为司马，张老为候奄。铎遏寇为上军尉，籍偃为之司马，使训卒乘亲以听命。程郑为乘马御，六驺属焉，使训群驺知礼。”[①] 在战车兵训练方面，晋悼公任命“弁纠御戎，校正属焉，使训诸御知义”，专门负责三军御者的驾驶技术与战术素养培养。这种针对专业技术兵种的专项训练，正符合《孙子兵法·计篇》“兵众孰强？士卒孰练？”所强调的部队专业化要求。同时设置“程郑为乘马御，六驺属焉，使训群驺知礼”，强化骑兵部队的礼仪规范与战术协同，显示出对机动兵种的高度重视。在步兵与车兵协同训练方面，“籍偃为之司马，使训卒乘亲以听命”的记载尤为重要。这种着重训练步车协同作战的举措，与《孙子兵法·军争篇》“夫金鼓旌旗者，所以一人之耳目也”的指挥协同理论相呼应。通过系统化的协同训练，确保部队在实战中能够“勇者不得独进，怯者不得独退”，达到整体作战效能的最大化。

① 杨伯峻：《春秋左传注》，北京：中华书局1990年第2版，第909页。

特别值得注意的是晋国设立的司马体系："魏绛为司马""籍偃为之司马"。这一职务不仅负责"训卒乘亲以听命"的战术训练，更承担着"部队的纪律是否严明，军团所属步骑兵的训练是否坚持不懈，全都取决于他的号令和处置"的重要职责。这与《孙子兵法·计篇》"将者，智、信、仁、勇、严也"中对将领的要求完全一致，尤其强调"严"的纪律约束作用。司马通过严格执行军纪军法，确保训练质量和作战效能，其职能堪比古罗马军团中的保民官。

晋悼公还创新性地设立"祁奚为中军尉，羊舌职佐之"的军尉制度，通过"卿无共御，立军尉以摄之"的改革，强化了中层指挥体系。这种编制改革与《孙子兵法·势篇》"治众如治寡，分数是也"的编制原则不谋而合，通过优化指挥链提升整体作战效率。

若从《孙子兵法》的视角来看，晋悼公的军事改革通过弁纠训练单兵技能、籍偃强化协同作战、司马严格纪律约束的多层次训练体系，使晋军达到《孙子兵法·形篇》所说的"胜兵先胜而后求战"的理想状态。这种将专业化训练、纪律约束与指挥体系优化相结合的治军之道，不仅为晋国维持霸主地位提供了军事保障，更代表了中国古代军事训练制度发展的重要里程碑。

## 二、构建金鼓和旌旗的多维信号体系

《孙子兵法·军争》引《军政》曰："言不相闻，故为鼓金；视不相见，故为旌旗。"[①]这一经典论述揭示了视听信号系统的基本原理，金鼓解决听觉通信局限，旌旗突破视觉空间障碍。在此基础上，《孙膑兵

① 《武经七书·孙子兵法·军争》，北京：中华书局2007年版，第38页。

法·陈忌问垒》提出“夜则举鼓，昼则举旗”[①]的昼夜分工原则，而《六韬·虎韬·军略》则进一步细化为“昼则登云梯远望，立五色旌旗；夜则设云火万炬，击雷鼓，振鼙铎，吹鸣笳”[②]，构建了多模态的立体指挥网络。这些文献共同表明，古代军事家已深刻认识到环境因素对指挥效能的影响，并发展出高度适应性的信号系统。

## （一）军阵中的金鼓

击鼓表示进攻和前进。古罗马军团“配有号手、司号兵和号角手。喇叭声起表示军士们应投入战斗，再次响起是表示撤退的信号。……凡需军士完成某项任务时，就吹起喇叭；而当需要移动军旗时，则吹起军号；在交战时，则喇叭和军号齐鸣。”[③]古代军事指挥系统中的鼓声具有精细的功能区分，能够传达不同层次的战术指令。《尉缭子·勒卒令》明确指出：“金、鼓、铃、旗四者各有法。鼓之则进，重鼓则击。”[④]这表明鼓声通过轻重变化可以区分“前进”与“进攻”两种指令——轻鼓指挥行军，重鼓号令攻击。《左传》宣公四年“鼓而进之，遂灭若敖氏”[⑤]的记载，正是轻鼓指挥军队前进的典型案例。而《唐李问对·卷中》所述“趋步金鼓，各有其节”[⑥]以及“昔越伐吴，以左右两军鸣鼓而进”，则进一步说明不同节奏的鼓声可以协调复杂战术动作，指挥多支部队协

① 银雀山汉墓竹简整理小组：《银雀山汉墓竹简·壹》，北京：文物出版社1985年版，第48页。
② 《武经七书·六韬·虎韬·军略》，北京：中华书局2007年版，第460页。
③ ［古罗马］弗拉维乌斯·韦格蒂乌斯·雷纳图斯：《兵法简述》，袁坚译，北京：中国人民解放军出版社2006年第2版，第113页。
④ 《武经七书·尉缭子·勒卒令》，北京：中华书局2007年版，第271页。
⑤ 杨伯峻：《春秋左传注》，北京：中华书局1990年第2版，第682页。
⑥ 《武经七书·唐太宗李卫公问对·卷中》，北京：中华书局2007年版，第571页。

同作战。这种精细化的鼓声指挥系统，既包含基础层面的“进、击”二分法，又能通过节奏变化实现更复杂的战术调度，展现出古代军事指挥艺术的精妙之处。

此外，击鼓作为进攻指令还承载着深厚的军事文化与礼制传统。《司马法·仁本》所载“成列而鼓，是以明其信也”①，揭示了早期战争中的礼制精神，击鼓进攻不仅是战术动作，更是一种诚信的宣示，必须待敌军列阵完毕后方可进行。这一理念在《左传》僖公二十二年宋襄公“不鼓不成列”②的坚持中得到延续，其“寡人虽亡国之余，不鼓不成列”的表态，虽然被后世视为不合时宜，却真实反映了春秋时期“以鼓明信”的战争伦理。而《左传》庄公十年长勺之战中“公将鼓之”③与“齐人三鼓”的记载，则展现了击鼓在实际战场上的指挥功能。鲁庄公准备击鼓进攻时被曹刿劝阻，待齐军三次击鼓士气衰竭后才反击，说明鼓声不仅代表进攻命令，其频次更成为判断敌军战力的重要指标。这三个案例共同构建了古代击鼓战术的双重维度：既是《司马法》所载的军礼象征，又是《左传》战例中的实战指挥手段，这种二元性生动反映了春秋时期战争观念从“重礼”向“重利”的历史转变过程。《孙子兵法》中“合于利则动，不合于利则止”思想，则是对这种转变的结果做了一个总结。

击鼓表示前进和进攻，鸣金则示意停止和撤退。《尉缭子·兵教上》明确记载：“击鼓而进，低旗则趋，击金而退。麾而左之，麾而右

① 《武经七书·司马法·仁本》，北京：中华书局2007年版，第141页。
② 杨伯峻：《春秋左传注》，北京：中华书局1990年第2版，第398页。
③ 同上②，第183页。

之，金鼓俱击而坐。”[①]这一记载系统性地阐述了金鼓、旌旗协同运作的基本原理，其中击鼓代表进攻、鸣金示意撤退的指挥原则成为古代战场通行的基本准则。《吴子·应变》进一步细化为“鼓之则进，金之则止，一吹而行，再吹而聚”[②]，说明通过金鼓信号的节奏变化可以实现更为复杂的战术调度。特别值得注意的是，《尉缭子·勒卒令》中“金之则止，重金则退”[③]的记载，揭示出鸣金信号本身也存在轻重缓急的区分，能够精准传达“停止行进”与“主动撤退”两种不同的战术指令，这种精细化的信号设计充分体现了古代军事指挥艺术的成熟与完善。

金鼓信号系统不仅具有明确的战术指挥功能，更对军队士气产生深远影响。《六韬·龙韬·励军》记载武王与太公的对话，“吾欲令三军之众，攻城争先登，野战争先赴，闻金声而怒，闻鼓声而喜”[④]，生动展现了金鼓信号对士兵心理的塑造作用。其中“闻鼓声而喜”反映出古代军队崇尚进攻的价值观，鼓声能激发士兵建功立业的战斗热情；而“闻金声而怒”则体现出军队以撤退为耻的荣辱观念，这种心理机制有效强化了部队的战斗意志。《左传》哀公十一年记载陈书“吾闻鼓而已，不闻金矣”[⑤]的壮烈宣言，正是利用金鼓信号的确定性来表达决死一战的决心，通过排除撤退可能性的“不闻金”来激励士气，这种心理战术的运用显示出古代将领对金鼓信号系统的深刻理解。

古代军阵鼓法体系通过节奏频率、击打次数与音调变化的精密组合，构建起多层级、多维度的战场指挥网络。《尉缭子·勒卒令》言道：

① 《武经七书·尉缭子·兵教上》，北京：中华书局2007年版，第281页。
② 《武经七书·吴子·应变》，北京：中华书局2007年版，第121页。
③ 《武经七书·尉缭子·勒卒令》，北京：中华书局2007年版，第271页。
④ 《武经七书·六韬·龙韬·励军》，北京：中华书局2007年版，第423页。
⑤ 杨伯峻：《春秋左传注》，北京：中华书局1990年第2版，第1662页。

“一鼓一击而左，一鼓一击而右。一步一鼓，步鼓也。十步一鼓，趋鼓也。音不绝，骛鼓也。商，将鼓也。角，帅鼓也。小鼓，伯鼓也。”[①]“一鼓一击而左，一鼓一击而右”揭示的是基础指令系统，这种极简设计确保在战斗中能准确传递转向命令。其进阶系统通过鼓点间隔实现速度调控，“一步一鼓”的步鼓对应标准行军，“十步一鼓”的趋鼓转为战斗推进，“音不绝”的骛鼓则下达全速冲锋令。此外，更具创新性的是音调系统的战术应用，“商，将鼓也；角，帅鼓也；小鼓，伯鼓也”的分频设计，使不同层级指挥官能通过特定音调直接调动所属部队，实现《孙子兵法·势篇》“治众如治寡”的指挥效能。

《司马法·严位》曰：“凡鼓，鼓旌旗，鼓车，鼓马，鼓徒，鼓兵，鼓首鼓足，七鼓兼齐。”[②]“七鼓兼齐”的理论则将鼓法提升为立体化指挥体系：指挥旌旗的“鼓旌旗”确保视觉信号与听觉信号的时空同步，指挥战车的“鼓车”与控马的“鼓马”形成车骑协同节拍，指挥步兵的“鼓徒”与发布作战命令的“鼓兵”实现步战节奏管理，“鼓首”校正队形方位，“鼓足”统一步幅频率，七类鼓法如同精密钟表齿轮相互咬合。这种体系与《尉缭子》的速度控制系统形成经纬交织，当“鼓徒”以十步一鼓驱动步兵趋进时，“鼓车”同步以三步一鼓催动车阵疾驰，既保持车步协同又发挥兵种特性。

此外，不同的军鼓，其军令亦有差异。《周礼·地官·司徒》记载曰：“鼓人掌教六鼓、四金之音声。以节声乐，以和军旅，以正田役，教为鼓而辨其声用。以雷鼓鼓神祀，以灵鼓鼓社祭，以路鼓鼓鬼享，以鼖鼓鼓军事，以鼛鼓鼓役事，以晋鼓鼓金奏。以金錞和鼓，以金镯节

① 《武经七书·尉缭子·勒卒令》，北京：中华书局2007年版，第271页。

② 《武经七书·司马法·严位》，北京：中华书局2007年版，第178页。

鼓，以金饶止鼓，以金铎通鼓。”《周礼》确立的“六鼓四金”制度，将鼓乐功能拓展为“节声乐、和军旅、正田役”的复合系统：雷鼓祭祀天地，灵鼓供奉社稷，路鼓追享先祖，而鼖鼓专司军事，这种礼乐与军制的深度融合，使鼓声既承载《司马法·仁本》“以礼为固”的文明基因，又具备《孙子兵法·军争》中“变人之耳目”的实战效能。

《周礼·大司马》中记载：“中春，教振旅，司马以旗致民，平列陈，如战之陈，辨鼓铎镯铙之用，王执路鼓，诸侯执贲鼓，军将执晋鼓，师师执提，旅帅执鼓鼙，卒长执铙，两司马执铎，公司马执镯，以教坐作进退疾徐疏数之节。”[①]该内容则进一步细化军事用鼓的等级体系。王执路鼓象征最高统帅权，诸侯持贲鼓体现分封军权，主帅掌晋鼓统摄三军，副帅提鼓负责战术执行，旅帅鼙鼓调控基层单位，形成“王→诸侯→将→师→旅→卒→两→公司马”九级指挥链，与《尉缭子·勒卒令》“商鼓、角鼓、小鼓”[②]的三阶声频体系形成制度呼应。

实战指挥中，鼓点节奏与音调变化构成双重编码系统。《尉缭子·勒卒令》“一鼓一击而左，再击右”的转向指令传递基础命令；步鼓（一步一鼓）、趋鼓（十步一鼓）、鹜鼓（音不绝）则是通过频率梯度调控行军速度。至于更精密的“商、角、小鼓”音调体系则实现跨单位协同，当三鼓同鸣“将帅伯其心一也”时，即触发《孙子兵法·九地》“携手若使一人”的完美配合。

鼓器形制的差异化设计强化了指挥效能，如提鼓的柄部结构便于运

① 据孙诒让所言，提鼓是一种有柄可提持以击打的鼓，较鼙鼓为大。根据郑《注》，鼙鼓是一种小鼓，这种小鼓的作用是应和主击打乐器，鼙鼓响后，众鼓则随鼙鼓而奏之。

② 《武经七书·尉缭子·勒卒令》，北京：中华书局2007年版，第271页。

动时击打，适应车战快速机动需求；而《周礼》“金錞和鼓、金镯节鼓、金饶止鼓、金铎通鼓”的四金协奏体系，则形成类似现代交响乐团的指挥机制，錞于定调、镯以控速、铙止、铎启，使万余人的庞大军阵能如臂使指。这种跨越礼制与实战的鼓乐文明，实为《孙子兵法·形篇》“胜兵先胜而后求战”思想在军事工程领域的具体呈现。

战鼓的功能，并非仅限于作战或训练。《吴子·治兵》曰：“教战之令，短者持矛戟，长者持弓弩，强者持旌旗，勇者持金鼓，弱者给厮养，智者为谋主。乡里相比，什伍相保。一鼓整兵，二鼓习陈，三鼓趋食，四鼓严辩，五鼓就行。闻鼓声合，然后举旗。”[①]这里提到的“五鼓”时序管理系统，即“一鼓整兵，二鼓习陈，三鼓趋食，四鼓严辩，五鼓就行”，展现出鼓声超越战阵训练的复合功能，前两鼓（整兵、习阵）直接关联军事操演，后三鼓（就餐、检查、列队）延伸至后勤管理。

单一鼓声系统存在局限性，因此《周礼·鼓人》就有“以金錞和鼓，以金镯节鼓，以金铙止鼓，以金铎通鼓”[②]的记载。镯调节行军节奏，铙终止进攻行动，铎控制士卒起坐，形成“鼓主令、金调控”的协同机制，如铎声开合，掩口示坐、开口示立，此即实现了《尉缭子·勒卒令》“坐作进退”的即时控制；镯击的频率，则可践行《六韬·犬韬·分合》“徐疾之节”的机动要求；铙鸣止鼓则对应《孙子兵法·军争》“悬权而动”的战场制动能力。

这种声学指挥系统的更复杂的形态体现于《武经总要》记载的五阵转换体系：“鸣一鼓举黑旗则为曲阵，鸣二鼓举赤旗则为锐阵，鸣三鼓

---

① 《武经七书·吴子·治兵》，北京：中华书局2007年版，第110页。

② 杨天宇：《周礼译注》，上海：上海古籍出版社2004年版，第182页。

举青旗则为直阵，鸣四鼓举白旗则为方阵，鸣五鼓举黄旗则为圆阵。”[①] 通过鼓频数理，即一至五次，与黑赤青白黄五色旌旗的排列组合，实现阵型的切换，这正是《孙子兵法·势篇》中“形名”指挥艺术的有力呈现。

虽然金鼓信号的运用以规范化著称，但在特定战术环境下也存在灵活性调整。《墨子·备梯》记载守城战中“令贲士、主将皆听城鼓之音而出，又听城鼓之音而入”[②]，说明在城池攻防等特殊作战场景下，鼓声可以承担撤退指令的功能。这种特殊用法具有三个显著特征：其一，应用场景严格限定，主要适用于守城战等固定防御作战；其二，与野战环境明确区分，避免信号混淆导致的指挥混乱；其三，相关记载中较为少见，从侧面印证了“击鼓进军、鸣金收兵”作为基本准则的权威性。这些特例的存在非但没有削弱金鼓信号系统的规范性，反而通过对比凸显了其作为军事指挥核心要素的重要地位，同时也展现出古代军事家在坚持基本原则的前提下，根据实战需求进行灵活调整的指挥智慧。

综上所述，金鼓信号的组合变化，可以进行多层次的战场控制；既承担战术指挥的实用功能，又具备激励士气的心理作用；在确保指挥统一性的同时兼顾特殊情况的应对需求。这种兼具规范性、功能性与灵活性的指挥体系，不仅在战争中发挥了关键作用，也为《孙子兵法》等后世军事指挥理论的发展提供了实践基础。

### （二）军阵中的旗帜

旌旗在古代军阵体系中兼具实战指挥与精神象征的双重功能，其重

① 《文渊阁四库全书·子部·兵家类》，中国台湾：台湾商务印书馆1986年版，第319页。

② 吴毓江撰：《墨子校注》，北京：中华书局2006年第2版，第827页。

要性贯穿战前训练、临阵指挥乃至战场搏杀的全过程。从《左传》成公二年张侯所言“师之耳目，在吾旗鼓，进退从之”[①]的经典论述，到《吴子·应变》中“昼以旌旗幡麾为节”[②]的战术规范，再到《尉缭子·兵教上》“以竿为旗，麾而左之，麾而右之”[③]的基层训练方法，皆印证旌旗作为军阵“方向舵”的核心地位。这种指挥系统的高度依赖性，源于冷兵器时代战场信息传递的客观局限，正如古罗马军事家韦格蒂乌斯在《兵法简述》中所强调的，士卒“在频繁的运动间能够紧随自己的军旗左右而不散”是维系战阵完整性的关键。为实现这一目标，《六韬·犬韬·教战》明确规定将领必须“明告吏士，申之以三令，以教操兵起居、旌旗指麾之变法”[④]，通过反复训练将旗语信号内化为士卒的肌肉记忆，使军阵能在“鼓鸣”与“旗麾”的协同作用下如机械般精密运转。

旌旗的象征意义更使其成为战场争夺的焦点。《左传》哀公二年晋郑铁之战的记载极具典型性：“郑人击简子中肩，毙于车中，获其峰旗。大子救之以戈，郑师北，获温大夫赵罗。……初，周人与范氏田，公孙龙税焉。赵氏得而献之，吏请杀之。赵孟曰：‘为其主也，何罪？’止而与之田。及铁之战，以徒五百人宵攻郑师，取峰旗于子姚之幕下，献曰：‘请报主德。’”[⑤]当郑军夺取晋帅赵简子“蜂旗”时，公孙龙立即率敢死队夜袭敌营夺回帅旗，这种看似非理性的行为实则暗含深刻军事逻辑。帅旗不仅是中军指挥权的具象化载体，更是维系士气的精神图腾。

① 杨伯峻：《春秋左传注》，北京：中华书局1990年第2版，第792页。
② 《武经七书·吴子·应变》，北京：中华书局2007年版，第121页。
③ 《武经七书·尉缭子·兵教上》，北京：中华书局2007年版，第281页。
④ 《武经七书·六韬·犬韬·教战》，北京：中华书局2007年版，第498页。
⑤ 同上①，第1617页。

类似案例在哀公十三年吴越之战中再度上演，吴将弥庸见姑蔑之旗即言“吾父之旗也，不可以见仇而弗杀也”①，情感驱动下的夺旗行动本质上是对军队荣誉体系的捍卫。

这种象征价值催生出专门化的军事人才选拔机制。《吴子》两篇对此有系统阐述：《料敌》篇将“搴旗斩将”②列为考核精锐的标准，主张“选而别之，爱而贵之，是谓军命”；《治兵》篇更明确规定“强者持旌旗”③，因护旗者需直面目标显著、易受攻击的高危处境，非勇武之士不能胜任。与之对应，《六韬·犬韬·练士》将“绝灭旌旗者”④编为“勇力之士”特种部队，揭示夺旗战术的专业化发展，这种矛与盾的对抗本质上是战场控制权的博弈，护旗体系维系着己方指挥链的完整，而毁旗能力则试图瓦解敌方组织架构。

旌旗系统的实战效能建立在严格训练基础之上，其运作逻辑与《孙子兵法·势篇》“斗众如斗寡，形名是也”的指挥哲学高度契合。从《尉缭子·兵教上》记录的伍长训练“以竿为旗”的基层操演，到《吴子·应变》区分昼夜指挥信号的系统规范，古代军队通过分级、分类的旗语训练将军阵转化为可拆解的符号体系。这种训练不仅培养士卒的条件反射，更深层目标是构建“如驱群羊”（《孙子兵法·九地篇》）的绝对服从。而《左传》所载夺旗案例中“取蜂旗于子姚之幕下”的夜袭战术，恰恰证明旌旗体系存在致命弱点：当敌方突破层层护卫直取指挥中枢的具象符号时，整支军队的指挥系统与心理防线可能瞬间崩塌。这种

① 杨伯峻：《春秋左传注》，北京：中华书局1990年第2版，第1676页。
② 《武经七书·吴子·料敌》，北京：中华书局2007年版，第110页。
③ 《武经七书·吴子·治兵》，北京：中华书局2007年版，第110页。
④ 《武经七书·六韬·犬韬·教士》，北京：中华书局2007年版，第496页。

攻防辩证关系推动古代军事家不断完善旌旗体系。《吴子·治兵》要求“强者持旌旗”的同时，更建立“车骑之具、鞍勒衔辔必令完坚”的后勤保障体系，形成从符号训练到物质支撑的完整闭环，使旌旗真正成为“军之耳目，民之司命”（《孙子兵法·作战篇》）的战略性存在。

此外，军阵旌旗体系通过色彩、图像、形制的多维编码系统，构建起复杂、精密的战场指挥网络。《孙子兵法·势》中“斗众如斗寡”的战略思想在杜牧注“旗者，各依方色，或认以为鸟兽，某将某阵，自由名号”①中得到具象化诠释。这种编码逻辑在《六韬·虎韬》“立五色旌旗”②的实践中发展成较为完备的视觉信号体系。

色彩作为最基础的区分维度，《尉缭子·经卒令》明确规范“左军苍旗，卒戴苍羽；右军白旗，卒戴白羽；中军黄旗，卒戴黄羽”③，此乃通过五行五方色彩系统将军队空间方位符号化。依《孙膑兵法·十阵》“五彩必具，辨吾号声，知五旗”④所示，这种标准化编码使各作战单元既能独立行动又可协同配合，实现《尉缭子·兵教上》“将异其旗，卒异其章”⑤的精准指挥。进阶的复合编码体系则体现在兵器与旗色的对应关系上，《墨子·旗帜》“五兵各有旗”⑥的原则与《周礼·夏官司马》郑玄注“戈、殳、戟、酋矛、夷矛”⑦的五兵分类结合，形成旗帜与兵器的

① ［春秋］孙武撰，［三国］曹操等注：《十一家注孙子校理》，杨丙安校理，北京：中华书局1999年版，第86页。

② 《武经七书·六韬·虎韬·军略》，北京：中华书局2007年版，第460页。

③ 《武经七书·尉缭子·经卒令》，北京：中华书局2007年版，第269页。

④ 银雀山汉墓竹简整理小组：《银雀山汉墓竹简·贰》，北京：文物出版社2010年版，第189页。

⑤ 《武经七书·尉缭子·兵教上》，北京：中华书局2007年版，第281页。

⑥ 吴毓江撰：《墨子校注》，北京：中华书局2006年第2版，第885页。

⑦ 杨天宇：《周礼译注》，上海：上海古籍出版社2004年版，第460页。

功能标识系统，使指挥官能直观把握各兵种阵列位置，践行《六韬·虎韬·必出》“将士人持玄旗，操器械”[①]的战术规范，确保“戈戟在前，弓弩在后”的攻防梯次。图形符号的引入进一步拓展了旌旗的指挥维度。《墨子·旗帜》中“车为龙旗，骑为鸟旗，竟士为虎旗”[②]的记载显示，动物图腾不仅是部队标识，更承载着对兵种特性的象征强化，战车部队配属“龙旗”彰显其“如龙行云”的突击威力，骑兵部队使用“鸟旗”暗喻其“疾如飞隼”的机动优势，精锐步兵列装“虎旗”昭示其“虎啸山林”的攻坚气势。

这种具象化标识系统与《六韬·虎韬·军略》中“登云梯远望，立五色旌旗”的观察体系相配合，使指挥官能在复杂战场环境中迅速识别各部状态。更深层的文化编码则隐藏于色彩选择逻辑之中。《司马法·天子之义》揭示三代旗色差异：“夏后氏玄首”[③]对应人本崇拜，“殷白”契合天道信仰，“周黄”象征地道遵循，这种文化基因在《墨子·旗帜》守城旗制中得到延续，木苍、火赤、樵黄、石白、水黑的五行配色体系，既符合“皆以其形名为旗”[④]的实用原则，又暗合五行生克的规律，形成兼具功能性与象征性的双重编码。

即便是夜战突袭这类特殊场景，《六韬·虎韬·必出》仍要求“持玄旗”保持标识统一，玄色在暗夜中的隐蔽性与指挥功能的必要性形成微妙平衡。这种多维编码系统的有效性建立在严密的训练体系之上，《尉缭子·兵教上》“以竿为旗”的基础训练与《孙膑兵法·十阵》“三

① 《武经七书·六韬·虎韬·必出》，北京：中华书局2007年版，第457页。
② 吴毓江撰：《墨子校注》，北京：中华书局2006年第2版，第884页。
③ 《武经七书·司马法·天子之义》，北京：中华书局2007年版，第151页。
④ 吴毓江：《墨子校注》，北京：中华书局2006年第2版，第884页。

声既全，五彩必具”的合成演练相结合，使士卒形成“见苍羽即左转，睹虎旗必冲锋”的条件反射。而《墨子·旗帜》“竟士为虎旗”的精英标识与《六韬·犬韬·练士》“勇力之士”的选拔标准相呼应，构建起从普通士卒到特种部队的完整人才梯队。当五色旌旗在战场展开时，《孙子兵法·势篇》“形名”理论的抽象原则便转化为可操作的战术现实，形成“斗众如斗寡”的战场控制力。这种跨越三千年的军事智慧，至今仍在现代军队的兵种臂章、战术标号体系中留下深刻印记。

### （三）金鼓和旌旗的组合

昼夜交替带来的光照变化是影响信号选择的首要因素。《吴子·应变》指出：“凡战之法，昼以旌旗幡麾为节，夜以金鼓笳笛为节。”[①]这一原则源于旌旗的视觉特性，正如《孙膑兵法·势备》所言“权者，昼多旗”[②]，因为白昼条件下“旌旗优点在于一目了然，且旌旗组合变化多于金鼓”。旌旗通过色彩（五色）、形制（幡、麾）、动作（挥、指）等多维变化，能传达更复杂的战术指令，这是听觉信号难以企及的优势。然而，夜间环境使视觉信号失效，必须转为依赖《军政》所说的“鼓金”系统。《六韬》记载的“击雷鼓，振鼙铎，吹鸣笳”等多元声频组合，能在黑暗中维持指挥链的畅通。

值得深入分析的是，这种昼夜分工并非绝对化的一元选择。《将苑·战道》提出“夫林战之道：昼广旌旗，夜多金鼓”[③]时使用的“广”

---

① 《武经七书·吴子·应变》，北京：中华书局2007年版，第121页。

② 银雀山汉墓竹简整理小组：《银雀山汉墓竹简·贰》，北京：文物出版社2010年版，第58页。

③ 张连科、管淑珍校注：《诸葛亮集校注》，天津：天津古籍出版社2008年版，第322页。

和“多”是相对概念，暗示信号系统的弹性配置原则。具体表现在：其一，白昼若遇天气阴沉，光线昏暗等能见度降低情况，则需增加金鼓辅助，《孙子兵法》“昼战多旌旗”的“多”字本身就包含主次之分；其二，夜间在“夜色明亮，火炬多举”的特殊条件下，如《六韬》所述“设云火万炬”创造的类昼环境，旌旗仍可发挥作用；其三，复杂战场环境，如《将苑》提到的林战，需要视听信号的动态配合，而非简单切换。这种灵活性反映了古代指挥系统的成熟度，既确立基本原则，又保留战术弹性。

从军事工程学角度看，这套系统展现出惊人的适应性设计，旌旗系统通过《六韬》记载的“五色旌旗”实现编码多元化，金鼓系统则借助《吴子》提到的“笳笛”等扩充声频组合。特别是《六韬》描述的“云火万炬”与“雷鼓鼙铎”的协同使用，实际上构建了早期多模态通信系统，火光既改善能见度，其本身也是视觉信号；鼓铎声频则解决“言不相闻”问题。这种将环境改造（照明）、信号强化（多炬）、频道冗余（视听并行）结合的思路，与现代军事通信理念高度契合。

这种时空适配的信号系统实现了三大军事价值：第一，保障了《孙子兵法》强调的“斗众如斗寡”的指挥效能，通过环境优化的信号选择，使大规模部队能如小部队般灵活响应。第二，强化了所谓“勇者不得独进，怯者不得独退”的战场控制力，避免因信号不清导致的混乱。第三，提升了《孙膑兵法》关注的“送战”[①]效率，即指令传递的及时性与准确性。当《将苑》说“昼广旌旗，夜多金鼓”时，本质上是在追

① 银雀山汉墓竹简整理小组：《银雀山汉墓竹简·贰》，北京：文物出版社2010年版，第58页。

求信号媒介与战场环境的最优匹配，这一思想至今仍是军事通信的基本原则。

## （四）军阵中的章

先秦兵书《尉缭子》所载的“章”制，是冷兵器时代军阵管理的核心标识系统。其核心功能在于通过视觉符号构建“卒无非其吏，吏无非其卒”的精准秩序，与金鼓、旌旗的纵向指挥形成互补。《尉缭子·兵教下》曰：“七曰五章，谓彰明行列，始卒不乱也。”[①]《尉缭子·兵教上》强调“将异其旗，卒异其章”[②]，更揭示了“章”的双重属性：士卒通过五色章（苍、赤、黄、白、黑）纵向定位五行编制，借助佩戴位置（左肩、胸前、右肩）横向区分三军归属，最终以“某甲某士”文字标记绑定个体身份。这种三维坐标体系融合了五行哲学与人体工程学。《经卒令》规定：“卒有五章：前一行苍章，次二行赤章，次三行黄章，次四行白章，次五行黑章。次以经卒，亡章者有诛。前一五行，置章于首；次二五行，置章于项；次三五行，置章于胸；次四五行，置章于腹；次五五行，置章于腰。”[③]形成从首到腰的垂直序列，而《墨子·旗帜》记载左军章左肩、中军章胸前的规则，则构建水平识别网络。相较于古罗马军团以盾牌字母标注百人队番号的单维编码，章制通过色彩、空间、文字三重验证机制，实现了更复杂的军阵秩序管理。

章的符号系统包含色彩、图像、文字三重复合编码，五色体系以苍（东）、赤（南）、黄（中）、白（西）、黑（北）对应五方宇宙观。图像

① 《武经七书·尉缭子·兵教下》，北京：中华书局2007年版，第285页。
② 《武经七书·尉缭子·兵教上》，北京：中华书局2007年版，第281页。
③ 《武经七书·尉缭子·经卒令》，北京：中华书局2007年版，第269页。

编码则承载王朝意识形态，《司马法·天子之义》记载："章：夏后氏以日月，尚明也；殷以虎，尚威也；周以龙，尚文也。"[①]夏商周三代分别以日月、虎、龙为章纹。文字标记系统通过"某甲某士"[②]精确到甲乘单位。

章的佩戴遵循两种空间逻辑：一是横向定位。《墨子·旗帜》中记载："城上吏卒置之背，卒于头上；城下吏、卒置之肩，左军于左肩，中军置之胸，各一。"[③]《尉缭子·兵教上》也记载曰："左军章左肩，右军章右肩，中军章胸前。"[④]即左、中、右三军章分别置于左肩、胸口、右肩，这种设计使横向阵列中的士卒可通过目视快速识别友军方位。二是纵向分层。根据《尉缭子·经卒令》所载："前一五行，置章于首；次二五行，置章于项；次三五行，置章于胸；次四五行，置章于腹；次五五行，置章于腰。"[⑤]五行章按"首—项—胸—腹—腰"自上而下的垂直序列佩戴，对应军队编制中的层级关系，形成阶梯式视觉标识。这种空间编码使"卒无非其吏"的纵向管理成为可能。具体参见表3–1。

章制的意义在于应用了"视觉—空间—文本"的管理模式。其通过五色章构建军阵色谱，以人体佩戴规则映射编制序列，借文字标记锁定责任归属，形成兼具实用与象征的管理范式。这种体系有利于解决冷兵器时代万人级军阵的指挥难题。

---

① 《武经七书·司马法·天子之义》，北京：中华书局2007年版，第151页。
② 《武经七书·尉缭子·兵教上》，北京：中华书局2007年版，第281页。
③ 吴毓江撰：《墨子校注》，北京：中华书局2006年第2版，第885页。
④ 同上②，第281页。
⑤ 《武经七书·尉缭子·经卒令》，北京：中华书局2007年版，第269页。

表3–1　“军位”定位步骤

| 步骤 | 军阵中的位置 | 章的位置 | 章的颜色 |
|---|---|---|---|
| 1 | 左军 | 左肩 | 苍色 |
| | 右军 | 右肩 | 白色 |
| | 中军 | 胸前 | 黄色 |
| 2 | 第一个五行 | 头 | |
| | 第二个五行 | 脖子 | |
| | 第三个五行 | 胸 | |
| | 第四个五行 | 腹部 | |
| | 第五个五行 | 腰 | |
| 3 | 第一行 | | 苍色 |
| | 第二行 | | 赤色 |
| | 第三行 | | 黄色 |
| | 第四行 | | 白色 |
| | 第五行 | | 黑色 |

## 三、完善金鼓和旌旗的系统训练制度

《尉缭子·勒卒令》详细记载了遵循“由少到多、由小到大”的递进原则的训练模式：“百人而教战，教成，合之千人。千人教成，合之万人。万人教成，合之三军。三军之众，有分有合，为大战之法，教成，试之以阅。”[①]这种训练方法体现了明确的量化进阶特征：以百人为基础训练单位，通过逐级整合，最终形成完整的“三军”作战体系。值得注意的是，该体系特别强调“有分有合”的训练理念，既保证小部队的独立作战能力，又确保大兵团的协同配合，这种观点在《孙子兵法·军争》中则总结为“分合为变”，最后通过“试之以阅”的实战演

① 《武经七书·尉缭子·勒卒令》，北京：中华书局2007年版，第272页。

练检验训练成果。

《六韬·犬韬·教战》中则进一步细化了这一训练体系："故教吏士，使一人学战，教成，合之十人；十人学战，教成，合之百人；百人学战，教成，合之千人；千人学战，教成，合之万人；万人学战，教成，合之三军之众；大战之法，教成，合之百万之人众。故能成其大兵，立威于天下。"①这一记载将训练的最小单位精确到"一人"，形成了"一人→十人→百人→千人→万人→三军→百万"的完整训练链条。这种训练模式具有三个显著优势：其一，确保每个士兵都得到充分训练；其二，保证各级作战单元的协调统一；其三，最终实现"立威于天下"的战略目标。该体系通过"分合为变"的循环训练，既保持了训练质量，又实现了规模效应。

该训练体系在军官层级方面同样呈现出鲜明的递进特征。《尉缭子·兵教上》详细记载了这一体系："伍长教成，合之什长。什长教成，合之卒长。卒长教成，合之伯长。伯长教成，合之兵尉。兵尉教成，合之裨将。裨将教成，合之大将。大将教之，陈于中野，置大表三百步而一。既阵去表，百步而决。百步而趋，百步而鹜，习战以成其节，乃为之赏罚。"②这一记载勾勒出"伍长→什长→卒长→伯长→兵尉→裨将→大将"的完整军官训练序列。该体系具有以下特点：

首先，训练职责与军官级别严格对应。低级军官如伍长、什长，负责基础技能训练；中级军官如卒长、伯长，负责战术协同训练；高级军官如兵尉、裨将，则负责战役指挥训练；大将则负责全军整合与实战演练。这种分工明确的训练体系既保证了训练的专业性，又确保了训练的

① 《武经七书·六韬·犬韬·教战》，北京：中华书局2007年版，第281页。

② 《武经七书·尉缭子·兵教上》，北京：中华书局2007年版，第272页。

连贯性。

其次，训练内容呈现明显的进阶性。从基础的“百步而决”，到中级的“百步而趋”，再到高级的“百步而鹜”，训练难度和复杂程度逐步提升。这种循序渐进的训练方法符合认知规律，能够有效提升训练效率。

最后，该体系特别注重训练成果的检验。“习战以成其节，乃为之赏罚”的记载表明，古代军事家已经认识到激励机制对训练成效的重要作用。

这种层级化体系所蕴含的军事智慧，与《孙子兵法·军势》中“治众如治寡”的治军思想高度契合。其“化整为零”的训练哲学体现了“分数是也”的编制原则。这种由小到大、由分到合的递进式训练体系，可以达成《孙子兵法·九地篇》中“齐勇若一”的协同目标。

《左传》隐公五年曰：“故春蒐夏苗，秋狝冬狩，皆于农隙以讲事也。”[①]这段话反映了先秦时期将军事训练与农时相结合的治国理念。“春蒐夏苗，秋狝冬狩”指四季不同名称的田猎活动，本质上是通过农闲时节组织军事演练，既避免耽误农业生产，又能保持军队战斗力。这种“寓兵于农”的做法体现了古代中国“兵农合一”的治理智慧，既保障了社会生产秩序，又强化了国防力量，彰显了古人顺应天时、统筹军政的务实思想。《尔雅·释天》曰：“春猎为蒐，夏猎为苗，秋猎为狝，冬猎为狩。”[②]“蒐、苗、狝、狩”的命名反映了春秋时期对自然节律与军事活动的系统化认知。杨宽先生认为，这是因为“在很长一个时期里，战争工具和田猎工具相同，战争方式和田猎方式相同”。[③]这种分类

① 杨伯峻：《春秋左传注》，北京：中华书局1990年第2版，第42页。

② 《十三经注疏·尔雅》，北京：北京大学出版社1999年版，第183页。

③ 杨宽：《先秦史十讲》，上海：复旦大学出版社2006年版，第262页。

既体现了古人对生态规律的把握，也揭示了田猎兼具军事训练、资源管理和礼仪教化的多重功能，展现了早期中国“因时制宜”的治理智慧。《周礼·大司马》将四季军事演习分别命名为“振旅、茇舍、治兵、大阅”①，其中冬天的“大阅”则为经过“振旅、茇舍、治兵”之后的综合性校阅。这种划分不仅对应农时周期，更通过不同侧重的演训科目，形成循序渐进的年度训练体系。

《孙子兵法·始计篇》提出“天者，阴阳，寒暑，时制也”，强调军事行动必须顺应天时规律。这与《左传》《周礼》记载的“春蒐夏苗，秋狝冬狩”及“振旅、茇舍、治兵、大阅”的四季演训制度高度契合，共同体现了中国古代“因天时而制军事”的核心思想。春蒐（振旅）正值阳气生发，军队借田猎整肃编制；夏苗（茇舍）利用暑季农闲开展野外生存训练，顺应“寒暑”节律；秋狝（治兵）在肃杀之气中演练攻杀，呼应“时制”转换；冬狩（大阅）于农隙举行大规模校阅，既合“天时”之序，又藏“兵道”之威。这种将自然时序、农耕周期与战备需求相结合的机制，正是《孙子兵法》“天”道思想的具体实践，即通过把握阴阳消长、寒暑更迭的规律，使军事活动既不影响民生，又能保持战力，最终实现“与四时合其序”的用兵境界。

《左传》中晋国频繁举行“蒐”礼的记载，“其中仍有借用田猎来举行的，但已多不用田猎，成为纯粹的军事检阅和演习的性质”②。而这与《孙子兵法·谋攻篇》提出的“伐交”战略高度契合，体现了军事威慑在外交博弈中的关键作用。晋国作为春秋霸主，其“蒐”不仅是常规军事演习，更是“不战而屈人之兵”的威慑手段，通过公开展示军容整

① 杨天宇：《周礼译注》，上海：上海古籍出版社2004年版，第417页。
② 杨宽：《先秦史十讲》，上海：复旦大学出版社2006年版，第267页。

肃、编制扩充，如晋文公“蒐于被庐”将二军扩为三军等，彰显武力优势，向诸侯传递战略信号，迫使对方在未接战前便屈服于压力，这正是“伐交”的核心逻辑。城濮之战前的“蒐”礼尤为典型（见表3–2）。晋文公通过军事操演完成军队改制、确立指挥体系，既强化了自身战力，正所谓“先为不可胜”，然后向楚同盟释放威慑信号，此即“伐交”，最终促成决战优势。这种将实战准备与心理威慑相结合的做法，完美诠释了《孙子兵法》“上兵伐谋，其次伐交”的层次性战略。晋国以“蒐”为媒介，既实现了“治兵”的务实目标，又达成了“屈诸侯者以害”的外交效果，彰显出春秋时期军事演习兼具实战性与政治性的双重维度。

表3–2　晋国蒐的具体情况

| 国家 | 时间 | 地点 |
| --- | --- | --- |
| 晋国 | 僖公二十七年 | 冬，楚子及诸侯围宋，宋公孙固如晋告急。先轸曰：“报施救患，取威定霸，于是乎在矣。”狐偃曰：“楚始得曹而新昏于卫，若伐曹、卫，楚必救之，则齐、宋免矣。”于是乎蒐于被庐，作三军。谋元帅 |
| | 僖公三十一年 | 晋蒐于清原 |
| | 文公六年 | 六年春，晋蒐于夷，舍二军。使狐射姑将中军，赵盾佐之。阳处父至自温，改蒐于董，易中军 |
| | 文公十七年 | 晋侯蒐于黄父，遂复合诸侯于扈，平宋也 |
| | 宣公十四年 | 夏，晋侯伐郑，为邲故也。告于诸侯，蒐焉而还 |
| | 襄公十三年 | 晋侯蒐于绵上以治兵 |
| 鲁国 | 昭公八年 | 蒐于红 |
| | 昭公十一年 | 大蒐于比蒲 |
| | 昭公二十二年 | 大蒐于昌间 |
| | 定公十三年 | 大蒐于比蒲 |
| | 定公十四年 | 大蒐于比蒲 |

《左传》所载春秋时期的军事演训活动，呈现出从传统田猎向专业化军事训练演进的鲜明轨迹。其中“春蒐”与“冬狩”最受诸侯重视，这一现象在鲁国记载中尤为突出。如桓公四年“公狩于郎”[①]、庄公四年“公及齐人狩于禚”[②]、哀公十四年“西狩于大野”[③]等记载，均表明冬季军事活动频繁。而晋国作为霸主，更将“蒐”礼发展为兼具实战准备与战略威慑的双重工具，典型者如城濮之战前晋文公“蒐于被庐”，通过扩编三军、设立元帅等举措，既完成战前整备，又向敌国展示军事实力。

据《周礼·大司马》所载，在仲冬时分，将会进行一年之中最大的一次军事检阅。原文如下：

“中冬，教大阅，前期，群史戒泉庶，修战法，虞人菜所田之野，为表；百步则一，为三表，又五十步为一表，田之日，司马建旗于后表之中，群吏以旗物、鼓铎、镯铙，各帅其民而致，质明，弊旗，诛后至者，乃陈车徒，如战之陈，皆坐，群吏听誓于陈前，斩牲以左右徇陈曰：不用命者斩之。中军以鼙令鼓，鼓人皆三鼓，司马振铎，群吏作旗，车徒皆作，鼓行，鸣镯，车徒皆行，及表乃止。三鼓，摝铎，群吏弊旗，车徒皆坐。又三鼓，振铎，作旗，车徒皆作，鼓进，鸣镯，车骤徒趋，及表乃止。坐作如初，乃鼓，车驰徒走，及表乃止。鼓戒三阕，车三发，徒三刺，乃鼓退，鸣铙，且却，及表乃止，坐作如初。遂以狩田，以旌为左右和之门，群吏各帅其车徒，以叙和出，左右陈车徒，有司平之。旗居卒间以分地，前后有屯百步，有司巡其前后，险野人为

① 杨伯峻：《春秋左传注》，北京：中华书局1990年第2版，第101页。

② 同上①，第163页。

③ 同上①，第1680页。

主，易野车为主。既陈，乃设驱逆之车，有司表貉于陈前，中军以鼙令鼓，鼓人皆三鼓，群司马振铎，车徒皆作，遂鼓行，徒衔枚而进。大兽公之，小禽私之，获者取左耳，及所弊，鼓皆駴，车徒皆噪，徒乃弊，致禽馌兽于郊。”①

上述《周礼》所言“中冬教大阅”，基本上构建了春秋时代军事训练的标准范式。其标记系统以“百步则一，为三表，又五十步为一表”，构成总长三百五十步的梯形训练场域。司马建旗于后表中央的指挥中枢设置，体现了《孙子·势篇》“治众如治寡，分数是也”的编制管理思想，通过旗鼓信号实现“车徒异群相去之数”的精确控制。

训练流程严格遵循“坐作进退”四阶法则。初始阶段“车徒皆坐”的静默待命，对应《孙子·九地》“静如处女”的蛰伏状态；“鼓行鸣镯”时的匀速推进，实践《军争》“其徐如林”的纪律要求；“车骤徒趋”加速阶段展现出“侵掠如火”的攻势转换；最终“车驰徒走”的全力冲锋，达成“动如脱兔”(《九地》)的战术突袭。这种梯度化训练设计，使部队具备了较强的适应能力。

中军以鼙（小鼓）发令的“鼓人皆三鼓”机制，建立起多级联动的指挥体系：鼓人（师帅、旅帅）传达将令，司马振铎协调部队，群吏作旗实现视觉指挥。这种“铎以通鼓，镯以节鼓，铙以止鼓”的声光信号系统，完美践行《孙子·军争》“夫金鼓旌旗者，所以一人之耳目也”的指挥理论。特别是在“鼓戒三阕，车三发，徒三刺”环节，通过三组鼓点控制弓弩齐射与矛戟突刺的节奏，使杀伤效率发挥到极致。

① 杨天宇：《周礼译注》，上海：上海古籍出版社2004年版，第420页。

信号系统的设计也有其精妙之处，如“摝铎”与“弊旗”同步执行，这样可以形成双保险机制，使部队在“险野人为主，易野车为主”的不同地形中，仍能保持《孙子兵法》所要求的“携手若使一人”的协同能力。

此外，训练全程贯穿着严酷的纪律锻造体系。“质明弊旗，诛後至者”的晨间集结制度，将《孙子·计篇》“法令孰行”的治军理念具象化，其“不用命者斩之”的誓词，直指《孙子兵法·行军》中“令素行以教其民”的权威塑造。

田猎环节的“大兽公之，小禽私之”不仅是战利品分配制度，更是《孙子·作战》“因粮于敌”后勤理论的预演。要求“获者取左耳”，即为统计战功。特别值得注意的是“徒衔枚而进”的隐蔽行军训练，这正是《孙子兵法·军争》“其徐如林”与《孙子兵法·九地》“乘人之不及”战术的结合。当部队在“险野人为主”时转为步兵突进，在“易野车为主”时发挥车战优势，充分体现《孙子兵法·虚实》中“兵无常势，水无常形”的应变思想。

这种将军事训练与实战需求高度结合的体系，使《周礼》的“教大阅”成为《孙子兵法》“校之以计而索其情”的最佳注脚。通过年复一年的周期性演练，既锻造出“其疾如风，其徐如林”的精锐之师，更培育出“上下同欲者胜”的军队凝聚力，最终达成《形篇》“胜于易胜”的战争准备目标。

为了更加直观地了解金鼓、旌旗和士卒行动之间的关系，特绘表3–3。

表3-3　　金鼓、旌旗和士卒行动之间的关系

| 步骤 | 动作 | 乐器使用 | 所在位置 |
|---|---|---|---|
| 1 | 由坐到起 | 中军元帅率先击打鼙鼓，命令击鼓，受命的鼓人都击鼓三通。然后两司马摇响铎，军帅们就举起旗帜，士兵起立 | 后表（第一表） |
| 2 | 由起到行（步行） | 鼓人继续不断地击鼓，鼓声不断是提示前进，公司马则敲响镯，镯响则是调整前进速度 | 后表和第二表之间 |
| 3 | 由行到坐 | 鼓人击鼓三通，两司马用手捂住铎口而摇铎，军帅们也放下旗帜，车辆就都停止了，步兵也都坐下 | 第二表 |
| 4 | 由坐到起 | 鼓人都击鼓三通。然后两司马摇响铎，军帅们就举起旗帜，士兵起立 | 第二表 |
| 5 | 由起到行（跑步） | 鼓人继续不断地击鼓，鼓声不断是提示前进，公司马则敲响镯，镯响则是调整前进速度 | 第二表和第三表之间 |
| 6 | 由行到坐 | 鼓人击鼓三通，两司马用手捂住铎口而摇铎，军帅们也放下旗帜，车辆就都停止了，步兵也都坐下 | 第三表 |
| 7 | 由坐到起 | 鼓人都击鼓三通。然后两司马摇响铎，军帅们就举起旗帜，士兵起立 | 第三表 |
| 8 | 由起到行（跑步） | 鼓人继续不断地击鼓，鼓声不断是提示前进，公司马则敲响镯，镯响则是调整前进速度 | 第三表和前表之间 |
| 9 | 由行到坐 | 鼓人击鼓三通，两司马用手捂住铎口而摇铎，军帅们也放下旗帜，车辆就都停止了，步兵也都坐下 | 前表（第四表） |
| 10 | 由坐到起 | 鼓人都击鼓三通。然后两司马摇响铎，军帅们就举起旗帜，士兵起立 | 前表 |
| 11 | 进攻 | 鼓人击鼓三通 | 前表 |
| 12 | 后退 | 鼓人击鼓，卒长敲响铙 | 前表和后表之间 |

随着军事需求的变化，春秋时期又逐渐衍生出“治兵”“简兵”“蒐乘”等更具专业性的演训称谓。这些称谓虽与古制“蒐”礼一脉相承，

但军事化特征更为突出。襄公十三年“晋侯蒐于绵上以治兵”[①]的记载，揭示“治兵”实为“蒐”的核心内容，即系统化的军阵演练。值得注意的是，“治兵”在特定语境下还衍生出交战的引申义，如僖公二十三年晋文公所言“晋、楚治兵，遇于中原”[②]，以及昭公五年，“楚子以馹至于罗汭。吴子使其弟蹶由犒师，楚人执之，将以衅鼓。王使问焉，曰：‘女卜来吉乎？’对曰：‘吉。寡君闻君将治兵于敝邑，卜之以守龟。’”[③]吴使蹶由所称“君将治兵于敝邑”，均指代实际军事行动。

“简兵”与“蒐乘”则更侧重军队检阅与战备整补。襄公二十六年“简兵蒐乘，秣马蓐食”[④]、昭公十八年“乃简兵大蒐，将为蒐除”[⑤]等记载，显示这类活动已形成标准化流程。成公十六年苗贲皇建议：“蒐乘补卒，秣马利兵，修陈固列，蓐食申祷，明日复战。”[⑥]该史料表现出通过检阅发现缺额而补充兵力的完整备战程序。哀公十一年：“齐为鄎故，国书、高无邳退而蒐乘。”[⑦]齐国“蒐乘”以应对战争的记载，进一步印证这类活动与实战需求的紧密关联。

这一演变过程清晰地展现了春秋军事制度的转型，传统依循农时的“春蒐、夏苗、秋狝、冬狩”逐渐被更具针对性的“治兵”“简兵”等专业训练所替代。仪式性的田猎色彩日益淡化，系统化的战备功能持续强化。诸侯既借此进行扩军备战，如晋国“蒐于被庐”的军制改革，也将

① 杨天宇：《周礼译注》，上海：上海古籍出版社2004年版，第999页。
② 同上①，第409页。
③ 同上①，第1271页。
④ 同上①，第1121页。
⑤ 同上①，第1398页。
⑥ 同上①，第889页。
⑦ 同上①，第1659页。

其作为战略威慑手段，体现《孙子兵法》“伐交”思想。这种转变既反映了战争形态的演进，也彰显了春秋时期军政制度理性化的发展趋势。

## 四、培养金鼓、旌旗的战场洞察能力

《孙子兵法·势篇》提出的“斗众如斗寡，形名是也”，奠定了中国古代军事指挥系统的理论基础。曹操对此的注解“旌旗曰形，金鼓曰名”[①]精辟地揭示了视听信号在军事指挥中的分工。这一理论的核心在于通过标准化的信号系统，解决大规模兵团作战中的指挥控制难题，使部队能够“如臂使指”般灵活运转。形名系统的本质是建立一套完整的军事符号体系。旌旗作为“形”，主要通过视觉信号传达空间性指令；金鼓作为“名”，则通过听觉信号传达时序性命令。两者相辅相成，构成了古代战场上最重要的指挥媒介。《孙膑兵法·官一》中“辨疑以旌輿，申令以金鼓”[②]的论述，进一步明确了旌旗用于识别确认、金鼓用于命令传达的功能区分。古代军事指挥系统中的通过旌旗辨识指令和通过金鼓传达命令两大功能，本质上都是为了确保全体士兵能够准确理解作战指令，实现部队行动的整齐划一。其根本目的就是要让军队“可陈”“可用”[③]，能够按规范布阵，能够有效执行战术动作。当金鼓信号发出时，训练有素的将士们就会立即无条件服从命令行动。

《六韬·犬韬·教战》强调：“凡领三军，有金鼓之节，所以整齐

① ［春秋］孙武撰，［三国］曹操等注，杨丙安校理：《十一家注孙子校理》，北京：中华书局1999年版，第86页。

② 银雀山汉墓竹简整理小组：《银雀山汉墓竹简·壹》，北京：文物出版社1985年版，第65页。

③ 《武经七书·司马法·严位》，北京：中华书局2007年版，第179页。

士众者也。”[①]这说明金鼓系统最基本的作用是统一部队行动。诸葛亮在《将苑·整师》中说道：“夫出师行军，以整为胜。若赏罚不明，法令不信，金之不止，鼓之不进，虽有百万之师，无益于用。”[②]形象说明了指挥信号失效导致的严重后果。

《六韬·龙韬·兵征》更将金鼓声音的质量与战争胜负相联系，其中提到：“金铎之声扬以清，鼙鼓之声宛以鸣，此得神明之助，大胜之征也。行陈不固，旌旗乱而相绕……金铎之声下以浊，鼙鼓之声湿以沐，此大败之征也。”[③]如果“金铎之声扬以清，鼙鼓之声宛以鸣，此得神明之助，大胜之征也”。反之，“金铎之声下以浊，鼙鼓之声湿以沐”，则预示失败。这表明古人已认识到指挥信号对士气的直接影响。《六韬·犬韬·练士》提到的“勇力之士”[④]专门负责“溃破金鼓”和“绝灭旌旗”，说明破坏敌方指挥系统被视为重要战术之一。这也从反面印证了金鼓、旌旗在战场识别中的关键地位。

如果要建立有效的指挥系统，必然需要严格的训练和纪律保障，如《唐李问对·卷上》就指出：“若军中旗帜参差不齐，鼓声大小不一，军中号令喧嚣而不一致，此为真败。”[⑤]这说明指挥信号的标准化需要通过严格训练来实现。不同兵种、不同级别的部队必须对同一套信号系统形成条件反射。《将苑·军蠹》曰：“夫三军之行，有探候不审，烽火失度……乍前乍后，不合金鼓；上不恤下，削敛无度……此九者，三

① 《武经七书·六韬·犬韬·教战》，北京：中华书局2007年版，第498页。
② 张连科、管淑珍校注：《诸葛亮集校注》，天津：天津古籍出版社2008年版，第319页。
③ 《武经七书·六韬·龙韬·兵征》，北京：中华书局2007年版，第441页。
④ 《武经七书·六韬·犬韬·练士》，北京：中华书局2007年版，第496页。
⑤ 《武经七书·唐太宗李卫公问对·卷上》，北京：中华书局2007年版，第524页。

军之蠹，有之必败也。”[①]其中就将“不合金鼓”列为“三军之蠹”之一，与“探候不审”“烽火失度”等并列为必败之因。诸葛亮特别强调：“夫出师行军，以整为胜。若赏罚不明，法令不信，金之不止，鼓之不进……”这说明指挥系统的有效性依赖于严格的军纪保障。而《六韬》中多次提到需要专门训练“持金鼓”“持旌旗”的士卒，表明古代军队已经形成专业化的信号兵体系。这种专业分工是确保指挥系统高效运转的重要保障。

《左传》庄公十年记载的长勺之战中，曹刿通过“视其辙乱，望其旗靡”[②]判断齐军真正溃败而建议追击，生动诠释了金鼓、旌旗系统在古代战争中的实战价值。这一经典战例表明，军阵的秩序状态往往通过旌旗的整齐程度和车辙的规整与否等视觉信号显露端倪，这与《六韬·龙韬·兵征》所述“旌旗乱而相绕”为败征的论述完全吻合。曹刿的观察方法实质上是对《孙膑兵法》“辨疑以旌舆”理论的具体运用，通过系统解读敌军旌旗等视觉信号的异常状态，准确判断其指挥系统是否崩溃。同时，战车行进时本应遵循金鼓节奏，齐军“辙乱”反映出其金鼓指挥已然失效，印证了《将苑·整师》“金之不止，鼓不进”必致混乱的论断。这一战例完整展现了古代将帅如何综合运用《孙子兵法》“形名”理论：既通过“形”判断敌军状态，又依据“名”（金鼓指挥）的失效程度把握战机，最终实现《吴子》所云“观敌之外以知其内”的战术洞察。正是这种对指挥系统信号的敏锐解读能力，使善战者能如曹刿般见微知著，从敌军金鼓、旌旗的细微紊乱中发现决胜战机。

旌旗和金鼓是军令传达的必要工具，所以军令有时可以通过旌旗、

① 张连科、管淑珍校注：《诸葛亮集校注》，天津：天津古籍出版社2008年版，第297页。
② 杨伯峻：《春秋左传注》，北京：中华书局1990年第2版，第183页。

金鼓的某些表征表现出来，敌我双方也是根据这些表征来判断对方的作战意图，以达到“知己知彼，百战不殆”。不过用兵所行的乃是“诡道”，对于军阵运行如此重要的金鼓和旌旗，自然也会被纳入诡诈之术中，成为非常有效的欺骗敌人的道具。《孙膑兵法·官一》曰：“疏削明旗，所以疑敌也。”[①]“疏旗”是“示弱”，“明旗”则是“示强”，示弱可以诱敌，示强可以威敌，皆是示形动敌的方法。

《孙子兵法·谋攻》有言：“不战而屈人之兵，善之善者也。”军事威慑是实践这一观点的重要手段，而金鼓旌旗则是实行军事威慑的具体工具。《六韬·虎韬·动静》中说道：“多其旌旗，益其金鼓。战合，鼓噪而俱起，敌将必恐，其军惊骇，众寡不相救，贵贱不相待，敌人必败。”[②]其中的“多旌旗，益金鼓”的心理战观点，在《左传》襄公二十六年的绕角之战中得到完美印证。《左传》襄公二十六年，晋军和楚军将战于绕角，“析公曰：‘楚师轻窕，易震荡也。若多鼓钧声，以夜军之，楚师必遁。’晋人从之，楚师宵溃”。[③]析公“多鼓钧声，以夜军之”的建议，正是对《六韬》“鼓噪而俱起”战术的具体实践。值得注意的是，析公对楚军“轻窕易震荡”的判断，与《孙子兵法》中“无虑而易敌者，必擒于人”的分析如出一辙。

《六韬·虎韬·临境》曰：“令我前军，日出挑战，以劳其意；令我老弱，曳柴扬尘，鼓呼而往来，或出其左，或出其右，去敌无过百步，其将必劳，其卒必骇。如此，则敌人不敢来。吾往者不止，或袭其

① 银雀山汉墓竹简整理小组：《银雀山汉墓竹简·壹》，北京：文物出版社1985年版，第66页。

② 《武经七书·六韬·虎韬·动静》，北京：中华书局2007年版，第464页。

③ 杨伯峻：《春秋左传注》，北京：中华书局1990年第2版，第1121页。

内，或击其外，三军疾战，敌人必败。”[①]其中记载的“曳柴扬尘”战术，在《左传》襄公十八年的晋齐之战中展现出其实战价值。当时“齐侯登巫山以望晋师。晋人使司马斥山泽之险，虽所不至，必旗而疏陈之。使乘车者左实右伪，以旗先，舆曳柴而从之。齐侯见之，畏其众也，乃脱归。丙寅晦，齐师夜遁”。[②]晋军“旗而疏陈之”的布阵方式，直接体现了《六韬》“多旌旗”的理论精髓；而“舆曳柴而从之”的战术动作，则是对“曳柴扬尘”的证明。特别值得注意的是，晋军采用的“左实右伪”策略，与《孙子兵法·始计》中“能而示之不能，用而示之不用”的诡道思想高度吻合。

《孙子兵法·势篇》提出：“纷纷纭纭，斗乱而不可乱。”[③]曹操对此的注解”乱旌旗以示敌，以金鼓齐之也”深刻阐明了这一战术的双重性：表面上的混乱旌旗是诱敌之策，而内在的金鼓协调才是制胜关键。这种虚实相生的战术思想，在春秋时期的实战中得到了精彩演绎。

长勺之战中曹刿对金鼓战术的反向运用堪称经典。齐鲁两军：“战于长勺。公将鼓之。刿曰；‘未可。’齐人三鼓，刿曰：‘可矣。’齐师败绩。公将驰之。刿曰：‘未可。’下，视其辙，登，轼而望之，曰：‘可矣。’遂逐齐师。”[④]曹刿打破常规，在齐军“三鼓”之后才发动进攻。这一反常规的战术选择产生了多重效果。首先，它违背了《司马法》中两军对垒，应当同时擂鼓的常规战法，使齐军陷入心理困惑；其次，齐军三次击鼓冲锋未遇抵抗，产生了轻敌情绪；最后，当齐军士气已衰时，

① 《武经七书·六韬·虎韬·临境》，北京：中华书局2007年版，第463页。

② 杨伯峻：《春秋左传注》，北京：中华书局1990年第2版，第1038页。

③ ［春秋］孙武撰，［三国］曹操等注，杨丙安校理：《十一家注孙子校理》，北京：中华书局1999年版，第92页。

④ 同上②，第183页。

鲁军突然发动攻击，形成了心理和战术上的双重优势。这一战例生动说明，金鼓、旌旗作为战场指挥工具，其价值不仅在于规范作战，更在于灵活运用时产生的心理效应。这种将心理战与实际情况相结合的智慧，与《孙子兵法》“乱而取之”的思想高度契合，而且此战例摆脱了古军礼的束缚，注重对战场实际情况的精准把握，为孙子提出的“兵无常势，水无常形”的军事哲学，提供了事实依据。

综上所述，军阵的训练，其表现形式是多样的，可以从多个层面进行观察。从人入手，既可以观察军阵训练中士卒如何按照军令行动，也可以观察军阵训练中的将帅如何发号施令，还可以观察军阵训练中负责具体事务的将官如何有效地训练士卒；若从物入手，则可以观察传递信号的金鼓和旌旗，以及这些信号工具各自不同的表现形式。也可以从更宏观的角度，去观察当时的军阵训练，在不同的时间，在不同的战争环境下，呈现出的具有不同特点的训练形式。

通过这些军阵训练的诸多表现，也可以从不同层面，进一步了解春秋军阵训练的作用，特别是训练中士卒的种种表现。无论是士卒对军令的了解，还是士卒对军令的执行，其目的就是要求士卒在真正的战争中，能够非常及时、快速地了解并执行将帅发出的种种指令，而不能有丝毫的错误。因此，如果想要达到训练的最佳效果，需要不同因素的共同作用，其中最重要的一个因素，就是为将者对军阵训练重要性的认知程度。如果将帅自身充分认识到训练对战争结果的重要性，特别是金鼓和旌旗在其中发挥的作用，那么在此基础之上，将此思想传达给负责训练的将官，以及执行训练的士卒，全军上下对训练都有一致的认识，并在训练当中始终坚持此观点，训练的成功就指日可待。除此之外，金鼓和旌旗是第二个重要的因素，即此等信号工具所发出的信号应当准确无误，士卒皆能眼见耳闻，明确了知。第三是其他因素，如训练需要时间，所以无论是春蒐，抑或是秋狝，皆取农闲时分，不可以因为军备训练而耽误了农时。又如，如果处于战争爆发前阶段，那么训练更应有针对性和目的性，士卒训练更有紧张感，这可以提升训练的效果。再如，训练过程当中，训练难度从简单到复杂，循序渐进的训练技巧，也是增进训练效果的有效因素。

从《左传》等先秦史料中不难发现，当时的将帅对如何训练士卒以完成军阵的变化，已经有了一定的理论指导，这是从日益增多的战争中总结出来的宝贵经验。同时，如何将这些理论，具体贯彻执行于日常的实际训练中，也并非易事，善战之师，其将帅犹如大脑，士卒则为手足，大脑指令无法下达，手足便会失灵，手足失灵则万事难为。金鼓和旌旗是为“神经”，若无金鼓和旌旗，将帅有令而令不行，有法而法难施，士卒不知有令，不知有法，军阵散而不合，军势分而不聚消，纵有将士百万，亦难求胜。

# 第四章

# 《孙子兵法》与阵地

古代军阵与地形的辩证关系体现为“以地制形，因形用阵”的动态适配原则，其本质是《孙子兵法·地形篇》“地之道”与“将之至任”的有机统一。克劳塞维茨在《战争论》中揭示的地形双重价值，一方面，“地点可以使配置在这里的军队对整个防御起一定的作用；另一方面，这个地点的地形可以作为掩护和加强这一部分军队的手段。简单地说，前者是战略意义，后者是战术意义”[①]。战略层面的“全局支点”与战术层面的“攻防屏障”，恰与《握奇经》“逐天文、气候、山川、背向利害，随时而行”[②]的布阵理念形成跨时空呼应，如平原旷野中的方阵可发挥《孙膑兵法·十阵》“广地以用方”的正面决战效能，而山林隘口的圆阵则实现《吴子·应变》“谷战虽众用骑”的机动优势。这种战略战术的辩证统一，在《孙子兵法·地形篇》中被凝练为“地形者，兵之助也”[③]的核心命题。

地形的客观存在需通过将领“料敌制胜，计险阨远近”的主观能动转化为“兵之助”，正如韦格蒂乌斯《兵法简述》所述，当兵力弱势时，

① ［德］克劳塞维茨：《战争论》，中国人民解放军军事科学院译，北京：中国人民解放军出版社2008年第2版，第573页。

② 风后撰：《握奇经》，上海：上海古籍出版社1990年版，第3页。

③ 《武经七书·孙子兵法·地形》，北京：中华书局2007年版，第55、57页。

“一侧应由山岗、城池、海洋等不可逾越障碍依托”①，“在没有自然屏障作掩护的那一面配置上你所有的骑兵和轻装兵。这样你就可以安然而大胆地投入与敌人的战斗。因为你的一侧有自然地形掩护着，而另一侧则几乎集中着多一倍的骑兵”。②这种“半开放式”阵型既节省兵力又创造战机。

地形的战术价值在攻防两端呈现多维向度，进攻层面如《孙子兵法·行军篇》“绝山依谷，视生处高”的原则，可以提供布阵攻击的最佳视角。而在防御层面，《司马法·用众》“背风背高，右高左险”的要则，则可指导军阵在丘陵地带形成立体防御体系。而人工地形的创造性运用更拓展了阵法可能性。如春秋晋楚鄢陵之战中，晋军“塞井夷灶”改造战场，为车阵突击创造平坦通道；战国齐魏马陵之战，孙膑“减灶诱敌”配合峡谷地形实施伏击，这种动态适应，正是《孙子兵法》“兵无常势，水无常形”的弹性原则的体现。

归根结底，阵法与地形的精妙配合，实为《孙子兵法·势篇》“任势”思想的空间演绎。将地理要素编织进动态战争网络，最终达到《孙子兵法》“胜兵先胜而后求战”的境界。

## 第一节 “九地”与军阵布列的关系

《孙子兵法》系统构建了地形研究的战略框架，首倡“地”作为战争“五事”核心要素。《孙子兵法·始计》篇明确定义：“经之以五

① ［古罗马］弗拉维乌斯·韦格蒂乌斯·雷纳图斯：《兵法简述》，袁坚译，北京：中国人民解放军出版社2006年第2版，第186页。

② 同上①，第175页。

事，校之以计，而索其情：一曰道，二曰天，三曰地，四曰将，五曰法。……地者，远近、险易、广狭、死生也。”这一四维模型涵盖空间距离（远近）、地形特征（险易）、战场容量（广狭）及战略态势（死生）。《孙子兵法·军争》篇中又强调“不知山林、险阻、沮泽之形者，不能行军”[①]，揭示特殊地形对军事行动的刚性制约。《孙子兵法·地形》中则提出“知敌之可击，知吾卒之可以击，而不知地形之不可以战，胜之半也”[②]，更将地形要素提升为胜负关键。《孙子兵法·虚实》篇更发展出“形之而知死生之地”[③]的辩证思维，强调通过战场侦察动态把握地形优势和劣势。

除孙子外，其他先秦兵家对地形理论也进行多维度拓展。如《孙膑兵法》在《八阵》篇提出“险易必知生地、死地，居生击死”[④]，将地形划分为生死二元空间，其《兵失》篇“善阵，知背向，知地形”[⑤]进一步揭示同一地理环境中方位选择的战术差异。《六韬·虎韬·绝道》系统论述“凡深入敌人之境，必察地之形势，务求便利，依山林、险阻、水泉、林木而为之固”[⑥]，将自然要素转化为防御工事体系。《吴子·论将》提出“兵有四机……路狭道险，名山大塞，十夫所守，千夫不过，是谓地机”[⑦]，评估了特定地形的战力倍增效应，与《司马法·用众》“凡战，

---

① 《武经七书·孙子兵法·军争》，北京：中华书局2007年版，第37页。

② 《武经七书·孙子兵法·地形》，北京：中华书局2007年版，第59页。

③ 《武经七书·孙子兵法·虚实》，北京：中华书局2007年版，第32页。

④ 银雀山汉墓竹简整理小组：《银雀山汉墓竹简·壹》，北京：文物出版社1985年版，第55页。

⑤ 银雀山汉墓竹简整理小组：《银雀山汉墓竹简·贰》，北京：文物出版社2010年版，第139页。

⑥ 《武经七书·六韬·虎韬·绝道》，北京：中华书局2007年版，第469页。

⑦ 《武经七书·吴子·论将》，北京：中华书局2007年版，第115页。

背风背高，右高左险，历沛历圮，兼舍环龟”[①]的布阵准则形成互补。《三略·上略》中“察其天地，伺其空隙”[②]则强调在战场空隙中捕捉战机，将地形认知升华为空间解构能力。

《尉缭子·兵谈》篇提出“将者，上不制于天，下不制于地，中不制于人”[③]，《武议》篇进一步阐释“无天于上，无地于下，无主于后，无敌于前”[④]。此非否定地理制约，而是强调“因形制权”的主观超越。“无地”指在复杂地形中寻找“避开死地，占据生地”的破局点，通过主动操控创造有利态势。因此“智将”应该具备“能图山川”[⑤]的实践能力，既能够遵循“依险固守”的客观规律，更应追求“居生击死”的战术创造，诸子理论最终指向《孙子·地形》“知天知地，胜乃可全”的终极判断。

公元前638年，宋楚泓水对峙，当楚军“半济未阵”时，宋司马子鱼三次谏言“请击之”，其战术构想完全契合《孙子·军争》“客绝水而来，勿迎之于水内，令半济而击之”的作战规范。又据《左传》记载，当楚军“未既济”时，子鱼提出“彼众我寡，及其未既济也请击之”，这完全符合《六韬·虎韬》“敌人始至，行阵未定可击”的战术要义，这也符合《孙子兵法》中“攻其无备”的观点。子鱼曰：“君未知战，勍敌之人隘而不列，天赞我也。阻而鼓之，不亦可乎？……利而用之，阻隘可也。”[⑥]楚军渡河，正是“隘而不列”，因为泓水河道构成了天然

---

① 《武经七书·司马法·用众》，北京：中华书局2007年版，第184页。

② 《武经七书·黄石公三略·上略》，北京：中华书局2007年版，第325页。

③ 《武经七书·尉缭子·兵谈》，北京：中华书局2007年版，第199页。

④ 《武经七书·尉缭子·武议》，北京：中华书局2007年版，第239页。

⑤ 同上②，第320页。

⑥ 杨伯峻：《春秋左传注》，北京：中华书局1990年第2版，第397页。

阻隔，而此正是《吴子》“地机”理论中的经典场景。宋襄公“君子不重伤，不禽二毛”的坚持，本质是军礼传统与《孙子兵法》“诡道”原则的冲突。而宋襄公恪守“古之为军，不以阻隘”的旧制，导致错失战机。此战验证《孙子兵法·地形》“知天知地，胜乃可全”的警示。楚军左翼渡河时的混乱本可被宋军转化为《孙膑·十问》“击其移庶”的战术优势，却因统帅认知局限反成败因。宋襄公的败亡，以及子鱼战后的“君未知战”批判，揭示了军礼时代的理想，正被《孙子兵法》“兵以诈立”的实战主义取代。

晋楚城濮会战，完整展现地形理论的系统应用。楚军“背酅而舍”[①]布阵，严格遵循《六韬·犬韬》“依山林险阻”原则，利用丘陵地势构建“右高左险”的坚固防御体系。晋文公的“患之”的反应，印证《孙子兵法·军争》中“地有所不争”的战略警示，因此晋军并未与占据地利的楚军开战，晋国的破局之术彰显更高维度的地形智慧，晋国“退避三舍”表面遵守军礼，实则实施《孙子兵法·虚实》篇中“致人而不致于人”的战略欺骗。这种“形人而我无形”的机动，将预设战场从丘陵山地转移至《孙子兵法·行军》篇定义的“通形”平原，既规避《尉缭子》“制于地”困境，又创造《孙膑·十阵》“车骑利平地”的战术优势。决战中晋军“狐毛设二旆”的疑兵术，成功实施《六韬·豹韬》中的“变易旌旗”战术，将地形空间转化为心理战场。战役高潮阶段，晋军右翼“曳柴伪遁”，诱使楚军左翼进入《孙子兵法·九地》中所谓的“围地”。当楚军战车陷入晋军步卒与战车的夹击时，其依托丘陵构建的“地机”优势彻底瓦解，晋军通过“形格势禁”来重构战场空间，为

① 杨伯峻：《春秋左传注》，北京：中华书局1990年第2版，第458页。

自己创造了战机。

在公元前555年的晋齐之战中，齐国大夫夙沙卫提出“不能战，莫如守险”[①]的防御策略，面对晋国联军的强势进攻，夙沙卫清醒认识到齐军战力不足的客观现实，故主张依托险要地形构建防御体系，其思想内核与《孙子兵法·地形》中“险形者，我先居之，必居高阳以待敌”的战术原则完全契合。“守险”策略通过占据山隘、险阻等“地机”，可大幅降低敌军兵力优势的冲击效能，实现“居生击死”的态势转化，而且险要地形能弥补齐军“不能战”的短板，符合《孙子兵法·形篇》“不可胜者，守也”的弱势方生存法则。此外，依托自然屏障可延长战争周期，为外交斡旋或战场转机创造可能，暗合“立于不败之地，而不失敌之败也”的持久战思想。然而齐侯拒绝采纳此策，执意与晋军正面交锋，最终导致“诸侯之士门焉，齐人多死”的惨败。夙沙卫的谏言虽未被采纳，但其“守险”理念本身，仍可视为《孙子兵法》地形防御理论的前驱实践。

## 第二节 “绝山依谷”与军阵的关系

《孙子兵法·行军》提出山地作战的特点和原则：“凡处军相敌，绝山依谷，视生处高，战隆无登，此处山之军也。”[②]“绝山依谷”表明山中行军，需沿山谷前进，一定要选择安全通道，如晋灭虢国穿越虞国险隘，而崤之战秦军穿越峡谷遭伏。而“视生处高”要求控制战略要点，

① 杨伯峻：《春秋左传注》，北京：中华书局1990年第2版，第1037页。

② 《武经七书·孙子兵法·行军》，北京：中华书局2007年版，第47页。

如此便有开阔的视野，如城濮之战楚军“背酅而舍”，以及柏举之战吴军抢占汉水高地。“战隆无登”则警示避免仰攻山地敌军，这条原则在襄公十八年晋齐平阴之战中得到充分验证。齐军依托防门、广里等山地要塞布防，“堑防门而守之广里”，晋军主将范匄并未强攻山地，而是采用“焚雍门之荻”等迂回战术，还有如鄢陵之战晋军诱楚军下山决战。

《司马法·用众》“背风背高，右高左险”与《吴子·应变》“背大险阻，右山左水”①皆强调构建山地布阵规范。泓水之战中，子鱼建议宋军“阻隘击之”，城濮之战楚军“背酅”布阵则完美实践该理论。《六韬·犬韬·战步》指出“步兵与车、骑战者，必依丘陵，险阻”②，揭示山地环境对兵种效能的决定性影响。公元前541年晋伐狄戎之战中，面对无终部落的山地游击，晋将魏舒“毁车为行”，将车兵改制为步兵方阵，这种变革使晋军在山林地带机动性倍增，最终以“崇卒阵”大破戎狄，验证《孙子·九变》“将不通九变之利，虽知地形不能得地之利”的论断。

《六韬·虎韬·绝道》曰：“依山林、险阻、水泉、林木而为之固。……敌人不能绝我粮道，又不能越我前后。”文中“依山林、险阻、水泉、林木而为之固”的战术指导，揭示了军事防御体系的构建要诀：首先，借助山林险阻构筑天然屏障以阻敌进攻；其次，确保水泉等生命之源的安全，同时善用林木资源提供隐蔽与建材。这种立体化的防御布局能达到双重效果：一方面使“敌人不能绝我粮道”，确保后勤补给线的畅通无阻；另一方面，令其“不能越我前后”，有效防范敌军迂回包抄的战术企图。该论述强调通过巧妙利用地理环境来构建攻防兼备的军

① 《武经七书·吴子·应变》，北京：中华书局2007年版，第122页。

② 《武经七书·六韬·犬韬·战步》，北京：中华书局2007年版，第510页。

事体系。

《孙膑兵法·地葆》以“南阵之山，生山也；东阵之山，死山也”[①]，揭示山地功能的相对性，其“生”“死”属性取决于将领的运用智慧。《孙膑·地葆》细分山、陵、阜等地形，强调“五地之胜因敌而变”；《尉缭子·兵谈》“将者不制于地”主张超越地形束缚。此理论在鞍之战得到典型应用：齐军依托华山险隘构筑防线，但晋军通过侦察发现马陉小道，实施“入自丘舆，击马陉”的迂回战术，绕过山地屏障直逼临淄。这种战法体现《吴子·论将》“地机”理论的对抗智慧——齐军试图以“十夫守隘”阻滞晋军，却被对方以《孙膑·威王问》“险则多其方”的策略破解。

克劳塞维茨在《战争论》中指出：“第一，任何高地都可以是通行的障碍；第二，从上向下射击虽然不会显著地加大射程，但是，从各种几何关系，比从下向上射击更容易命中，有便于观察的有利条件。”[②]这与《孙子·行军》“视生处高”形成跨时空呼应。泓水之战宋襄公恪守“不阻隘”古礼而败，城濮之战晋文公“退避三舍”而胜，正反案例印证山地价值的相对性。这些思想启示山地作战需有《孙子》“知天知地”的全局视野，而且战术上要遵循《孙膑》“居生击死”的灵活应变。此外，在战力上还要完成《六韬》“依险固守”的工程转化，方能达成孙子所言“胜乃可全”的终极境界。

① 银雀山汉墓竹简整理小组：《银雀山汉墓竹简·壹》，北京：文物出版社1985年版，第55页。

② ［德］克劳塞维茨：《战争论》，中国人民解放军军事科学院译，北京：中国人民解放军出版社2008年第2版，第489页。

## 第三节 “绝水”与军阵的关系

在冷兵器时代的军事地理学中，水流作为天然屏障的价值远超出简单的地表阻隔功能，其防御效能通过立体化结构得以实现。《吴子·应变》提出的“右山左水，深沟高垒”①，本质上构建了“垂直—水平—纵深”三位一体的防御体系：山脉提供垂直落差优势，河流形成水平面阻隔，人工壕沟则延伸防御纵深。克劳塞维茨强调：“只有在兵力上占很大优势和在指挥上有很大把握时，才能通过深谷到江河对岸去同敌人较量，否则就是一种冒险的行动。”②也正揭示了突破此类防御需要绝对力量上面的优势。公元前638年的宋楚泓水之战中，宋襄公本可以依托泓水河道形成天然屏障，构建防御。当楚军渡河进攻时，宋军本可凭此地形实施半渡而击，司马子鱼谏言：“阻而鼓之，不亦可乎？”此战例揭示春秋时期已经存在将水流作为防御的思想。水流不仅作为阻隔工具，更通过创造时间差与空间差，使防御方获得战术主动权。

《六韬·虎韬·绝道》虽然强调“依水泉而固”思想，但是也应该注意其引发的反面效果。正如《孙子兵法·军争》篇中所言：“智者必杂于利害，杂于利者务可信也，杂于害者患可解也。”当河流位于军阵后方时，其战略价值呈现典型的矛盾性特征。春秋时期的战争实践表明，后方临水既是“护城河”也是“死亡陷阱”。晋楚邲之战（公元前597年）是春秋时期中原诸侯与南方楚国争霸的关键战役，其胜负结果在很大程度上取决于晋军对后方黄河水系的战略运用。此战充分展现了

① 《武经七书·吴子·应变》，北京：中华书局2007年版，第122页。

② ［德］克劳塞维茨：《战争论》，中国人民解放军军事科学院译，北京：中国人民解放军出版社2008年第2版，第632页。

河流作为军阵后方屏障时存在的深刻矛盾性，成为中国古代军事史上最具警示意义的战例之一。晋军在战役部署阶段选择背靠黄河布阵，这一决策具有双重战略考量：从积极方面看，黄河天险彻底阻断了楚军迂回包抄的可能性，使晋军能够集中兵力应对正面威胁；从消极方面看，这种“背水一战”的阵型也意味着完全放弃了战略撤退的选项。晋军主帅荀林父显然过分依赖了黄河的防御功能，却忽视了渡河保障体系的建设。据《左传》记载，晋军仅在黄河岸边准备了少量渡船，且未建立有效的渡河指挥系统，这为后来的惨败埋下祸根。

战役过程中，当晋军被迫撤退时，黄河立即从保护屏障转变为“死亡陷阱”。由于缺乏有序的渡河方案，晋军各部队为争夺渡船陷入混乱，出现“中军、下军争舟，舟中之指可掬”的惨状，生动展现了后勤保障不足导致的灾难性后果。特别值得注意的是，晋军中的精锐部队，赵旃率领的部属，因抢先渡河而得以保全，这反证了预先规划渡河秩序的重要性。邲之战揭示了三个关键教训：其一，后方临水时必须确保渡河能力与军队规模相匹配；其二，需要建立梯次防御体系，为撤退预留缓冲空间；其三，必须制定严格的渡河纪律和优先顺序。这正是《吴子·料敌》强调的既要利用水体防御优势，又要规避其潜在风险的辩证思想。

邲之战的战略失误对晋国霸权造成致命打击，直接导致其丧失中原霸主地位达数十年之久。这个战例深刻说明，在军事地理运用中，任何单一要素的优势都不应被绝对化，必须放在整个作战体系中综合考量。正如现代军事理论所指出的，自然障碍的价值不在于其本身，而在于指挥员如何将其纳入整体防御规划中。

又如，僖公三十三年：“晋阳处父侵蔡，楚子上救之，与晋师夹泜而军。”[①]昭公十七年的吴越笠泽之战中：“越子伐吴。吴子御之笠泽，夹水而陈。越子为左右句卒，使夜或左或右，鼓噪而进。吴师分以御之。越子以三军潜涉，当吴中军而鼓之，吴师大乱，遂败之。”[②]晋楚夹泜之战与越吴笠泽之战中，“夹泜”“夹水而陈”作为基础形态展现了江河的战略屏障价值，晋阳处父试图诱敌至危险的“半济”状态却遭识破，凸显单纯依赖自然阻隔的局限。而笠泽之战则实现了质的飞跃，越军通过精妙的夜间佯动调度创造战机，将静态水域转化为动态突破口。两战役对比揭示了一个完整的认知演进过程：从最初视江河为单纯的地理阻隔，到认识其动态转换时的战机价值，最终发展为整合时空要素的创新突破，不仅规避“背水”风险，更通过“左右句卒”的佯攻将水文纳入整体战术体系，实现由“避害”到“趋利”的战略跃升。这种转变印证了《孙子兵法》“以迂为直”的深层智慧。

《孙膑兵法》将水源分类为“生水”和“死水”。所谓“生水”，是指流动不息的活水，如江河溪流等，因其持续流动而富含氧气，具有自净功能，是理想的军队饮用水源；而“死水”则指静止不动的潭水、池沼等，由于缺乏流动而易滋生致病微生物和腐败物质，饮用后极易引发军队疫病。《兵法简述》中“军队不该饮用有害的，泥坑里的污水；饮用脏水无异于服毒，不能饮鸩止渴：这会导致传染病”[③]的论述，与孙膑所言类似，皆对军队驻扎选址和营地建设具有重要指导意义。因此，军阵如果处于军事驻扎的状态，水源选择必须遵循三个基本原则：首先，

---

① 杨伯峻：《春秋左传注》，北京：中华书局1990年第2版，第504页。

② 同上①，第1707页。

③ ［古罗马］弗拉维乌斯·韦格蒂乌斯·雷纳图斯：《兵法简述》，袁坚译，北京：中国人民解放军出版社2006年第2版，第128页。

营地应当优先靠近流动的活水水源，如江河主流或山涧溪流，这些水体因持续流动而具有自净功能；其次，取水点需设置在营地上游位置，与厕所、马厩等污染源保持足够距离；最后，必须建立日常水质监测制度，由专职军需官负责定期检验。在营地规划时，要特别注意避开沼泽、死水塘等易滋生蚊虫的疫源地，同时要确保排水系统的畅通，避免营地内部积水变质。这些措施共同构成了军队驻扎时饮水安全的重要保障体系。

《孙子兵法》"绝水必远水"与《吴子·料敌》"水地不列"，都是从风险规避角度出发，要求军队布阵时需与水体保持战略缓冲空间，如此安排一方面防范敌军水攻威胁，另一方面避免水文环境突变带来的安全隐患。古罗马韦格蒂乌斯曾言："离江河较远的地方占领阵地，阵地到江河的距离应该保障。"[①]如此论述，亦是同样提出了距离保障的要求。"无附于水而迎客"揭示了水文条件下的战术禁忌，强调不应在紧邻水体的不利地形接敌。该原则与"欲涉者，待其定也"形成战术配合，前者规范防御部署的地理选择，后者指导进攻行动的水文时机把握，共同构成完整的水战行动准则。这些军事思想共同强调，首先，应当通过与水流的安全距离建立第一道防线；其次，要借助水文观测进行预测和预警，从而实现"以水为障而不为水所困"的战略目标。

《孙膑兵法·地葆》中提到"东注之水，生水也。北注之水，死水。不流，死水也"[②]，这一观点强调了水流方向对军事行动的影响。向东流

① ［德］克劳塞维茨：《战争论》，中国人民解放军军事科学院译，北京：中国人民解放军出版社2008年第2版，第631页。

② 银雀山汉墓竹简整理小组：《银雀山汉墓竹简·壹》，北京：文物出版社1985年版，第55页。

的水被认为是“生水”，象征着生机与活力，而向北流或静止不动的水则被视为“死水”，意味着不利或危险的环境。这种分类指出了军事行动中主动与被动、进攻与防守的关系。《六韬·虎韬·三陈》中言道：“丘陵水泉，亦有前后左右之利，此谓地阵。”丘陵、水泉等地形的利用，也强调了地形对军事行动的辅助作用。地形的高低起伏、水流的方向等，都会影响军队的部署和作战效果。克劳塞维茨在《战争论》中指出：“一条横断进攻方向的大河，对进攻者来说是很不方便的；因为在大多数情况下，他只能在一个渡河点渡河……如果进攻者在渡河后向敌人发动一次决定性的战斗或者敌人向他发动一次决定性的战斗，那么他就会面临重大的危险。”[①]克劳塞维茨在《战争论》中的这一论述深刻揭示了河流作为战略屏障的内在机理。从战术维度看，“横断进攻方向的大河”，“通过物理阻隔制造了天然的“力量倍增器”，迫使进攻方陷入困境。这会导致渡河点选择极度受限。这种空间压缩效应使进攻部队不得不接受三大不利条件：兵力展开范围被严格约束、行军纵队被迫拉长变形、后勤补给线异常脆弱。所以进攻方在建立桥头堡过程中必然经历兵力分散的危险期，此时若遭遇防御方集中反击或遭遇水文条件突变，就会陷入既难以固守又无法撤退的战略两难。成功的渡河作战本质上是对“时间、空间、力量”三元关系的精确把控，需要创造局部优势来抵消地理劣势。当军队处于跨越地理障碍的动态过程中时，其组织系统的脆弱性会被放大，任何战术失误都可能被河流的阻隔效应催化为战略灾难。

定公四年，吴楚爆发柏举之战：“二师陈于柏举。阖庐之弟夫概王，

① ［德］克劳塞维茨：《战争论》，中国人民解放军军事科学院译，北京：中国人民解放军出版社2008年第2版，第838页。

晨请于阖庐曰：‘楚瓦不仁，其臣莫有死志，先伐之，其卒必奔。而后大师继之，必克。’弗许。夫概王曰：‘所谓“臣义而行，不待命”者，其此之谓也。今日我死，楚可入也。’以其属五千，先击子常之卒。子常之卒奔，楚师乱，吴师大败之。子常奔郑。史皇以其乘广死。吴从楚师，及清发，将击之。夫概王曰：‘困兽犹斗，况人乎？若知不免而致死，必败我。若使先济者知免，后者慕之，蔑有斗心矣。半济而后可击也。’从之。又败之。楚人为食，吴人及之，奔。食而从之，败诸雍澨五战及郢。”吴楚两军在柏举对峙时，吴王阖庐之弟夫概王敏锐发现楚军主帅囊瓦不得人心、士卒无斗志。他主张主动出击：“先伐之，其卒必奔。”尽管阖庐未立即同意，夫概王仍率五千精兵突袭楚军右翼子常部。这一突袭成功击溃楚军前锋，导致楚军整体溃败。

而夫概在清发水畔提出的“半济而后可击”战术思想与《孙子兵法》的战略智慧形成了跨时空的深刻呼应。《孙子兵法·行军篇》明确指出：“客绝水而来，勿迎之于水内，令半济而击之，利。”楚国半渡状态的敌军正处于最脆弱的空间位置，前军已脱离水面但未完成整队，后军仍在水中挣扎，中军部队则处在进退维谷的尴尬境地。《孙子兵法·九变篇》所言“途有所不由，军有所不击”，在此表现为吴军放弃立即追击的机会，转而等待最佳战机。此外，夫概的这一决策完美诠释了《孙子兵法·军争篇》“围师必阙”的心理战原理，因为故意为楚军保留一线生机，先让部分楚军成功渡河制造“生路假象”，使未渡河士卒产生“慕免”心理而丧失战意，这种策略比单纯穷追猛打更为高明。

因此“半济而后可击”的战术原理包括两个层面：一是物理层面，渡河部队被河流分割为两部分，已上岸者难以回援、水中者行动受限。吴军趁此混乱发起冲击可最大化杀伤效果。二是心理层面，已渡河的士兵因脱离险境而松懈，未渡河的士兵因求生欲而丧失战意，此时攻击可制造前军逃、后军溃的连锁反应。

综上所述，关于水文与军阵的互动关系可归纳为一个动态演进的链条："夹泜而军"作为初始对峙状态具有双向发展的可能性，或转为主动进攻的"渡"，或陷入被动撤退的"济"，其转化关键取决于天时、地利、人和三要素的综合作用。当军队进入"半渡"这一临界状态时，《孙子兵法》所强调的"半济而击"原则凸显出空间分割和心理瓦解的双重杀伤力；而成功渡过水域后的"远水"要求则体现了古代将领对水文风险的深刻认知，既要克服部队疲惫、建制混乱等短期问题，更要规避背水列阵的战略风险和水文突变的自然威胁。"夹泜—半渡—远水"的三段式演进逻辑，本质上反映了中国古代军事思想中对自然力量既利用又防范的辩证思维。《六韬》所谓"水深则绝"警示水文障碍的绝对性，而《孙子兵法》"绝水必远水"则强调主观能动的重要性，两者统一于实战中将领对时空要素的精准把控。

## 第四节 "山林"与军阵的关系

山林之地，其特点在于树木茂密、地形复杂，是行军作战中的重要地理要素。《孙子兵法·军争》中提到"不知山林、险阻、沮泽之形者，不能行军"[①]，强调了对山林地形的了解对于行军的重要性。林地的复杂性在于树木遮蔽视线，道路狭窄且易受敌方伏击，因此在林地中行军需要高度警惕，避免陷入被动局面。曹操注释中指出，"山林者，树木所

① 《武经七书·孙子兵法·军争》，北京：中华书局2007年版，第37页。

聚也”，说明林地的密集植被会增加行军难度，同时可能成为防御或突袭的有利条件。

《孙子兵法·九地》中提到“山林、险阻、沮泽，凡难行之道者，为泛地”。[①]其中将山林、险阻、沮泽等难行之地归类为“泛地”，并指出这些地形会限制军队的行动能力。林地作为“泛地”的一种，其特点在于“所从入者隘，所从归者迂”，即进入容易但撤退困难，这使得敌人可以利用地形优势进行反击。因此，在林地中作战时，必须迅速决策并采取主动行动，否则可能因陷入“死地”而全军覆没。《孙膑兵法·地葆》中提到“五地之胜”，其中“山胜陵，陵胜阜，阜胜陈丘，陈丘胜林平地”。[②]这一论述表明，不同地形之间的优劣关系直接影响战争胜负。林地虽然不如山地险峻，但其复杂性仍高于平地和丘陵，因此在战略选择上需谨慎权衡。

在林地中行军、驻扎乃至布阵作战：首先，应当知晓林地作战充满不确定性，故而需提前侦察并制订详细计划。其次，林地既是防御的天然屏障，也是突袭的有利场所。利用林地隐蔽性可避免被敌方发现，同时可选择时机发起突袭。最后，在林地中作战时，需迅速判断形势并采取行动，避免陷入被动局面。应尽量避开林地等不利地形，转而利用丘陵或平地等更有利的地形进行作战。

林地作为特殊的地理环境，对军阵布置有着多方面的影响。从古代兵书论述及军事原理来看，在林地中布置军阵需充分考量其地形特点、防御与进攻需求等因素，以实现军阵的稳固与作战效能的最大化。首

① 《武经七书·孙子兵法·九地》，北京：中华书局2007年版，第60页。

② 银雀山汉墓竹简整理小组：《银雀山汉墓竹简·壹》，北京：文物出版社1985年版，第56页。

先，林地地形复杂，多有险阻，这决定了军阵布置必须注重防御的全面性。《六韬·豹韬·林战》强调“林多险阻，必置冲陈，以备前后”[①]，明确指出在林木繁茂且地势复杂的林地中，应设置能灵活应对前后攻击的“冲陈”军阵。因为林地中的道路曲折难行，敌军可能从多个方向发起突袭，若军阵缺乏前后兼顾的防御布局，极易陷入被动。“依山林、险阻、水泉、林木而为之固”进一步说明，要利用林地中的各种自然条件，如山林、险阻、水泉和林木，构建坚固的防御体系。茂密的林木可以作为天然的屏障，遮挡敌军视线，延缓其进攻速度；同时复杂的地势又能增加敌军行进的难度，为己方争取反应时间。

其次，林地的特殊环境为间接防御和有利战斗创造了条件。正如“难以通行的森林，即只能从一定的道路上通过的森林，无疑会像山地一样可以通过间接防御为进行有利的战斗创造条件”[②]所述，由于森林中道路有限，敌军难以大规模展开兵力，只能沿着特定路径前进。这使得防守方可以集中兵力在关键道路设伏，进行间接防御。通过利用林地的隐蔽性，设置埋伏圈、布置障碍物等，以逸待劳，在敌军进入预设战场时给予突然打击。这种间接防御策略能够充分发挥林地的地形优势，以较小的代价换取较大的战斗成果。

再次，在林地布置军阵时，还需考虑到部队的机动性和协同作战能力。虽然林地的自然条件利于防御，但也限制了军队的行动。茂密的林木可能阻碍士兵的视野和行动，导致各部队之间难以快速沟通和支援。因此，在军阵布置中，要合理规划各部队的位置，确保信息传递的畅通

---

① 《武经七书·六韬·豹韬·林战》，北京：中华书局2007年版，第477页。

② ［德］克劳塞维茨：《战争论》，中国人民解放军军事科学院译，北京：中国人民解放军出版社2008年第2版，第651页。

和兵力的及时调配。同时，要根据林地的具体情况，选择合适的兵种和装备。例如，轻装步兵更适合在林地中快速机动，而弓箭手可以利用树木的掩护进行远程攻击。

最后，后勤保障也是林地军阵布置不可忽视的环节。林地中的资源相对匮乏，水源和粮草的获取可能面临困难。因此，在布置军阵时，要提前勘察并控制附近的水源，储备足够的粮草，同时建立稳固的后勤运输路线，确保军队在长时间作战中的物资供应。

综上所述，在林地中布置军阵需要综合考虑地形、防御策略、部队机动性和后勤保障等多方面因素。只有通过合理利用林地的自然条件，构建全面的防御体系，采取有效的间接防御策略，并保障部队的协同作战和后勤供应，才能在林地环境中发挥军阵的最大效能，在战斗中占据有利地位。

## 第五节　“沮泽之地”与军阵的关系

沼泽地作为特殊的地理形态，其在军事防御、行军作战以及人类聚居等方面的利弊，都需要从多个维度进行逻辑梳理与分析。

第一，从地理属性来看，沼泽地属于“下湿地”，其泥泞松软的地质结构与盐碱化特征，极大地限制了军事行动的开展。《礼记·王制》记载“居民山川沮泽”，孔颖达疏引何胤云“沮泽，下湿地也”，明确了沼泽地地势低洼、积水难排的特点。而《尚书·禹贡》描述的“厥土白坟，海滨广斥”以及郑玄注“斥谓地咸卤”，则指出了部分沼泽地伴随的盐碱化现象。这种特殊地质使得军队的重型装备难以通行，士兵行动也会受到极大阻碍，甚至可能陷入泥潭，丧失战斗力。正如《孙子兵法·行军》所言“绝斥泽，唯亟去无留”，直接点明了沼泽地对军事行动的巨大威胁，强调军队应尽快远离，不可停留。

例如，《左传》成公十六年记载鄢陵之战时明确提到：“有淖于前，乃皆左右相违于淖……陷于淖。”这段文字生动展现了沼泽地对当时作战的制约，“淖”直接阻断行军路线，迫使全军改变原定行进路线，即“左右相违”，造成战斗队形断裂；而“陷于淖”不仅使晋厉公战车陷入困境，更暴露了国君位置，如此便使得全军被迫采取被动规避态势。《孙子兵法》所言“沮泽之形不可行军”，在此得到完美诠释。

第二，在军事防御层面，沼泽地的局限性十分明显。克劳塞维茨在《战争论·沼泽地防御》中指出：“沼泽地防御必然比江河防御更局限在一个地点和更为被动。”①“在战略上人们力图避免向沼泽地进攻，力图绕过沼泽地。”②相较于江河，沼泽地缺乏明显的天然屏障优势，其水体与泥泞交织的状态难以形成有效的防御纵深。军队若依托沼泽地进行防御，不仅兵力部署会受到地形限制，难以灵活调配，而且一旦敌方找到突破点，防守方将陷入被动，难以组织有效的反击。同时，沼泽地的复杂环境也不利于防御工事的构建，无法像在山地、江河等地那样，利用地形构建坚固的防御体系。

《孙子兵法·行军》中“若交军于斥泽之中，必依水草而背众树，此处斥泽之军也”③原则，深刻体现了对沼泽地特殊生存需求与防御态势的双重考量。沼泽地虽多水，但水质往往浑浊或盐碱化，难以直接饮

① ［德］克劳塞维茨：《战争论》，中国人民解放军军事科学院译，北京：中国人民解放军出版社2008年第2版，第852页。

② 同上①，第644页。

③ 《武经七书·孙子兵法·行军》，北京：中华书局2007年版，第49页。

用，依水草驻扎可获取相对洁净的水源；背靠树木则能依托稳定地形构建防御工事，避免因沼泽地松软土质导致防御设施坍塌。同时，树木形成的天然屏障可在一定程度上抵御敌方攻击，为军队提供安全的后方依托，降低被突袭的风险。

第三，《六韬·虎韬·绝道》中“以武冲为垒而前，又置两踵军于后，远者百里，近者五十里，既有警急，前后相救”①的部署，针对沼泽地限制军队机动性的特点，构建了动态防御体系。由于沼泽地通行困难，一旦遭遇敌军突袭，军队难以快速集结和转移。武冲作为移动堡垒在前开路，既能探查安全路径，又能抵御敌方先锋部队；两踵军前后呼应，形成百里或五十里的战略纵深，确保在突发状况下，各部队可通过有限的通行路线相互支援，避免因孤立无援而陷入绝境。

第四，沼泽地复杂的植被与地形为伏兵提供了天然掩护，因此“军旁有险阻、潢井、葭苇、山林、蘙荟者，必谨覆索之，此伏奸之所处也”。②芦苇丛生的湿地、隐藏的陷坑以及茂密的植被，都可能成为敌方伏兵的藏身之处。军队在沼泽地设阵时，必须对周边环境进行细致侦察，通过排兵搜索、清理可疑区域等方式，消除潜在威胁。这不仅能保障己方军阵安全，还能防止敌方利用地形优势发动突然袭击，掌握战场主动权。虽然沼泽地难以作为主要的防御阵地，但可以利用其难以通行的特性，将敌军引入预设区域，消耗敌方的兵力和时间，为己方调整战略部署争取机会。

第五，在沼泽地设置军阵，还需考虑兵种配置与装备选择。由于沼泽地不利于重型装备和骑兵行动，应优先使用轻装步兵，并配备适合泥

---

① 《武经七书·六韬·虎韬·绝道》，北京：中华书局2007年版，第470页。

② 同上①，第50页。

泞地形的简易浮桥、绳索等工具，提升部队通行能力。同时，为应对可能的近距离突袭，需加强弓弩手等远程兵种的部署，利用沼泽地限制敌方行动的特点，在远距离对敌军进行打击。

第六，后勤补给线在沼泽地军阵设置中至关重要。由于沼泽地运输困难，需提前规划稳固且高效的补给路线，确保粮草、水源和武器装备的持续供应。可利用沼泽地周边相对坚实的地形，建立补给中转站，通过接力运输的方式，保障前线部队需求。

沼泽地设置军阵需综合权衡地形、防御、侦察、兵种和后勤等多方面因素。如此方可将沼泽地的劣势转化为战略优势，在沼泽地环境下构建起稳固且具战斗力的军阵体系。

## 第六节　“平陆”与军阵的关系

平陆之地虽地形平坦而开阔，但缺乏天然屏障，在军事防御上存在先天劣势。《六韬·虎韬·绝道》将平陆之地与“大林”“广泽”同列为“地势不利”之地，恰如其分地指出了这一特性。相较于山地的险峻、江河的阻隔，平陆难以依靠地形对敌军形成天然的阻碍，敌军进攻方向和路线的不确定性大幅增加，防守方需时刻警惕来自四面八方的威胁。

不过，平陆之地也有其独特优势，平坦的地形为军事行动提供了便利，尤其是有利于战车的快速机动与大规模兵力的展开，这也是《周礼·大司马》强调“易野车为主”的重要原因。在开阔的平陆之上，战车能够充分发挥其冲击力，组成强大的进攻力量，配合步兵协同作战，可形成极具杀伤力的战斗体系。

《孙子兵法·行军》提出的“右背高”“前死后生”原则，为平陆布阵指明了关键策略。“右背高”是对军队布局与地势关系的精妙安排，将军队右侧或后方背靠高地，高地可成为天然的防御屏障，一方面能够有效抵御敌军从侧后方发起的迂回包抄，保护军队侧翼与后方安全；另一方面，当军队需要撤退时，高地可作为依托，为有序后撤提供保障，避免因后方空虚而陷入混乱。

如在大规模的平原会战中，一旦军队侧后方遭到突袭，很可能导致阵型崩溃，而“右背高”的布局能显著增强军队的防御稳定性。“前死后生”与《淮南子·地形训》“高者为生，下者为死”的理念紧密相连，体现了对战场空间的战略规划。“前死”即前方地势较低，可作为诱敌区域。敌军在进攻时，往往会选择地势相对平坦、便于行进的路线，较低的前方地形恰好迎合了敌军的心理与行动需求，将敌军引入此区域，使其处于地势不利的位置；“后生”则是指后方或侧面地势较高，己方军队占据这些“生地”，居高临下，视野开阔，既能清晰洞察敌军动向，提前做好应对准备，又能在合适时机从高处对低处的敌军发起冲击，借助地势优势增强攻击的力度与效果，掌握战斗的主动权。

从实战角度来看，平陆之地的军阵布列还需综合考虑以下三个因素：其一，兵种配置。依据“易野车为主”[①]的原则，以战车为核心，合理搭配步兵、弓兵等兵种。战车在前方冲锋陷阵，撕开敌军防线，步兵紧随其后巩固战果、清理残敌，弓兵则在后方或两翼提供远程火力支援，形成多层次、立体化的战斗体系。其二，防御工事的构建。由于平陆缺乏天然屏障，需人工构建防御工事来弥补地形缺陷。如挖掘壕沟、设置拒马、搭建栅栏等，这些工事可有效迟滞敌军进攻，为己方军队争

---

① 杨天宇：《周礼译注》，上海：上海古籍出版社2004年版，第421页。

取反应时间，同时也能增强军队的心理安全感。其三，侦察与预警。在平陆之地，敌军行动相对隐蔽性较低，但因视野开阔，侦察范围广，需建立完善的侦察预警体系，通过派出侦察兵、设置瞭望哨等方式，及时掌握敌军动态，以便提前调整军阵布局，应对敌军的进攻。

以春秋时期的平阴之战为例，齐灵公在平阴（今山东平阴东北）组织防御，此地属于典型的平陆地形。齐军在防门挖壕筑墙坚守，试图凭借人工防御工事弥补平陆无险可守的劣势。而晋、宋、卫、郑等诸侯联军则利用平陆地形，展开大规模军事行动。联军兵分两路，主力攻打平阴，余部奔袭齐都临淄，这种分兵策略的实施得益于平陆开阔的地形，能够容纳大规模军队的机动与展开。在战斗中，联军为迷惑齐军，在平阴南面山泽险要之处虚张旗帜为阵，用战车拖柴扬尘，制造大军驰骋的假象。这一战术的成功运用也依赖于平陆之地的地形条件，战车能够在平坦地面上快速移动，扬起大量尘土，达到迷惑敌军的目的。此役充分展现了平陆之地军阵布列中，利用地形特点实施战术、构建防御体系的重要性。

《孙子兵法·行军》曰："好高而恶下，贵阳而贱阴，养生而处实。"[①]军阵的布置也受到气候的影响，必须引起高度重视，因为这会影响到军队的生存能力和战斗力。从气温的角度分析，"贵阳而贱阴"强调了选择向阳之地的重要性。向阳之地通常气温较高，空气流通良好，湿度较低，这有助于减少疾病的发生。例如，梅尧臣注释中提到"处阳则明顺，处阴则晦逆"[②]，即向阳之地能够带来光明和顺畅，而背阴之地

---

① 《武经七书·孙子兵法·行军》，北京：中华书局2007年版，第49页。

② ［春秋］孙武撰，［三国］曹操等注，杨丙安校理：《十一家注孙子校理》，北京：中华书局1999年版，第189页。

则容易导致环境昏暗和不利条件。此外，王皙也指出，“久处阴湿之地，则生忧疾，并弊军器也”，说明潮湿阴冷的环境不仅容易引发士兵疾病，还会损坏武器装备。因此，选择向阳高地驻扎，可以有效避免因气候恶劣导致的疫病和物资损耗。

“好高而恶下”强调了占据高地的重要性。高地不仅视野开阔，便于观察敌情和指挥作战，而且地势较高意味着空气流通性更好，湿度较低，有利于保持军队的健康状态。张预注释中提到“居高面阳，养生处厚，可以必胜”，即占据高地并面向阳光，能够为军队提供充足的阳光和温暖的环境，从而增强士兵的体力和战斗力。同时，“居高阳”即“处其阳而右背之”，意味着在险峻地形中占据高地时，应选择阳光充足的一面，并将背靠山体或屏障以获得防御优势。故而军阵的布置应当结合地形、气候和后勤保障综合考量。选择向阳高地驻扎不仅能改善士兵的生活环境，减少疾病的发生，还能提高军队的整体战斗力。

韦格蒂乌斯在论述军阵布置时强调阳光、风和尘土三种自然因素的影响，“阳光直射使人看不清东西；逆风会吹偏和阻滞你投射出去的矛和箭，这对敌人有利；尘土扑面飞来会迫使你睁不开眼睛”①。阳光直射会影响士兵的视线，使其难以清晰观察敌情或瞄准目标。因此，布阵时应避免面向太阳的方向列队作战，否则可能导致指挥混乱或远程武器的精准度下降。相反，若能使敌人处于逆光位置，则可削弱其战斗力。风向对投射武器，如标枪、弓箭等的飞行轨迹有直接影响。逆风会减缓投射物的速度并降低射程，甚至使其偏离目标；而顺风则可增强武器的杀伤力。因此，军阵布置时需考虑风向因素——远程部队应尽量占据上风

---

① ［古罗马］弗拉维乌斯·韦格蒂乌斯·雷纳图斯：《兵法简述》，袁坚译，北京：中国人民解放军出版社2006年第2版，第159页。

位，以最大化攻击效果。尘土飞扬会遮蔽视线、干扰呼吸甚至影响士气。若军队处于逆风方向，敌方骑兵或步兵冲锋扬起的尘土可能扑面而来，导致士兵睁不开眼、阵型混乱。因此，布阵时应优先选择背风或高地位置以减少尘土干扰。

在《火攻》篇中，孙子强调“火发上风，无攻下风，昼风久，夜风止”[①]。火势的蔓延速度与方向受风力主导，若从上风处放火，火焰会顺风扑向敌军，使其难以躲避或反制。若军队处于下风处，不仅会被烈火吞噬，还会因浓烟窒息，甚至因热浪灼伤而丧失战斗力。因此，孙子强调“无攻下风”，即避免让己方陷入火势蔓延的路径。白天阳光加热地表，空气对流较强，风力通常较稳定且持久，适合实施大规模火攻，确保火势持续蔓延，不给敌军喘息之机。夜间地表降温，风力往往减弱甚至停止，此时放火可能因风力不足而失败，甚至火势反卷危及己方。因此，火攻需选择风力稳定的昼间进行。在布置军阵的时候，实施火攻的部队必须占据上风位，同时主力部队应位于侧翼或后方，避免被火势波及。火攻成功后，敌军可能向下风处逃窜，因此需提前在下风方向设伏或布置阻击部队，形成围歼之势。

综上所述，在军事战略体系中，地理环境与军阵的关系始终是决定战争胜负的核心要素。从古代兵书的理论建构到克劳塞维茨的现代战争思考，军事家们不断探索地形与军阵的互动规律，揭示出战争本质中人与环境之间的辩证关系。

首先，地理环境的“生”与“死”属性构成了军阵布置的基础逻辑。《孙子兵法》等兵书将地理条件分为“生”与“死”两类，“生”代

① 《武经七书·孙子兵法·火攻》，北京：中华书局2007年版，第72页。

表有利于军队生存与作战的环境，涵盖补给便利、扎营安全、地势制高点等要素；“死”则指对军队有害的地形。这种划分并非绝对，而是以是否能支撑军阵功能发挥为判断标准。例如，山丘若能提供水源、遮蔽和战略视野，则为“生地”；反之，孤立无援且缺乏补给的山丘则沦为“死地”。这种辩证认知为军阵布置提供了基础准则。

其次，克劳塞维茨对“锁钥地区”理论的批判，深刻揭示了过度依赖地理优势的局限性。18世纪的“锁钥地区”[①]理论认为，控制特定地理枢纽即可掌控战争走向。但克劳塞维茨指出：“要在所谓‘锁钥地区’寻找一个地区的锁钥阵地，纯粹是纸上的空谈，甚至是同大自然的情况相违背的。”[②]他强调地理条件是静态的，而战争本质上是动态的人的博弈。历史上，许多倚重地利的防线因敌军迂回而失效，证明单纯依赖地形优势并不能确保胜利。军阵如同利箭，地形仅为弓弦，真正决定战争胜负的仍是军队的实力与指挥官的智慧。

再次，地形地貌的复杂性与兵种适配性共同塑造了军阵效能。在实际战场中，山丘、水流、林木等地形往往相互交织，单一地形的优势可能因其他因素而消解。例如，平陆虽有利于战车驰骋，但干燥气候易引发火攻；沮泽之地因泥泞而成为军事行动的绝地。与此同时，兵种配置对地形的依赖性差异显著：春秋时期以战车为主的军阵偏好平陆，而步兵兴起后，山丘、丛林等复杂地形反而成为优势。弩兵的出现更改变了兵种与地形的关系，其远程打击能力使平陆战场的力量平衡发生倾斜。

最后，战场环境的动态变化进一步增加了军阵布置的复杂性。气候

① ［德］克劳塞维茨：《战争论》，中国人民解放军军事科学院译，北京：中国人民解放军出版社2008年第2版，第766页。

② 同上①，第661页。

条件如大风、暴雨等，能瞬间改变地形对军阵的影响。平陆之地的大风可使顺风方借势突击，逆风方则因沙尘受阻；水流环境的涨落直接影响水战的可行性。这种环境变量的不可控性，要求将领必须具备临机应变的能力，在虚实变动中化“死地”为“生地”。地理环境对军阵的影响呈现出多维交织的特性。从静态的地形属性到动态的环境变化，从理论上的战略构想到底层的兵种适配，每个环节都相互关联。优秀将领不仅需熟稔地形知识，更要把握环境与军事行动的互动规律，在复杂局势中实现“致人而不致于人”。正如孙子所言：“知天知地，胜乃可全。”唯有将地理环境转化为战争的有机组成部分，方能在千变万化的战场上掌握主动权。

# 第五章

# 春秋古军礼与《孙子兵法》

春秋时期，古军礼与诡道思想的并存体现了文明转型期的复杂张力。以宋襄公泓水之战为例，他固守“不鼓不成列”的军礼，拒绝趁楚军半渡而击，最终兵败身死，成为“守礼迂腐”的典型；而晋楚鄢陵之战中，郤至主张“半阵而击”，以“五间”剖析楚军破绽，开创“攻其无备”的诡道典范。表面上两者水火不容，实则共同构成了春秋军事伦理的“一体两面”：古军礼以程序正义约束战争暴力，如晋文公城濮之战“退避三舍”既践行守信之礼，又暗含诱敌深入的诡诈；而诡道思想虽突破礼法桎梏，却未完全抛弃道德底线，如鄢陵战后郤至仍对楚王行“免胄趋风”之礼。这种矛盾统一源于春秋社会的过渡性特征，周代宗法制度虽已瓦解，但“尊王攘夷”的礼制余晖仍在；列国争霸催生功利主义，但贵族精神尚未消亡。晋文公“伐原示信”后又以“谲而不正”称霸，正是礼与诈并用的明证。两者的碰撞本质是“天命道德”与“现实利益”的博弈：纯粹理想主义在乱世中的脆弱，正好凸显了功利主义对那个时代的侵蚀。这种并存现象推动了中国军事思想从“以礼为固”向“兵以诈立”的演进，成为中华文明在血火锤炼中探索秩序与变革平衡的缩影。

## 第一节　古军礼与诡道核心内涵对比

“军礼，是礼制在军事方面的体现。”[①]春秋古军礼有其文化渊源。自周公制礼，礼制成为周朝也是春秋时期的社会规范、准则和道德观念的集合，涵盖政治、经济、文化等诸多领域，而军礼作为礼制的重要分支，将这些规范和准则延伸至军事活动之中。在春秋时期，战争并非单纯的武力冲突，而是受到礼仪制度的约束和指导。例如，在春秋时期，出师需“师出有名”，符合“九伐之法”，这是礼制中“义”的体现，强调战争的正义性；战斗过程中讲究“成列而鼓”，不攻击受伤或投降的敌人，是礼制中“仁”与“礼”的彰显。军礼还通过规范军事行为，维护着当时的政治秩序和社会稳定。它不仅调节着诸侯国之间的关系，还在军队内部起到凝聚士气、强化纪律的作用，使军事活动在一定的框架内进行，避免过度的暴力和混乱。所以说，军礼是礼制在军事领域的投射与实践，是古代社会治理理念在战争与军事行动中的具体表达。

《周礼·春官·大宗伯》言道：“以军礼同邦国。大师之礼，用众也；大均之礼，恤众也；大田之礼，简众也；大役之礼，任众也；大封之礼，合众也。”[②]《周礼·春官·大宗伯》对军礼“以军礼同邦国”及“大师、大均、大田、大役、大封”五礼的记载，从多维度展现了军礼在国家治理与军事活动中的核心作用。“以军礼同邦国”明确了军礼的根本目的在于整合国家、协调诸侯关系，确保天下秩序稳定。它将军事活动与国家政治紧密结合，通过规范军事行为，调节邦国间利益冲突，

---

① 喻言：《春秋时期的古军礼研究——以〈左传〉〈国语〉为中心》，中国人民大学2007年硕士学位论文，第4页。

② 杨天宇：《周礼译注》，上海：上海古籍出版社2004年版，第278页。

避免因战争无序化导致社会动荡，使各诸侯国在军礼框架下维持相对和平的关系。“大师之礼”是在发动战争时，需遵循出师有名、师出正义等原则，确保战争的合法性与正当性。它规范了战争的动员、指挥、部署等环节，使军队行动有章可循，既能凝聚军心，也能向天下昭示战争目的，减少舆论阻力，争取政治主动。“大均之礼”关注军队与民众的资源分配与负担均衡。在军事活动中，合理调配人力、物力、财力，避免过度征发导致民力枯竭，影响社会稳定。这体现了军礼对民生的关怀，只有保障民众基本利益，才能获得民众支持，为战争胜利奠定基础。“大田之礼”通过定期训练与演练，检验和提升军队战斗力，挑选优秀军事人才。同时，狩猎活动模拟实战场景，培养士兵作战技能与团队协作能力，使军队保持良好战备状态。“大役之礼”，根据民众的能力与特长合理分配任务，确保工程高效完成。这不仅体现了对人力的科学管理，也通过集体劳作增强民众的国家认同感与凝聚力。“大封之礼”，通过明确邦国领土范围，减少边界争端引发的冲突，促进诸侯国间的和平共处。它是维护国家领土主权与稳定国际关系的重要手段。这些不同类型的军礼相互配合，构建起涵盖战争、训练、民生、工程、外交等领域的军事礼仪体系，成为古代国家治理与军事建设的重要制度保障。

《司马法》中同样有关于古军礼的内容：“贤王制礼乐法度，乃作五刑，兴甲兵以讨不义，巡狩者方，会诸侯，考不同。其有失命乱常、背德逆天之时，而危有功之君，遍告于诸侯，彰明有罪。乃告于皇天上帝日月星辰，祷于后土四海神祇山川冢社，乃造于先王。然后冢宰征师于诸侯曰：‘某国为不道，征之，以某年月日师至于某国，会天子正刑。’冢宰与百官布令于军曰：‘入罪人之地，无暴神祇，无行田猎，无毁土功，无燔墙屋，无伐林木，无取六畜、禾黍、器械。见其老幼，奉归勿伤；虽遇壮者，不校勿敌；敌若伤之，医药归之。’既诛有罪，王及诸侯修正其国，举贤立明，正复厥职。”[①]

这段内容从军礼的角度展现了古代战争在礼仪、规范、道德等层面的系统性要求，深刻体现了军礼“以军礼同邦国”的核心内涵，可从战争的正当性、军事行动规范、战后治理等方面进行分析。贤王通过制定礼乐法度和五刑来规范社会秩序，当出现“失命乱常、背德逆天”的不道行为时，才兴甲兵征讨，确保战争具有正义性。这体现了军礼中对战争原因的严格限定，强调战争是维护社会秩序、执行天道的手段，而非肆意的武力掠夺。只有在符合这些条件的情况下，战争才具备道德与礼法上的正当性。在决定征讨不义之国时，需遍告诸侯，彰明有罪者的恶行，同时向上至皇天上帝、日月星辰，下至后土四海神祇、山川冢社，以及先王进行祭祷。这一系列仪式不仅赋予战争神圣的权威性，借助神灵与祖先的力量为战争背书，也在诸侯间建立共识，使战争获得广泛的支持与认可，是军礼中对战争神圣性的重要体现，表明战争是代天行道，受天地神灵与祖宗意志的监督与庇佑。

冢宰作为军事行动的组织者，向诸侯征调军队，并明确告知出征时间与会师地点，强调“会天子正刑”，这体现了军礼中军事指挥与调度的规范性，确保各诸侯军队行动一致，服从统一指挥，维护军事行动的秩序与效率。在进入敌国境内后，军队被严格要求不得暴神祇、行田猎、毁土功等，对老幼要护送归家，不主动攻击未抵抗的壮者，对受伤的敌人给予医药救治。这些规定充分展现了军礼对战争中人道主义精神的重视，限制战争的破坏性，避免伤及无辜和破坏社会生产，将战争的

① 《武经七书·司马法·仁本》，北京：中华书局2007年版，第143页。

暴力程度控制在一定范围内，彰显了军礼的文明特质与道德约束力量，使战争在一定程度上保持着“礼”的底线。

在诛灭有罪之国后，王及诸侯共同对该国进行修正，这包括政治、经济、社会等多方面的整顿。通过这一过程，消除战争带来的混乱，恢复被破坏的社会秩序，把该国重新纳入正常的邦国体系，体现了军礼不仅关注战争的过程，更注重战后的治理与稳定，以实现“同邦国”的最终目标。战后在该国举贤立明，选拔贤能之人担任官职，恢复各项职能，这既是对被征讨国的重建，也是对军礼中“任贤使能”理念的贯彻。通过这种方式，确保被征讨国能够走上正轨，避免因权力真空或不当治理引发新的问题，同时也向其他邦国展示了正义之战的积极意义和建设性成果。这段内容全面而细致地呈现了军礼在古代战争中的重要作用，它将战争从单纯的武力冲突提升到了礼法与道德的高度，通过一系列规范和仪式，使战争成为维护社会秩序、传播正义、重建和平的手段，体现了古代对战争的深刻思考与理性约束。

“晋侯之弟扬干乱行于曲梁，魏绛戮其仆。晋侯怒，谓羊舌赤曰：‘合诸侯，以为荣也。扬干为戮，何辱如之？必杀魏绛，无失也！’对曰：‘绛无贰志，事君不辟难，有罪不逃刑，其将来辞，何辱命焉？’言终，魏绛至，授仆人书，将伏剑。士鲂、张老止之。公读其书，曰：‘日君乏使，使臣斯司马’。臣闻‘师众以顺为武，军事有死无犯为敬’。君合诸侯，臣敢不敬？君师不武，执事不敬，罪莫大焉。臣惧其死，以及扬干，无所逃罪。不能致训，至于用钺，臣之罪重，敢有不从以怒君心？请归死于司寇。公跣而出，曰：‘寡人之言，亲爱也；吾子之讨，军礼也。寡人有弟，弗能教训，使干大命，寡人之过也。子无重寡人之过，敢以为请。’”[①]这段内容体现了军礼中的多个重要方面，如军礼强调军队的纪律和秩序。扬干作为晋侯之弟，在曲梁扰乱军队行列，这违反了军规。魏绛身为司马，负责军事执法，他果断地戮扬干之仆以正军法，体现了军礼中“师众以顺为武，军事有死无犯为敬”的原则，即军队以服从命令为武德，军人以宁死不触犯军纪为敬。魏绛通过严格执行军法，维护了军队的纪律和威严，确保了军令的顺畅执行。此外，军礼要求在执行军法时公正无私，不论亲疏贵贱。尽管扬干是晋侯的弟弟，魏绛并没有因为他的特殊身份而网开一面，而是依法对其进行了惩处。这种公正执法的行为符合军礼的要求，展示了军礼在军队管理中的权威性和公正性，使全军将士明白军法面前人人平等，从而增强了军队的凝聚力和战斗力。魏绛在处理此事时，表现出了对君主和国家的忠诚。他深知自己作为司马的职责，即使面临晋侯的愤怒，也毫不退缩，敢于承担责任。他在给晋侯的信中，详细阐述了自己执法的依据和决心，表明自己是为了维护军礼和国家利益，而非故意冒犯晋侯。这种忠诚和担当也是军礼所倡导的品质，体现了军礼不仅是一种外在的规范，更是一种内在的道德要求。

然而，班固在《汉书·艺文志》中却也说道：“自春秋至于战国，出奇设伏，变诈之兵并作。”[②]这句话深刻地反映了当时战争中诡道的运用特点。春秋至战国时期，战争形态发生了重大变化，“天子微，诸侯僭，大夫强，诸侯胁”[③]。诸侯国争战“兴师不请天子”[④]，各诸侯国不再局

① 杨伯峻：《春秋左传注》，北京：中华书局1990年第2版，第928页。
② 班固：《汉书》，北京：中华书局1962年版，第1762页。
③ ［清］孙希旦：《礼记集解》，北京：中华书局1989年版，第680页。
④ 司马迁：《史记》，北京：中华书局1982年第2版，第509页。

限于传统的堂堂之阵，而是纷纷运用诡道来获取战争胜利。“出奇设伏”体现了对常规作战方式的突破，通过出其不意的战术安排，打乱敌人的部署和节奏。例如，利用地形设下埋伏，待敌军进入伏击圈后予以突然打击，使敌人在毫无防备的情况下遭受重创。“变诈之兵并作”则强调了战争中各种欺诈手段的广泛运用，如佯装败退、制造假情报、使用离间计等，以此迷惑敌人，使其产生错误判断，进而露出破绽，为己方创造战机。这些诡道的运用，标志着战争从注重传统礼仪和正面交锋，转向更加注重谋略和战术的多样性，反映了当时战争思想的发展和演变。

从鲁隐公元年到鲁哀公十四年这两百四十二年中，发生的大小战争有四百八十次之多，诡道与古军礼作为中国古代军事思想体系中的两种重要范式，在春秋时期的历史变革中呈现出显著分野。两者的差异不仅折射出军事思想的演进轨迹，更深刻反映出社会秩序、价值观念的剧烈变迁。具体可从理念根基、行为准则、战争目的三个核心维度展开剖析。诡道思想以“兵者，诡道也”为核心理念，构建于对战争复杂性与不确定性的深刻认知之上。它强调通过欺骗、伪装、误导等智谋手段，打破常规思维定式，利用敌方心理弱点和认知盲区创造战机。《孙子兵法》提出的“能而示之不能，用而示之不用，近而示之远，远而示之近”，本质上是通过制造虚实假象，使敌方陷入误判，从而为己方争取战略主动。这种理念将战争视为一场心理博弈，注重对敌方决策逻辑的干扰与操控，完全突破了传统军事思维的桎梏，体现出对战争本质的全新理解。相较之下，古军礼以“礼”为思想根基，将战争纳入礼制框架进行规范。它源于西周时期形成的礼乐制度，强调战争的正义性、仪式性与规范性，认为军事行动必须遵循“天道”“德行”等道德准则。如《周礼》记载的“以军礼同邦国”，明确将军礼定位为维护国家秩序、协调邦国关系的重要工具。古军礼要求战争需师出有名，符合“九伐之法”，即对违背礼制、犯上作乱等行为进行讨伐，以彰显“替天行道”的正义性。这种理念将战争视为礼制秩序的延伸，强调通过规范的军事行动维护社会等级与道德伦理，其核心在于“礼”对战争的约束与指导。

诡道在行为准则上推崇“战阵之间不厌诈伪”[①]，主张为实现胜利目标可以突破一切常规道德与行为约束。它鼓励将领运用各种奇谋妙计，如“利而诱之，乱而取之，实而备之，强而避之”，通过利诱、离间、示弱等手段迷惑敌人。在具体实践中，春秋时期的伏击战、突袭战等战术大量涌现，便是诡道思想的直接体现。例如，郑国在繻葛之战中采用“鱼丽之阵”，通过灵活的兵力部署与战术配合，打破传统方阵对战模式，最终取得胜利，这正是诡道“因敌制胜”理念的生动诠释。古军礼则建立起一套严格、细致的行为规范体系。从战争准备阶段的祭祀祷告、出师仪式，到战争过程中的交战规则、善后处理，均有明确的礼仪要求。如《司马法》记载的“不加丧，不因凶”，即禁止在敌国君主丧葬、灾荒等特殊时期发动战争；“逐奔不过百步，纵绥不过三舍”，对追击敌人的距离进行严格限制。在泓水之战中，宋襄公坚持“不鼓不成列”的原则，拒绝趁楚军渡河、列阵时发起攻击，尽管最终导致战败，却典型地体现了古军礼对战争行为的刚性约束。这种程式化的行为准则，旨在将战争控制在有限范围内，减少不必要的杀戮与破坏。

诡道思想将战争胜利作为首要目标，追求以最小代价获取最大战略利益。它关注的核心是如何通过智谋与策略，快速击败对手、夺取资

① 王先慎：《韩非子集解》，北京：中华书局1998年版，第346页。

源、扩张领土，具有强烈的功利主义色彩。“攻其无备，出其不意”的终极目的，在于通过突然袭击的方式瓦解敌方抵抗，实现战争的速胜。古军礼指导下的战争，更强调对社会秩序与道德规范的维护。它将战争视为维护“天下大同”的工具，而非单纯的武力掠夺。战后的重点并非领土兼并，而是帮助战败国恢复秩序，“举贤立明，正复厥职”，通过扶持贤能、重建政治体系，使其重新纳入礼制秩序。例如，齐桓公在“召陵之盟”中，以“尊王攘夷”为旗号，迫使楚国承认周王室权威，并未对楚国进行大规模军事征服，而是通过威慑手段恢复了中原地区的政治秩序。这种战争目的体现出古军礼超越单纯军事胜负的价值追求，致力于构建稳定、和谐的社会格局。

诡道与古军礼的差异，本质上是社会转型期军事思想适应不同历史需求的产物。诡道的兴起反映了春秋战国时期诸侯争霸、兼并战争的现实需要，“‘诡道’制胜思想的提出，是中国军事思想发展史的一个划时代进步。”①而古军礼的式微则昭示着传统礼制社会的逐步瓦解。两者的碰撞与交融，显示出“动态性、过渡性以及多样性等鲜明的时代特征”②，其共同推动了中国古代军事思想的丰富与发展。

## 第二节　“师出有名”与“合于利则动”

《司马法·仁本》中总结了如何控制诸侯的六种方法：“以土地形诸侯，以政令平诸侯，以礼信亲诸侯，以礼力说诸侯，以谋人维诸侯，以

① 徐勇主编：《先秦兵书通解》，天津：天津人民出版社2002年版，第16页。

② 黄朴民：《中国军事通史·春秋军事史》，北京：军事科学出版社1998年版，第1页。

兵革服诸侯。同患同利以台诸侯，比小事大以和诸侯。”[①]这段内容阐述了多种驾驭诸侯的方式，其中涉及战争的目的并非单纯地征服与杀戮。“以兵革服诸侯”表明战争是一种手段，目的是使诸侯服从，强调通过军事力量来威慑或击败对手，以达到政治上的统治或影响力的扩张。但这并非唯一手段，还包括“以土地形诸侯”，即通过分封土地来使诸侯形成一定的格局，便于控制；“以政令平诸侯”，用政策法令来规范诸侯行为，实现秩序的平稳；“以礼信亲诸侯”，凭借礼义诚信来亲近诸侯，增强凝聚力；“以礼力说诸侯”，以礼义与实力说服诸侯；“以谋人维诸侯”，用智谋之士来维护与诸侯的关系。可见，战争目的是服务于整体政治目的，与其他手段相互配合，共同构建起对诸侯的有效管理与统治。“同患同利以台诸侯，比小事大以和诸侯”体现了战争之外，通过与诸侯同甘共苦、共享利益来团结他们，以及通过大小国之间的相互亲比来实现和平共处。这表明战争并非为了无休止的战乱与纷争，而是为了建立一种稳定的秩序，使各国诸侯能够在这种秩序下和平相处，各安其位。战争在必要时作为维护秩序的强硬手段，确保那些不服从政令、违背礼信的诸侯能够就范，最终实现“和诸侯”的目标，即天下和平、诸侯和谐共处的理想状态。

宣公十五年，晋国讨伐潞国，讨伐的理由是：“不祀，一也。嗜酒，二也。弃仲章而夺黎氏地，三也。虐我伯姬，四也。伤其君目，五也。”[②]这体现了当时战争中对师出有名的重视。晋国讨伐潞国时，明确列出了五个理由，包括不祭祀、嗜酒、夺地、虐伯姬、伤君目。这些理由涵盖了潞国在道德、政治、外交等方面的诸多问题，表明晋国发动战

① 《武经七书·司马法·仁本》，北京：中华书局2007年版，第145页。

② 杨伯峻：《春秋左传注》，北京：中华书局1990年第2版，第762页。

争并非师出无名，而是有充分的依据。通过公布这些理由，晋国试图向其他诸侯国表明，此次战争是正义的，是对潞国不良行为的惩戒。

成公十三年，“负刍杀其大子而自立也。诸侯乃请讨之”。[①]“十五年春，会于戚，讨曹成公也。执而归诸京师。书曰：‘晋侯执曹伯’，不及其民也。凡君不道于其民，诸侯讨而执之，则曰：‘某人执某侯’，不然则否。”[②]在讨伐曹成公时，强调其“负刍杀其大子而自立”以及“君不道于其民”。这表明晋国将曹成公的行为视为违背君主之道，危害国家和民众的利益，以此作为发动战争的依据。这种做法也是为了在诸侯中树立起正义的形象，让其他诸侯国认可其战争行为的合法性。“凡君不道于其民，诸侯讨而执之，则曰：‘某人执某侯’，不然则否”，说明当时存在这样一种传统规则，即对于不道之君，诸侯有权进行讨伐并将其抓获。晋国在战前公布这些原因，也是在遵循这一规则，向其他诸侯国表明自己的行为是符合惯例的，是在维护诸侯间的秩序和正义。通过在战前明确告知发动战争的原因，晋国试图在道义上占据制高点，争取其他诸侯国的支持或至少是中立。

文公十七年，宋人弑其君宋昭公：“晋荀林父、卫孔达、陈公孙宁、郑石楚伐宋，讨曰：‘何故弑君？’”[③]从战争目的角度来看，上述内容围绕晋国联合多国讨伐宋国弑君事件展开，深刻体现了春秋时期基于古军礼思想下的战争目的，同时也反映出当时战争目的的多重属性与历史意义。

在传统礼制观念中，“大者天地，其次君臣”，君臣关系是天地间重

① 杨伯峻：《春秋左传注》，北京：中华书局1990年第2版，第867页。
② 同上①，第872页。
③ 同上①，第624页。

要的秩序准则。宋人弑君的行为被视为“反天地而逆民则”，严重违背了礼制所确立的君臣纲常。晋国作为盟主，以“修天罚”为旗号讨伐宋国，其核心目的在于维护礼制秩序，向各诸侯国彰显弑君行为的不可容忍性，通过军事行动重申君臣关系的神圣性和权威性。这一战争目的体现了古军礼中“以军礼同邦国”的理念，即通过军事手段来维护和巩固既定的社会秩序与政治规范，确保各诸侯国遵循礼制，防止出现礼崩乐坏的局面。

《周礼》中“九伐之法”明确规定了对不同罪行的惩处方式：“大司马之职，掌建邦国之九法，以佐王平邦国。……以九伐之法正邦国，冯弱犯寡则眚之，贼贤害民则伐之，暴内陵外则坛之，野荒民散则削之，负固不服则侵之，贼杀其亲则正之，放弑其君则残之，犯令陵政则杜之，外内乱，鸟兽行，则灭之。”[①]其中“放弑其君则残之”，为晋国讨伐宋国提供了理论依据。宋人弑君，属于“放弑其君”的大罪，晋国联合卫、陈、郑等国进行讨伐，正是对“九伐之法”的践行，旨在以正义之名对有罪之国进行惩罚。这种战争目的强调战争的正义性和合法性，要求军事行动必须师出有名，符合礼制所规定的道德准则，从而在诸侯间树立起“替天行道”的形象，增强自身行动的正当性和号召力。

晋国作为当时的盟主，承担着维护诸侯秩序的责任：“大者天地，其次君臣，所以为明训也。今宋人弑其君，是反天地而逆民则也，天必诛焉。晋为盟主，而不修天罚，将惧及焉。”[②]此次讨伐宋国，除了惩罚弑君罪行外，还意在强化自身的盟主权威。通过对违背礼制的宋国进行军事行动，向其他诸侯国表明晋国作为盟主维护礼制、主持正义的决心

① 徐元诰：《国语集解》，北京：中华书局2002年版，第414页。

② 同上①，第379页。

和能力，从而巩固其在诸侯中的领导地位。同时，这也警示其他诸侯国要遵守礼制，不得肆意妄为，否则将受到盟主及其他诸侯的共同讨伐。这种战争目的有助于维持诸侯间的相对稳定秩序，确保各诸侯国在盟主的领导下，遵循一定的规则和秩序行事。

《国语》中还记载曰："大罪伐之，小罪惮之。袭侵之事，陵也。是故伐备锺鼓，声其罪也；战以錞于、丁宁，儆其民也。袭侵密声，为蹔事也。今宋人弑其君，罪莫大焉！明声之，犹恐其不闻也。"[①]文中强调"大罪伐之，小罪惮之"，对于宋国弑君这样的大罪，不仅要进行讨伐，还要"明声之"，即大张旗鼓地宣扬其罪行。通过"伐备锺鼓，声其罪也"，以公开、隆重的军事行动来彰显宋国的罪行，让各诸侯国知晓弑君的严重后果，从而起到警示和威慑作用。这种战争目的不仅是惩罚宋国，更重要的是通过这一事件，向天下诸侯传递出维护礼制、尊重君权的强烈信号，防止类似的弑君事件再次发生，以维护整个社会的稳定和秩序。

晋国联合多国讨伐宋国弑君事件，从战争目的角度来看，主要是维护礼制秩序与君臣纲常、践行"九伐之法"的正义性征伐、强化盟主权威与诸侯秩序以及发挥警示与威慑作用。这些目的充分体现了古军礼思想在春秋时期战争中的重要影响，也反映出当时战争不仅是武力的较量，更是维护社会秩序、道德规范和政治权威的重要手段。

然而，宋国新君即位且颇有民心，晋国本应尊重这一现实，但却因收受宋国贿赂而将讨伐不了了之。这种言行不一的做法反映出古军礼在执行层面已经难以得到彻底贯彻，其影响力在逐渐衰退。

① 杨伯峻：《春秋左传注》，北京：中华书局1990年第2版，第379页。

《左传》宣公十一年的楚伐陈，战争用以“谋利”的目的则更为明显。“楚子为陈夏氏乱故，伐陈。谓陈人无动，将讨于少西氏。遂入陈，杀夏征舒，轘诸栗门，因县陈。”楚国讨伐陈国并将其设县的行为，严重背离了古军礼的核心原则与规范，楚国出兵陈国，最初以夏氏之乱为由，声称“将讨于少西氏”，表面上符合古军礼中“讨逆”的正当性要求，让陈国百姓“无动”，意在安抚陈国，强调自身行动的正义性。然而，在诛杀夏征舒后，楚国却违背承诺，将陈国设置为楚国的县，将其领土纳入自己的版图。这一行为暴露出楚国以平乱之名行扩张之实，完全背离了古军礼“兴灭国，继绝世”的宗旨。古军礼倡导在惩罚有罪者后，应扶持合法继承人，恢复被讨伐国家的正常统治秩序，而非将其吞并。此外，古军礼还包含对战争行为的约束，注重对生命和他国主权的尊重。楚国将陈国设县的做法，无视陈国作为独立邦国的主权地位，将其降为楚国的行政区域。在古军礼的框架下，即使是对有罪之国的征伐，也应遵循一定的尺度和规范，而楚国的行为显然逾越了这一界限，将战争沦为赤裸裸的领土掠夺。

虽然申叔时从齐国回来后，用“牵牛蹊田”的比喻委婉地劝谏楚庄王，促使他“复封陈”，然而这是楚王权衡利弊之后的结果，而非遵守古军礼的体现，因为楚国虽然强大，但在当时的诸侯格局中，也需要考虑其他诸侯国的态度。如果楚国公然吞并陈国，可能会引起其他诸侯国的不安和联合抵制，这对楚国的长远利益不利。

楚国讨伐陈国并将其设县的行为，在一定程度上体现了《孙子兵法·军争》中“以利动”“掠乡分众，廓地分利”的思想，楚国以陈国夏氏之乱为借口出兵陈国，表面上是为陈国平乱，实则是出于自身利益的考量。陈国地处中原要地，战略位置重要。楚国通过讨伐陈国，将其设为县，能够扩大自己的势力范围，增强自身在中原地区的影响力，获取更多的政治、经济利益，这是典型的“以利动”，即根据利益来决定军事行动。楚国在讨伐陈国的过程中，杀了夏征舒后将陈国设为楚国的县，这相当于“廓地”，即扩张了楚国的领土。通过将陈国纳入自己的版图，楚国可以进一步控制陈国的人口、土地和资源，实现“分利”，为楚国的发展和强大提供支持。因此楚国讨伐陈国并将其设县的行为，看似是遵循古礼的平乱之举，实则是在“以利动”的思想指导下，通过“掠乡分众，廓地分利”的手段，实现楚国自身利益的最大化，这是一种典型的基于利益驱动的军事和政治行为。

## 第三节　“不伐丧”与“乱而取之”

《司马法》记载：“战道：不违时，不历民病，所以爱吾民也；不加丧，不因凶，所以爱夫其民也；冬夏不兴师，所以兼爱民也。故国虽大，好战必亡，天下虽安，忘战必危。”①“不伐丧”的规定，体现了古代战争中的人道主义精神和对道德规范的重视，“不加丧，不因凶”明确指出在敌国遭遇丧事或灾祸时，不应发动战争。这一原则体现了对生命的尊重和对敌方民众的怜悯。丧期是一个国家和人民处于悲痛和脆弱的时期，此时发动战争不仅会加重对方的苦难，也会被视为不道德和不正义的行为。这种规定有助于维护战争中的基本道德秩序，避免战争的残酷性在特殊时期进一步加剧。

古军礼认为战争的目的并非无限制地杀戮和破坏，而是实现一定的

① 《武经七书·司马法·仁本》，北京：中华书局2007年版，第140页。

政治和社会秩序。“所以爱夫其民也”表明不伐丧是出于对敌方百姓的爱护。在丧期发动战争，会使敌方百姓在承受亲人离世的痛苦之外，还要遭受战争的创伤，这不符合古代战争中倡导的“仁”的精神。通过不伐丧，可以在一定程度上缓解战争双方的矛盾，减少仇恨的积累，为战后的和平与重建创造条件。“不违时，不历民病”以及“冬夏不兴师”等规定与“不伐丧”一起，形成了一套较为完整的战争伦理规范。这些原则都是基于“爱民”的思想，既考虑到本国百姓的利益，也兼顾了敌方百姓的福祉。它们限制了战争的时间、条件和方式，使战争在一定程度上遵循人道和道德的准则，避免因战争的随意性而导致社会的动荡和人民的苦难。

宣公十八年：“夏，公使如楚乞师，欲以伐齐。……楚庄王卒，楚师不出。”[①]襄公十九年：“秋七月辛卯，齐侯环卒。晋士匄帅师侵齐，至谷，闻齐侯卒，乃还。”[②]“三月，陈成公卒。楚人将伐陈，闻丧乃止。”[③]这都体现了古军礼中“不伐丧”的原则。在当时的观念中，敌方君主去世，国家处于居丧状态，此时发动战争被视为不道德和不正义的行为，有趁人之危之嫌。楚、晋两国在得知陈、齐两国君主去世后，都选择停止军事行动，遵循了古军礼的这一规范，显示出对礼仪的尊重以及对战争正义性和道德性的重视。

哀公十七年：“冬十月，晋复伐卫，入其郛，将入城。简子曰：‘止！叔向有言曰：‘怙乱灭国者无后。’卫人出庄公而与晋平。晋立襄公之孙般师而还。”[④]简子以“怙乱灭国者无后”为由停止进攻，晋国在能够灭

① 杨伯峻：《春秋左传注》，北京：中华书局1990年第2版，第777页。

② 同上①，第1044页。

③ 同上①，第932页。

④ 同上①，第1710页。

掉卫国的情况下，因顾及“怙乱灭国”不符合古军礼，而选择适可而止，立卫襄公之孙般师后回国。这体现了古军礼中反对乘人之危、乱中取利灭国的思想，强调战争应遵循一定的道德底线和行为准则。

古军礼下发动战争的动机多为维护道义、执行正义。例如，楚国因陈国无礼而伐陈，是基于对礼的维护和对违反礼的行为的惩戒；晋国伐卫虽有其他因素，但在关键时刻因遵循古军礼而停止灭国行动，也是考虑到道德层面的因素。而“诡道”强调以利益为导向，为实现胜利会不择手段，不特别强调战争动机的道德性。例如，如果按照“诡道”的思想，楚国在陈成公去世时可能会选择继续进攻，以获取更大的利益，而不会因丧止伐；晋国在伐卫时也可能会直接灭掉卫国，而不顾及“怙乱灭国”的道德风险。

古军礼下的战争战略目的往往是有限的，更倾向于恢复秩序、维护正义或惩戒无道，而不是以彻底消灭敌方或掠夺大量土地财富为主要目标。例如，晋国伐卫，最终目的不是灭亡卫国，而是通过军事行动让卫国恢复到符合古军礼的秩序中；楚国伐陈，也是因陈国无礼而进行的惩戒性战争。相比之下，“诡道”更注重通过各种手段实现战略上的最大利益，可能包括占领敌方领土、消灭敌方有生力量等。

昭公二十六年：“吴子欲因楚丧而伐之，使公子掩余、公子烛庸帅师围潜，使延州来季子聘于上国，遂聘于晋，以观诸侯。楚莠尹然、工尹麇帅师救潜，左司马沈尹戌帅都君子与王马之属以济师，与吴师遇于穷，令尹子常以舟师及沙汭而还。左尹郤宛、工尹寿帅师至于潜，吴师不能退。”[①] 吴子欲趁楚平王去世之际发动讨伐，这一行为与古军礼形成

① 杨伯峻：《春秋左传注》，北京：中华书局1990年第2版，第1482页。

冲突，同时也凸显出“诡道”思想在春秋后期抬头的趋势。在古军礼体系中，“不加丧，不因凶”是重要原则。楚平王去世，楚国正处于国丧的特殊阶段，按照古军礼，各国应秉持人道主义精神保持克制，甚至应派遣使者吊唁以示尊重。然而，吴子却选择在此时兴兵，不仅违背了“不伐丧”的基本礼仪，更是将古军礼所强调的战争正义性和道德约束抛诸脑后。这种行为在当时的诸侯眼中，属于典型的“趁人之危”，会被视为缺乏道义的体现，所以在襄公十四年，“吴告败于晋。会于向，为吴谋楚故也。范宣子数吴之不德也，以退吴人”[①]。

从吴国自身的角度，这一决策也反映出其对传统礼制权威的漠视，预示着春秋时期的战争规则正面临严重挑战。吴子因楚丧而伐之的决策，完全契合《孙子兵法》中“诡道”思想的核心要义。“诡道”强调抓住一切机会制造战略优势，“乱而取之”“攻其无备，出其不意”，而楚平王去世这一特殊节点，恰好为吴国提供了可乘之机。楚国因国君去世，内部必然面临权力交接、人心不稳的局面，军事部署和防御力量可能处于相对薄弱的状态。吴国正是看中这一间隙，试图通过突然袭击的方式，打乱楚国的节奏，获取战场上的主动权，甚至一举实现战略目标。此外，吴国还采用了“分兵施策”的策略，派遣公子掩余、公子烛庸率师围潜，同时让延州来季子出使上国并借机观察诸侯动态，这一系列行动体现了“诡道”中“示形动敌”的观点，通过分散楚国注意力、迷惑其判断，为军事行动创造有利条件。

楚国在面对吴国违背礼制的进攻时，迅速做出反应。莠尹然、工尹麇等将领率师救援潜地，左司马沈尹戌率领精锐部队增援，令尹子常也

① 杨伯峻：《春秋左传注》，北京：中华书局1990年第2版，第1005页。

以舟师配合行动，最终使吴师陷入进退两难的境地。吴国的“诡道”虽然打破常规，但未能完全突破楚国的防线。吴子因楚丧伐楚事件，是春秋时期战争观念转变的一个缩影。随着周王室衰微，传统礼制的约束力逐渐减弱，各诸侯国为了在激烈的争霸竞争中胜出，开始更多地将“诡道”等实用主义战略思想运用到战争中。虽然楚国成功抵御了吴国的进攻，但吴国此次行动已经释放出危险信号：在利益驱动下，越来越多的诸侯国可能会放弃古军礼的束缚，转而追求更具实效性的战争手段。这一转变不仅改变了战争的形态和规则，也深刻影响着当时的政治格局和国际关系，加速了春秋时期从“礼治”向“权争”时代的过渡。

## 第四节　“观兵”与“不战而屈人之兵”

黄朴民先生在《刀剑书写的永恒》中曾说道：“春秋中期以前的战争，更多的是以使敌方屈服为宗旨，军事威慑多于会战。换言之，以军事威慑和政治谋略迫使对方屈服接受自己的条件，是当时普遍存在的现象。真正以会战决定胜负的战争为数有限。所谓的霸主，一方面兼并小国，另一方面在同其他大、中型国家交战之时，则多以双方妥协或使敌方屈服为结局；彻底消灭对方武装力量、摧毁对方政权的情况比较罕见。会盟、‘行成’，是当时军事活动的重要手段。为‘不战而屈人之兵’思想付诸实践提供了历史的温床。”①

如僖公四年：“齐侯以诸侯之师侵蔡。蔡溃，遂伐楚。……师进，次于陉。夏，楚子使屈完如师。师退，次于召陵。齐侯陈诸侯之师，与

① 黄朴民：《刀剑书写的永恒》，北京：国防大学出版社2002年版，第319页。

屈完乘而观之。”[①]齐侯率领诸侯之师侵蔡，蔡国迅速溃败。这一行动对齐国而言，一方面是对蔡国的军事打击，另一方面更是向楚国展示其强大军事力量的信号。随后齐国军队继续前进至陉，直接对楚国形成军事压迫态势，这种大兵压境的局面给楚国带来了巨大的军事压力。通过让楚国使者屈完目睹齐国强大的军容，进一步强化楚国对其军事力量的认知，使楚国明白：如果开战，楚国将面临强大的对手，胜利的可能性较小。以直观的方式向楚国施加压力，促使楚国在权衡利弊后选择和平解决争端。

而且齐桓公在拥有军事优势的情况下，向楚国表达“同好”的意愿，称“岂不谷是为？先君之好是继，与不谷同好如何？”这种外交表态，既给楚国留了面子，又表明齐国并非想要与楚国死战。楚国面对齐国的军事威胁，没有盲目地选择开战，而是派遣屈完前往齐军阵营。这表明楚国能够冷静地分析当前局势，认识到齐国的强大以及战争可能带来的不利后果，故而楚国表达了愿意与齐国“同好”的意愿，即“君惠徼福于敝邑之社稷，辱收寡君，寡君之愿也”。

在这次齐楚对峙中，齐国通过军事威慑、外交示好和观兵示威等一系列手段，成功地使楚国在权衡利弊后选择了和平共处，达到了“不战而屈人之兵”的效果，避免了一场可能爆发的大规模战争，实现了齐国在政治和外交上的目标，同时也维护了地区的和平与稳定。

襄公十一年：“六月，诸侯会于北林，师于向。右还，次于琐，围郑，观兵于南门，西济于济隧。郑人惧，乃行成。”[②]诸侯联军通过这种大规模军事调动和武力展示，给郑国造成巨大心理压力，使其清醒地认

---

① 杨伯峻：《春秋左传注》，北京：中华书局1990年第2版，第288页。

② 同上①，第989页。

识到自身与联军的军事差距。郑国在恐惧之下，权衡利弊，明白抵抗将面临惨重损失，最终选择“行成”，即求和，避免了一场战争。诸侯联军不费一兵一卒就使郑国屈服，达成战略目标。

之后，晋国再次以诸侯之师“观兵于郑东门，郑人使王子伯骈行成”。[①]此次晋国同样再次以强大的军事威慑向郑国表明立场和实力。郑国于是派遣王子伯骈与晋国求和。晋国通过“观兵”这一军事威慑手段，迫使郑国重新回到自己阵营，实现了不通过直接会战就屈人之兵的效果。

这两次事件中，诸侯联军和晋国都没有与郑国展开正面会战，而是通过“观兵”展示军事力量，利用郑国对战争后果的恐惧，结合其政治利益考量，以最小的代价迫使郑国屈服，接受求和条件。这种以军事威慑为手段，以政治利益为导向，达成使对方屈服的方式，正是《孙子兵法》中“不战而屈人之兵”思想在春秋时期军事实践中的生动体现，既避免了战争损耗，又实现了战略目标，维护了自身在诸侯争霸中的优势地位。

文公十年：“陈侯、郑伯会楚子于息。冬，遂及蔡侯次于厥貉。将以伐宋。”楚国通过联合陈、郑、蔡等国，形成军事联盟，展示出强大的军事力量，对宋国形成威慑之势。宋国面对楚国及其联盟的强大军事力量，认识到自身实力与楚国存在悬殊差距。宋华御事曰：“‘楚欲弱我也，先为之弱乎？何必使诱我？我实不能，民何罪？’乃逆楚子，劳且听命。”[②]表明宋国权衡了战争的利弊，考虑到如果坚持抵抗，百姓可能会遭受灾难，而自身又难以在战争中取胜。于是慰劳楚军并表示听命于楚。

---

① 杨伯峻：《春秋左传注》，北京：中华书局1990年第2版，第990—991页。

② 同上①，第577页。

不过，春秋时期的战争，不仅是古军礼范围内的“观兵”，也有“诡道”与“不战而屈人之兵”的结合，“诡道”成为强化威慑的重要手段。襄公十八年晋齐平阴之战[①]中，晋军通过虚设军旗、以假人充数、战车拖枝扬尘，制造出漫山遍野的假象，使齐侯误判兵力差距，因畏惧而连夜逃走；绕角之役里[②]，晋军夜间频繁擂鼓，营造全军突击之势，楚军在信息模糊下，因恐惧夜战而弃营溃逃；彭城之役中[③]，晋军佯装破釜沉舟，遣散老弱、烧帐备战，并故意释放俘虏传递死战信号，楚军未经核实便因畏惧而连夜撤兵。这些案例均以虚假军事信号制造虚实落差，放大敌方心理压力，用低成本“造势”达成“不战而屈人”的效果。

此外，“诡道”与“不战而屈人之兵”相结合的优势是可以将战略目标以低成本实现的。晋军在三次作战中均未投入主力会战，仅通过旗帜、鼓声、信息等低成本道具制造威慑，避免了人员伤亡与物资消耗。相比直接交战，“诡道”以最小代价达成“屈人”目标，符合“全国为上，破国次之”的效益原则。而且，齐、楚之败本质上是心理防线崩溃，晋军精准捕捉敌方“畏战”“多疑”的心理弱点，以“诡道”放大其恐惧，使其丧失战斗意志，这体现了“攻心为上”的作战理念。而晋军能够成功实施“诡道”，依赖于当时诸侯对“信义”的传统认知。如彭城之役中，楚军未怀疑晋军“释放俘虏”的真实性，晋军巧妙将春秋时期尚未完全崩坏的“战争礼仪”转化为欺诈工具，实为“旧规则”与“新诡道”的博弈。但同时也应看到，“诡道”的有效性具有时代局限性，这些作战发生于春秋中期，当时战争仍保留一定“贵族战争”痕

① 杨伯峻：《春秋左传注》，北京：中华书局1990年第2版，第1038页。

② 同上①，第1121页。

③ 同上①，第1121页。

迹，重视礼仪、信息，透明度较高，故“诡道”易奏效。若到战国时期，同类手段可能因战争日趋残酷化、情报体系完善而失效。上述案例体现了春秋时期“争霸”而非“灭国”的战争逻辑，更注重“服人”而非“杀人”，与“不战而屈人之兵”的思想高度契合。同时，这种结合也预示着中国古代军事智慧从“礼制”向“权谋”的转变，是军事思想发展过渡的重要体现。

需要注意的是，无论是“观兵”还是“不战而屈人之兵”，背后必须有强大的军事实力来支撑。《国语·吴语》曾记载吴国展示强大军阵的一幕：“吴王昏乃戒，令秣马食士。夜中，乃令服兵擐甲，系马舌，出火灶，陈士卒百人，以为彻行百行。行头皆官师，拥铎拱稽，建肥胡，奉文犀之渠。十行一嬖大夫，建旌提鼓，挟经秉枹。十旌一将军，载常建鼓，挟经秉枹。万人以为方阵，皆白裳、白旂、素甲、白羽之矰，望之如荼。王亲秉钺，载白旗以中陈而立。左军亦如之，皆赤裳、赤旟、丹甲、朱羽之矰，望之如火。右军亦如之，皆玄裳、玄旗、黑甲、乌羽之矰，望之如墨。为带甲三万，以势攻，鸡鸣乃定。既陈，去晋军一里。昧明，王乃秉枹，亲就鸣钟鼓、丁宁、錞于振铎，勇怯尽应，三军皆哗扣以振旅，其声动天地。”

此番记述，深刻体现了“不战而屈人之兵”背后硬实力的重要性。吴王此次行动集结三万精锐，分设左、中、右三军，士卒装备精良，身披不同颜色甲胄，手持羽矰，配备文犀之渠；军官层级分明，指挥器具完备，从官师到将军各司其职，构建起坚实的军事物质基础。同时，吴军展现出严谨的军容与卓越的协同作战能力，夜间行动纪律严明，布阵层级有序，三军振旅之声震天动地，彰显出强大的作战能力与高昂士气。此外，吴王亲秉钺立于中军，既鼓舞了吴军士气，又向晋军传递出吴国倾国之力对抗的强硬态度与战略决心。倘若吴国军队兵力不足、装备落后、组织涣散，即便摆出同样阵势，也无法对晋军形成有效威慑。由此可见，“不战而屈人之兵”并非单纯依靠谋略就能实现，其核心在于背后强大的军事硬实力。唯有真实可战的力量作为支撑，才能通过威慑迫使对方权衡利弊、主动屈服，从而避免战争的爆发。

## 第五节 “阵而后战”与“攻其无备”

春秋时期战争中，既有古军礼影响下的“阵而后战”，也有透露着《孙子兵法》诡道特征的战术运用，即通过观察敌方阵列、行动状态，寻找弱点并加以利用。

僖公二十二年：“宋公及楚人战于泓。宋人既成列，楚人未既济。司马曰：‘彼众我寡，及其未既济也请击之。’公曰：‘不可。’既济而未成列，又以告。公曰：‘未可。’既陈而后击之，宋师败绩。公伤股，门官歼焉。”[①]宋襄公在楚军未完全渡河、未完成布阵时两次拒绝进攻，正是对“不鼓不成列”“不以阻隘”等原则的坚守。宋襄公的决策体现了“君子不重伤、不禽二毛”的贵族精神。他将战争视为展示德行的舞台，而非单纯的胜负博弈。他拒绝“半渡而击”，认为“不推人于险，不迫人于阨”是君子风范，这种思维与《司马法》中“逐奔不过百步，纵绥不过三舍”的克制如出一辙。这些规则源于周礼对战争暴力的道德约束。虽然宋襄公的行为在现代看来可能有些迂腐，但从当时的历史背景和古军礼的角度来理解，他是在努力维护一种传统的战争道德和秩序。

① 杨伯峻：《春秋左传注》，北京：中华书局1990年第2版，第397页。

然而，在实际战争中，这种对军礼的刻板遵守，使他错失了战机，最终导致了宋军的失败。

战前布阵本是“先立于不败之地”的一种表现，“要始终赶在敌人前面将军阵布好，因为这样就可以从容地选择对你最方便、最有利的布势，增强部队的信心，折损敌人的锐气。……当敌人看到对面的队伍布阵严密，他先自胆怯了三分；加之你和你的部队早已严阵以待，备战有序，而他们却尚在列阵，且大有惧色，这就更强化了你那高屋建瓴之势”①。所以反其道而行之，若能在敌人未能布阵完毕时“攻其无备”，或者“攻其少备”，获胜概率会大增。

鲁昭公元年晋国和狄人的战斗中的“未陈而薄之”②，以及“宋师未陈而薄之，败诸鄑”③均体现了对敌方“未列阵”这一关键战机的把握。军阵的排布直接影响军队战斗力，敌方阵列未成形时，其组织协调性、防御与进攻能力均处于薄弱状态，此时发动攻击，可凭借突然性和敌方混乱，能以较小代价获取胜利。又如晋楚夹河对阵时④，阳处父企图诱楚军半渡而击，以及宋楚泓之战中楚国司马子鱼建议趁宋军未完全渡河时发动攻击⑤，都围绕“半渡”这一特殊状态展开。军队在渡河过程中，兵力分散，行动受限，武器装备使用不便，且易陷入混乱。此时出击，可将敌方置于不利境地，实现以强击弱。

---

① ［古罗马］弗拉维乌斯·韦格蒂乌斯·雷纳图斯：《兵法制》，袁坚译，中国台湾：华世出版社1984年版，第165页。

② 杨伯峻：《春秋左传注》，北京：中华书局1990年第2版，第1216页。

③ 同上①，第186页。

④ 同上①，第504页。

⑤ 同上①，第1216页。

鲁国公子偃观察到“宋师不整”[①]，郑国姚句耳回报楚军“其行速，过险而不整”[②]，表明军队的“整”与“不整”是判断敌方战斗力和寻找战机的重要依据。军队不整意味着指挥混乱、纪律松散，其战斗配合与应变能力必然下降。通过侦察发现敌方军队的这些破绽，能够提前制定针对性策略，或是主动进攻，或是做好防御准备，从而在战争中占据先机。

又如在鄢陵之战中，郤至的决策符合“因利而制权”的诡道逻辑：“厉公六年，伐郑，且使苦成叔及栾偲兴齐、鲁之师。楚恭王帅东夷救郑。楚半阵，公使击之。栾书曰：‘君使偲也兴齐、鲁之师，请俟之。’郤至曰：‘不可。楚师将退，我击之，必以胜归。夫阵不讳忌，一间也；夫南夷与楚来而不与阵，二间也；夫楚与郑阵而不与整，三间也；且其士卒在阵而哗，四间也；夫众闻哗必惧，五间也。郑将顾楚，楚将顾夷，莫有斗心，不可失也。’公说。于是败楚师于鄢陵，栾书是以怨郤至。”[③]郤至主张在楚军未完成布阵时发动突袭，符合《孙子兵法》“兵者，诡道也”的核心原则。楚军处于“半阵”状态，“楚与郑阵而不与整”，“士卒在阵而哗”，这正是“不备”和“不意”的典型表现。孙子强调“诡道”需利用敌方弱点，郤至敏锐捕捉楚军五大破绽，包括阵型不整、盟友配合不力、军心涣散等，当楚军布阵未毕暴露要害时，对应“乱而取之”的用兵原则；通过离间夷楚联军瓦解其协作基础，实践“亲而离之”的分化策略；针对楚军阵列不整的组织漏洞，运用“攻其

① ［古罗马］弗拉维乌斯·韦格蒂乌斯·雷纳图斯：《兵法制》，袁坚译，中国台湾：华世出版社1984年版，第183页。

② 同上①，第881页。

③ 徐元诰：《国语集解》，北京：中华书局2002年版，第390页。

无备”的突袭战术；利用楚军士卒喧哗恐惧的心理，实施“三军可夺气”的士气打击；最终在敌军顾盼失志之际，达成“避其锐气，击其惰归”的战略效果，这一系列环环相扣的战术运用，充分展现了“兵者诡道”的战争智慧。

所以郤至果断建议进攻，成功制造“攻其无备”的战场优势。在战争中，战机稍纵即逝，果断抓住敌人的弱点发起攻击，不给敌人反应和调整的机会，是“诡道”的关键运用。厉公最终听从郤至的建议，果断出击，成功击败楚师，正是践行了“诡道”中当机立断、迅速行动的策略。

然而就是在晋楚鄢陵之战中：“郤至三遇楚子之卒，见楚子，必下，免胄而趋风。楚子使工尹襄问之以弓，曰：‘方事之殷也，有韎韦之跗注，君子也。识见不谷而趋，无乃伤乎？’郤至见客，免胄承命，曰：‘君之外臣至，从寡君之戎事，以君之灵，间蒙甲胄，不敢拜命。敢告不宁，君命之辱。为事之故，敢肃使者。’三肃使者而退。”[①]晋国新军副帅郤至三次遭遇楚共王，每次皆下车、免胄、趋风以示恭敬，而楚共王亦遣工尹襄赠弓问候，关切询问其是否受伤；郤至因甲胄在身不便跪拜，遂以三次肃礼拜谢使者。这一交战双方在战场上仍恪守军礼、互致敬意的场景，看似与战争逻辑相悖，实则深刻揭示了春秋战争中“礼”与“兵”的共生关系，相较于现代战争观对战场行为的功利化认知，鄢陵之战的刀光剑影中始终贯穿着古军礼的文明特质，这种“冲突中的秩序”恰是春秋时期战争文明的独特性所在。

又如在文公十二年秦国和晋国的河曲之战中：“秦行人夜戒晋师曰：

① 杨伯峻：《春秋左传注》，北京：中华书局1990年第2版，第887—888页。

‘两君之士皆未慭也，明日请相见也。’臾骈曰：‘使者目动而言肆，惧我也，将遁矣。薄诸河，必败之。’胥甲、赵穿当军门呼曰：‘死伤未收而弃之，不惠也；不待期而薄人于险，无勇也。’乃止。”[①]春秋晋秦河曲之战呈现了军礼传统与实战需求的思想碰撞：秦国“夜戒晋师”的撤退宣言，实为遵循“不鼓不成列”的古军礼，通过外交辞令传递休战信号；晋国“欲夜袭”的战术决策，则暴露出对《司马法》“以礼为固”原则的突破，既违背“堂堂之阵”的正面交锋准则，又暗含“薄诸河”的地利算计，这种将河流地形与夜袭战术结合的作战方式，已显露《孙子兵法》“诡道”的雏形。

值得注意的是，晋军内部的观念分歧：保守派提出“死伤未收而弃之，不惠也”的道德质疑，实为对《司马法》“以仁为本”军礼精神的坚守；而反对夜袭的赵穿更提出“不待期而薄人于险，无勇也”的战术批判，将“待期而战”的军礼程式升华为勇气评判标准。这种将军事伦理与战术决策相捆绑的思维模式，折射出当时军礼体系的双重性：既包含“不重伤”的人道原则，又衍生出“不鼓不成列”的形式桎梏。这场未遂的夜袭揭示出春秋战争观的嬗变轨迹，当秦国严格遵循“军礼优先”的撤退程序时，晋国部分将领已开始解构军礼的战术价值。赵穿以“无勇”否定夜袭，实质是反对将战场主动权让渡给礼法规范。这种思想撕裂催生了“双重战场逻辑”，在宏观层面维系军礼的仪式性，在战术层面探索诡道的可能性。这种观念交锋恰是春秋时期战争哲学从“以礼为战”向“以诈立战”转型的关键节点。

“攻其无备”的另一种表现就是突袭。春秋时期的战争已突破早期

① 杨伯峻：《春秋左传注》，北京：中华书局1990年第2版，第592页。

“结日定地”的程式化对战，转向灵活多变的战术突袭。《左传》所载的多次战例，如楚军“宵加於郧”、郑军“宵突陈城”、晋军“伪粲者负甲以袭鼓”等，均体现了“攻其无备”的军事智慧。这些战例不仅在实战中取得显著成效，更成为后世兵家“诡道”思想的先导。从夜袭、迂回、伪装到心理战，春秋军事家已能精准把握敌方的戒备弱点，在时间、空间和谋略上实施致命一击，标志着中国古代军事思想从礼仪性战争向实用主义战术的深刻转变。

夜战是“攻其无备”最直接的体现。桓公十一年的楚军“宵加於郧”①，襄公二十五年的郑军“宵突陈城”，哀公二年的晋军“宵攻郑师”②，鲁哀公八年的“宵攻王舍”③，楚、郑、晋等国多次采用“宵攻”战术，这是因为夜间作战时，守军警觉性降低，防御体系往往仅维持基本戒备，而进攻方可借夜色隐蔽行动，直取要害。鲁哀公八年的“宵攻王舍”更是直捣敌军指挥中枢，展现擒贼先擒王的战术意识。这些战例的成功，说明春秋军队已掌握夜间行军、敌情侦察和突袭协同的能力，使夜战成为打破僵局的重要手段。

而隐公五年郑庄公对燕之战是早期“正合奇胜”的典范。“郑祭足、原繁，洩驾以三军军其前，使曼伯与子元潜军军其后。燕人畏郑三军，而不虞制人。六月，郑二公子以制人败燕师于北制。”④郑军以三军正面牵制燕军，使其“畏郑三军”而全力戒备，同时派曼伯、子元率精锐从北制迂回，突袭燕军侧后。燕军因注意力被正面吸引，完全未预料到侧

① 杨伯峻：《春秋左传注》，北京：中华书局1990年第2版，第130页。

② 同上①，第1617页。

③ 同上①，第1649页。

④ 同上①，第45页。

翼受袭，最终大败。

晋灭鼓之战（昭公二十二年）堪称春秋版的“特洛伊木马计”。晋军士兵伪装成粮商，背负铠甲混入昔阳城，并在城门处假装休整，既消除守军戒心，又近距离侦察城防，最终里应外合，一举灭鼓。这种战术将“兵不厌诈”发挥到极致，利用商业活动掩护军事行动，使敌方在毫无戒备的情况下被攻破。

这些战例早于《孙子兵法》成书，却已完整呈现“攻其无备，出其不意”的军事原则。夜袭针对时间上的无备，迂回针对空间上的无备，伪装则利用敌方的认知盲区，可见春秋时期的某些战例不再拘泥于正面决战，而是通过心理战、信息战和战术欺骗，以最小代价换取最大胜利。这种思想直接影响了后世兵学，如《孙子兵法》强调“兵者，诡道也”，即是对春秋实战经验的总结与升华。

鲁庄公十年，齐国和鲁国爆发长勺之战，曹刿有言：“夫战，勇气也，一鼓作气，再而衰，三而竭。”[①]此番论述表明在冷兵器时代军礼体系下，“成列而鼓”的战场潜规则构成双重陷阱：表层是宋襄公式的道德约束，深层则是心理诱导机制。曹刿的战术创新在于解构军礼的底层逻辑：当齐军遵循“一鼓作气”的进攻节奏时，其指挥系统已陷入双重困境。其一，三次击鼓形成固定行为模式，暴露其战术预判的机械性；其二，“成列而鼓”的规则预设，使齐军误判鲁军指挥系统存在决策延迟。这种战略欺诈的本质，是将齐军拖入“规则依赖型”思维陷阱。

“军志有之：‘先人有夺人之心，后人有待其衰。’盍及其劳且未定也伐诸！”[②]曹刿的“待敌三鼓”策略，实为构建认知差：当齐军将击鼓

① 杨伯峻：《春秋左传注》，北京：中华书局1990年第2版，第183页。

② 同上①，第1427页。

次数与士气值线性对应时，鲁军却将击鼓转化为时间坐标系——每次击鼓都是对齐军心理韧性的压力测试。古军礼体系中的“不鼓不成列”原则，在曹刿手中异化为战略武器。齐军坚持击鼓进攻的正当性，反而成为鲁军构建防御体系的掩护。当齐军在礼法框架内消耗士气时，鲁军却在构建非对称防御，表面遵守军礼的“静”，实质暗含“动如脱兔”的反击势能。这种将礼法约束转化为战术优势的操作，完美诠释《孙子兵法》中“诡道”的战争哲学。

宋襄公与齐军的失败具有同构性：前者因恪守礼法而丧失战机，后者却因机械遵循军礼规则陷入战略被动。但两者本质差异在于：宋襄公的失败源于道德教条，齐军的失误则是战术思维的僵化。曹刿的突破在于将礼法体系反向解构，正如《吴子兵法》所述“因形用权，则不劳而功举”，其本质是将敌方制度优势转化为己方战术变量。当齐军将三次击鼓固化为战术程式时，鲁军却在构建动态响应机制，这种将制度约束转化为战术弹性的能力，正是诡道战略的核心要义。齐军在遵循定式，鲁军却在定式中创造变招。

此战也表明春秋时期两种思想的共存与转化，从泓水之战的礼法绝对主义，转向长勺之战的规则相对主义。曹刿的战术创新证明，真正的战争智慧在于掌握规则重构的能力，这正是“兵以诈立”在认知层面的终极体现。

“攻其无备”具有前提条件，即是对于“虚实”的准确判断，而“攻其无备”则是利用“虚实”的终极目的。虚实表现为对敌军强弱分布的判断，而“攻其无备”则是在准确掌握虚实基础上，选择敌方戒备最松懈的时空节点实施致命打击。两者共同构成了“避实击虚”的战略闭环，唯有明辨虚实，方能精准地“攻其无备”；而唯有“攻其无备”，才能将虚实之势转化为实际战果。

因此，当敌方军阵的强弱分布较为明显时，高明的将领往往能迅速捕捉战机。桓公五年繻葛之战中，郑国子元敏锐指出“陈乱，民莫有斗心”[①]，准确判断出陈军是周王联军中最薄弱的环节。昭公二十三年吴楚州来之战时，吴公子光对敌情进行了更为细致的分析：“胡、沈之君幼而狂，陈大夫啮壮而顽，顿与许、蔡疾楚政。”[②]这种对联军各组成部分的精准评估，揭示了表面强大的楚联军内部的不稳定性。值得注意的是，这种判断虚实的能力并非中国兵家独有，古罗马军事家韦格蒂乌斯同样强调：“若确认敌之左翼实力很强，可攻击敌之右翼。”[③]这种跨越东西方的军事共识，印证了分辨虚实作为战争普遍原则的重要性。在具体实践中，分辨虚实不仅需要敏锐的观察力，更需要丰富的情报收集和分析能力，这正是优秀将领的必备素质。

当敌军虚实不明或防守严密时，就需要通过“示形动敌”来主动创造战机。这一过程充分展现了春秋军事家的创造性思维。城濮之战中晋军“伪遁”[④]诱敌深入，楚庸之战中“七遇皆北”[⑤]的连环诈败，都是“示形伪败”的经典案例；而楚随之战的“羸师以张之”[⑥]、吴楚鸡父之战的“去备薄威”[⑦]，则是“羸师”战术的典型运用。示强战术则以哀公十七

① 杨伯峻：《春秋左传注》，北京：中华书局1990年第2版，第105页。

② 同上①，第1445页。

③ ［古罗马］弗拉维乌斯·韦格蒂乌斯·雷纳图斯：《兵法简述》，袁坚译，北京：中国人民解放军出版社2006年第2版，第185页。

④ 同上①，第461页。

⑤ 同上①，第618页。

⑥ 同上①，第110页。

⑦ 同上①，第1446页。

年笠泽之战为代表，越王勾践“为左右句卒，夜鼓噪而进”[①]的佯攻，成功迫使吴军分兵防守。这些战术的共同特点在于，通过精心设计的假象来干扰敌军判断，使其在调动中暴露弱点。特别值得注意的是，这些战术往往需要严格的纪律性和高度的协同能力，反映出春秋时期军队组织和指挥体系已经达到相当成熟的程度。

在准确判断或成功制造出敌军弱点后，如何实施致命一击就成为决定胜负的关键。这一阶段要求将领具备果断的决策能力和精准的兵力调配艺术。繻葛之战中，郑军“为右拒以当陈人”的部署，体现了对精锐部队的合理运用；城濮之战中，晋国“以上军夹攻子西”的战术，展示了多兵种协同作战的威力；笠泽之战中，越军“以三军潜涉，当吴中军而鼓之”的总攻，则是集中优势兵力的典范。这些战例表明，成功的分兵击虚需要把握三个要点：一是攻击时机的选择，必须在敌军弱点完全暴露时立即行动；二是兵力配置的优化，确保在关键点上形成绝对优势；三是作战节奏的控制，实现各部队的精准配合。值得注意的是，这种分兵并非简单的兵力分散，而是在全局统筹下的重点突破，其本质是通过空间上的兵力重组来获得战术优势。

春秋时期早期多是“结日定地”的程式化对战，中后期慢慢过渡到灵活多变的避实击虚，战争艺术完成了从简单到复杂、从呆板到机动的质的飞跃。这一转变不仅体现在具体战术层面，更深刻地影响了中国军事哲学的发展方向。《孙子兵法》中“兵者，诡道也”的核心思想，正是对春秋时期战争实践的理论总结。

古军礼的消褪是多种因素共同作用的结果，而社会政治“土壤”的

① 杨伯峻：《春秋左传注》，北京：中华书局1990年第2版，第1707页。

变迁无疑是其中最为关键的因素。古军礼形成于周王朝王权强大的时期，彼时，周王作为天下共主，拥有绝对的权威，能够对诸侯势力进行有效的控制和协调。这种王权至上的政治格局，为古军礼的产生和发展提供了适宜的环境。古军礼本质上是王权调控诸侯争斗的思想观念，旨在维持诸侯势力的相对平衡，避免个别诸侯通过侵吞弱小而壮大，它是王权与诸侯势力博弈的产物，深深依附于王权。

然而，随着时间的推移，周王王权逐渐减弱，其控制力大幅下降。王权的式微直接导致诸侯势力崛起，原有的政治格局被打破。诸侯们不再受周王的有效约束，彼此之间的争端日益增多。在利益的驱使下，以大欺小、以强凌弱的现象频繁出现，这与古军礼所倡导的重义轻利的战争价值观背道而驰。当王权无法再为古军礼提供坚实的支撑时，古军礼的影响力自然也随之减弱。由此可见，周王王权的削弱和诸侯势力之间的相互倾轧，是古军礼思想减弱的主要原因。

从性质上来看，古军礼具有传统习惯法的特征，与依靠国家强制力保证实施的法律有所不同。罗斯科·庞德指出，法律体系包含命令性成分和传统性成分，命令性成分由国家强制力保障，而传统性成分则是基于经验对正义的陈述。古军礼缺乏国家强制力的支持，其得以施行主要依赖于人们对其所体现价值观的深刻认同。这种认同感促使遵守古军礼者切实奉行古军礼的内容。从史料战例中可以看出，古军礼在实际应用中发挥着重要作用。诸侯国的国君即便身处战斗险境，面临被俘虏甚至杀害的风险，只要遵循古军礼行事，往往能够安然无恙。这表明古军礼具有保护参战国国君安全的功能。

此外，古军礼还能够缓和交战双方的敌对紧张关系。例如，晋国新军副帅郤至在战场上与楚王相遇时，不仅没有发动攻击，反而三次下车问候，楚王也予以相应回应。这种行为在一定程度上减轻了双方的敌对怨恨，体现了古军礼对战争氛围的调节作用。古军礼的最终目的，是在诸侯国之间不可避免的冲突和战争中，设置诸多“限制条件”。它试图阻止因战争而滋生的仇恨蔓延，尽力修复诸侯国之间因战争产生的裂隙，同时扩大战争所具有的正面教育宣传和威慑作用。概括而言，古军礼的功能主要体现在“威慑”与“和合”两个方面。“威慑”针对的是那些暴虐狂横、不听劝告的势力，使其有所忌惮；“和合”则侧重于调和诸侯国之间的矛盾，促进彼此关系的和谐。

古军礼作为周礼的一部分，与周礼一样，其制定和执行的目的是通过繁琐的礼仪礼节来彰显等级高下，协调和牵制诸侯势力。就像《司马法·仁本》中规定的“不伐丧”“不因凶”，从战争角度看，敌方处于“丧”“凶”状态时是攻击的有利时机，但这条古军礼却对被攻击方起到了保护作用。不过，这一古军礼的实施是以强大的王权为前提的。

随着周王王权威慑力的丧失，强大的诸侯国为了自身利益，率先破坏古军礼，对弱小诸侯国进行欺凌，古军礼也逐渐被弃之不用。古军礼从本质上是对弱小诸侯的保护和对强大诸侯的限制，而王权的衰落使得这种平衡被打破，加速了古军礼的消褪。

与古军礼形成鲜明对比的是，诞生于春秋末年的《孙子兵法》，展现出了截然不同的军事理念。西周时期盛行“军礼”，强调对敌尚信而非诈，认为只有双方都摆好阵势的战斗才叫“战”。而孙武在《孙子兵法》开篇便提出“兵者，国之大事，死生之地，存亡之道，不可不察也”，明确了战争对于国家的重要性。他还进一步指出“兵者，诡道也”以及“兵以诈立”的思想，主张在战争中通过虚虚实实的手段迷惑敌人，从而实现自己的战略意图，完全打破了僵化、教条的“军礼”思维束缚。这种理念上的巨大转变，反映出当时社会环境的变化。随着周王王权的衰落，诸侯之间的竞争愈发激烈，传统古军礼所倡导的重义轻利、讲究规则的战争模式，已难以满足诸侯们在争霸战争中获取胜利、扩充势力的需求。《孙子兵法》这种更加务实、灵活且注重谋略的思想，为诸侯们提供了新的战争指导，自然更受青睐，这也在一定程度上加速了古军礼的消褪。

《孙子兵法》强调“知己知彼，百战不殆”，要求将帅在战前、战中必须全面掌握敌我双方的情况，做到“能因敌变化而取胜”。这与古军礼所强调的规则和仪式相比，更加注重实际的战争形势和敌我力量对比。在古军礼的框架下，战争往往遵循着既定的程序和规范，对于战场实际情况的灵活应变相对不足。而《孙子兵法》这种基于对实际情况精准把握的军事思想，更符合诸侯们在复杂多变的战争环境中取胜的需要。

当诸侯们在战争中逐渐认识到这种思想的有效性后，便更倾向于遵循《孙子兵法》的理念来指挥作战，古军礼的影响力也就随之被削弱。此外，《孙子兵法》主张“不战而屈人之兵”，将战争的最高境界定义为通过谋略、外交等手段使敌人屈服，避免直接的武力冲突，以最小的代价获取最大的胜利。这一思想与古军礼所追求的通过战争来协调诸侯关系、维护秩序的目的有所不同。在古军礼中，虽然也有缓和矛盾、减少战争伤害的意图，但在实际执行过程中，往往因过于注重形式和等级，而忽略了对战争结果和成本的考量。相比之下，《孙子兵法》的“全胜”思想更具现实意义和可操作性，在当时动荡不安、诸侯纷争不断的局势下，更能吸引诸侯们的关注和运用，从而对古军礼的传承和发展造成冲击。

# 结　语

作为中国军事思想史上的关键转折期，春秋时期的战争实践不仅塑造了古代战争形态的变革轨迹，更为《孙子兵法》的军事哲学体系提供了丰厚的实践“土壤”。在长达294年的历史进程中，诸侯国间爆发的482场战役催生了军事领域的系统性革新，这些变革成果通过孙武的提炼升华，最终凝结成东方兵学的巅峰之作。

持续两百余年的诸侯争霸战争，成为军事变革的催化剂，直接推动了军阵体系的深刻演变。战争中，不同兵种、小军阵及功能阵型间的协同配合不断优化。鱼丽阵中，步兵环绕车兵形成灵活防御与攻击体系，实现了兵种间的优势互补；晋国三军阵创造性地将大军阵拆解为功能各异的小军阵，左右军主动出击诱敌，中军则把握战机适时给予敌人致命打击，这种分工协作显著提升了作战效率；而方阵与圆阵的灵活转换，更是将攻击与防守策略的切换运用到极致。这些变化不仅革新了战术层面的操作，更推动军阵指导思想从恪守“军礼”转向“兵以诈立”。军阵体系在春秋时期经历了从三军阵到五军阵的演进，实现了整体成熟化。五军阵构建起完整的作战体系，前锋负责主动接敌、扰乱敌方阵型，后卫承担殿后守备、保障后方安全的任务，左右两翼实施迂回包抄、切断敌军退路，中军则居中指挥、掌控全局。军阵士卒的作战行动也变得更加复杂多样，进退旋转、攻守转换、方圆阵型更替等战术动作，都成为日常训练的核心内容。这种系统化、专业化的军阵发展，使得军事行动更具计划性与策略性，与《孙子兵法》中强调的“多算胜，少算不胜”的战略谋划思想相呼应，体现了战争从无序向有序、从经验向理论升华的过程。

更深远的是，军阵训练中“进退旋转、起立转换”的标准化要求，催生了《孙子兵法》对“令之以文，齐之以武”的治军理念，只有严格的纪律与训练，才能确保复杂战术的精准执行。军阵训练科目从简单的“坐作进退”发展到“分合聚散”的复杂协同，“携手若使一人”的训练标准，正是对春秋军阵协同作战的经验总结。信号指挥系统的不断革新，也标志着战争指挥从经验层面跃升至科学层面。

春秋时期的战争实践深刻影响了军事思想的转变。春秋初期，战争尚保留着一定的礼仪性，双方通常约定时间和地点进行交战。然而，到了春秋末期，战争逐渐演变为以诡诈和变通为主导的策略性对抗。《孙子兵法》中强调“兵者，诡道也”，主张通过诱敌、设伏等手段迷惑敌人，从而取得胜利。战争中双方摒弃了传统的礼仪束缚，转而采取灵活、多变的战术，彻底改变了战争的本质。

春秋时期的每一场战役、每一次军阵革新，都在《孙子兵法》中留下深刻烙印。这部兵学圣典既是对那个“多极争霸”时代的回应，更是对战争本质的终极叩问。《孙子兵法》作为军事思想的集大成之作，其诸多理论观点与战略思想，都能在春秋时期的战争实践与军阵变革中找到源头。战争中不断涌现的新战术、新装备、新思想，如同涓涓细流，汇聚成军事理论创新的汪洋大海。孙武通过对254年战争史的深刻洞察，完成了军事经验向军事科学的质变飞跃。那些消逝在历史长河中的战车轰鸣与军阵变幻，最终在十三篇五千言中获得了永恒的理论生命。从兵种配合到战略谋划，从阵型转换到诡道用兵，春秋时期的军事实践为《孙子兵法》的诞生创造了必要条件。这部经典著作不仅是对当时战争经验的高度总结，更以其超越时代的智慧，为后世军事发展持续提供着深刻启示，彰显了春秋战争实践对军事文明演进的深远意义。当现代军人研读“兵之情主速”时，仿佛仍能听见柏举战场上战鼓的轰鸣；当战略家谈论“不战而屈人之兵”时，春秋诸侯会盟与暗战交织的历史图景便徐徐展开。这种跨越时空的对话，正是军事思想传承的独特魅力所在。

# 参考文献

## 一、古典文献类

1.［汉］郑玄注，［唐］贾公彦疏：《周礼注疏》，上海：上海古籍出版社1997年版。

2. 杨天宇：《周礼译注》，上海：上海古籍出版社2004年版。

3.［清］孙希旦：《礼记集解》，北京：中华书局1989年版。

4. 黄怀信、张懋镕、田旭东：《逸周书彙校集注》，上海：上海古籍出版社1995年版。

5.［汉］孔安国傳，［唐］孔颖达正义：《尚书正义》，上海：上海古籍出版社2007年版。

6.《十三经注疏》整理委员会整理，李学勤主编：《十三经注疏》，北京：中华书局1957年版。

7.［晋］郭璞注：《山海经 穆天子传》，湖南：岳麓书社1992年版。

8. 杨伯峻：《春秋左传注》，北京：中华书局1990年版。

9. 王维堤、唐书文：《春秋公羊传译注》，上海：上海古籍出版社1997年版。

10. 徐元诰：《国语集解》，北京：中华书局2002年版。

11.《武经七书》，北京：中华书局2007年版。

12.［春秋］孙武撰，［三国］曹操等注，杨丙安校理：《十一家注孙子校理》，北京：中华书局1999年版。
13. 银雀山汉墓竹简整理小组编：《银雀山汉墓竹简·壹》，北京：文物出版社1985年版。
14. 银雀山汉墓竹简整理小组编：《银雀山汉墓竹简·贰》，北京：文物出版社2010年版。
15. [清]刘宝楠：《论语正义》，北京：中华书局1957年版。
16. 颜昌峣注：《管子校释》，湖南：岳麓书社1996年版。
17. [汉]赵晔著，张觉校注：《吴越春秋校注》，湖南：岳麓书社2006年版。
18. 吴毓江撰：《墨子校注》，北京：中华书局2006年版。
19. [清]王先谦：《荀子集解》，北京：中华书局1988年版。
20. [清]王先慎：《韩非子集解》，北京：中华书局1998年版。
21. 陈奇猷校释：《吕氏春秋校释》，上海：学林出版社1984年版。
22. [汉]司马迁：《史记》，北京：中华书局1982年版。
23. 刘文典：《淮南鸿烈集解》，北京：中华书局1989年版。
24. [汉]班固：《汉书》，北京：中华书局1962年版。
25. 张连科、管淑珍校注：《诸葛亮集校注》，天津：天津古籍出版社2008年版。
26. [唐]杜佑：《通典》，北京：中华书局1988年版。
27. [唐]魏征、令狐德棻：《隋书》，北京：中华书局1973年版。
28. [明]茅元仪：《武备志》，中国台湾：华世出版社1984年版。
29. 风后：《握奇经》，上海：上海古籍出版社1990年版。
30. [清]桂馥：《札樸》，北京：中华书局1992年版。
31.《文渊阁四库全书·子部·兵家类》，中国台湾：台湾商务印书馆

1986年版。

32.［古罗马］弗拉维乌斯·韦格蒂乌斯·雷纳图斯：《兵法简述》，袁坚译，北京：中国人民解放军出版社2006年版。

33.［德］克劳塞维茨：《战争论》，中国人民解放军军事科学院译，北京：中国人民解放军出版社2008年版。

## 二、研究著作

1. 蓝永蔚：《春秋时期的步兵》，北京：中华书局1979年版。

2. 杨宽：《先秦史十讲》，上海：复旦大学出版社2006年版。

3. 童书业：《春秋史》，北京：中华书局2006年版。

4. 童书业：《春秋左传研究》，上海：上海人民出版社1980年版。

5. 顾颉刚：《史林杂识》，北京：中华书局1963年版。

6.《中国军事史》编写组：《中国历代军事制度》，北京：中国人民解放军出版社2006年第2版。

7. 蓝永蔚、黄朴民、刘庆、钟少异著：《鼓角争鸣》，上海：华东师范大学出版社2006年版。

8. 黄朴民：《中国军事通史·春秋军事史》，北京：军事科学出版社1998年版。

9. 黄朴民：《刀剑书写的永恒》，北京：国防大学出版社2002年版。

10. 陈恩林：《先秦军事制度研究》，吉林：吉林文史出版社1991年版。

11. 徐勇主编：《先秦兵书通解》，天津：天津人民出版社2002年版。

12. 朱勇年：《古尺考·下卷·卷四》，上海：上海古籍出版社2008年版。

13. 袁庭栋：《解密中国古代战争》，山东：山东画报出版社2008年版。

14.《于豪亮学术文存》，北京：中华书局1985年版。

15.（美）罗斯科·庞德：《通过法律的社会控制》，沈宗灵译，北京：商务印书馆2008年版。

## 三、学术论文

1. 周兴：《秦始皇兵马俑军阵的哲学思考》，《重庆工学院学报（社会科学版）》2009年04期。

2. 刘德增：《秦始皇陵兵马俑军阵实即八阵中的方阵》，《文博》1994年06期。

3. 王辉强：《秦兵马俑与秦军阵法》，《文博》1994年06期。

4. 谷霁光：《古代战术中的主要阵型——方阵——兼论方阵的发展变化及其在战术中的作用》，《江西社会科学》1982年01期。

5. 余大吉：《诸葛亮八阵图及阵法试探》，《中国史研究》1994年03期。

6. 李元：《论春秋时期的兵源与兵役》，《求是学刊》1987年第2期。

7. 李元：《春秋时期的车战》，《求是学刊》1986年第4期。

8. 李元：《论春秋时期的军赋制度》，《求是学刊》1985年第3期。

9. 徐喜辰：《周代兵制初论》，《宝鸡师范学报（哲学社会科学版）》1985年第3期。

# 附　录

## 一、鲁国纪元法和公元纪元法比对表

| 鲁国纪元 | 公元纪元（公元前） |
|---|---|
| 隐公 | 722—712 |
| 桓公 | 711—694 |
| 庄公 | 693—662 |
| 闵公 | 661—660 |
| 僖公 | 659—627 |
| 文公 | 626—609 |
| 宣公 | 608—591 |
| 成公 | 590—573 |
| 襄公 | 572—542 |
| 昭公 | 541—510 |
| 定公 | 509—495 |
| 哀公 | 494—468 |

计算方法示例：宣公十二年，宣公元年减十二加一，608-12+1=597，即公元前597年。

# 二、阵图

## 1.《武备志·阵练制》：周礼大阅立表图①

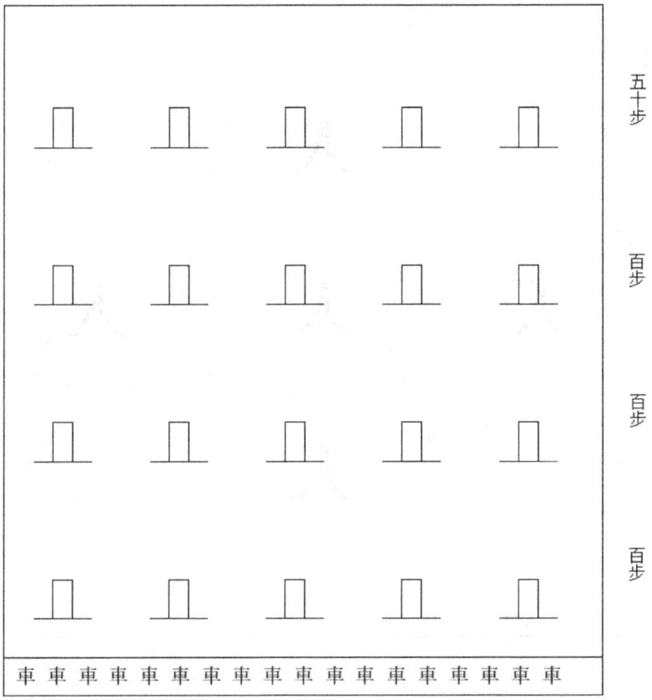


① 茅元仪：《武备志·阵练制》，中国台湾：华世出版社1984年版，第1841页。

## 2.《武备志·阵练制》：周礼五人为伍图[1]

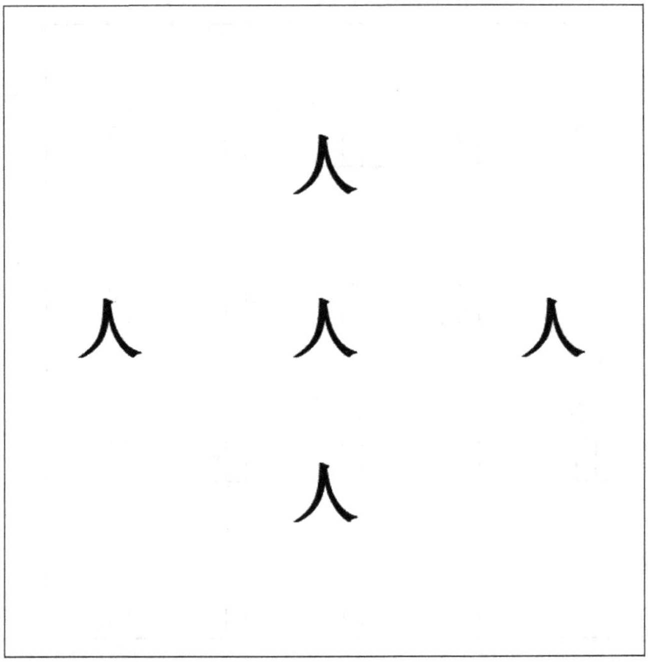


① 茅元仪：《武备志·阵练制》，中国台湾：华世出版社1984年版，第1845页。

## 3.《武备志·阵练制》：周礼二十五人为两图[①]

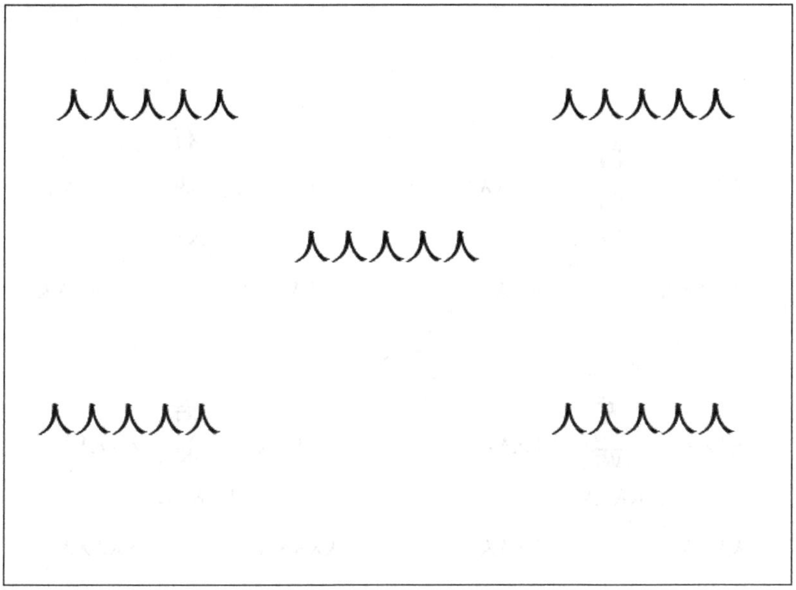


① 茅元仪：《武备志·阵练制》，中国台湾：华世出版社1984年版，第1846页。

## 4.《武备志·阵练制》：周礼百人为卒图[①]

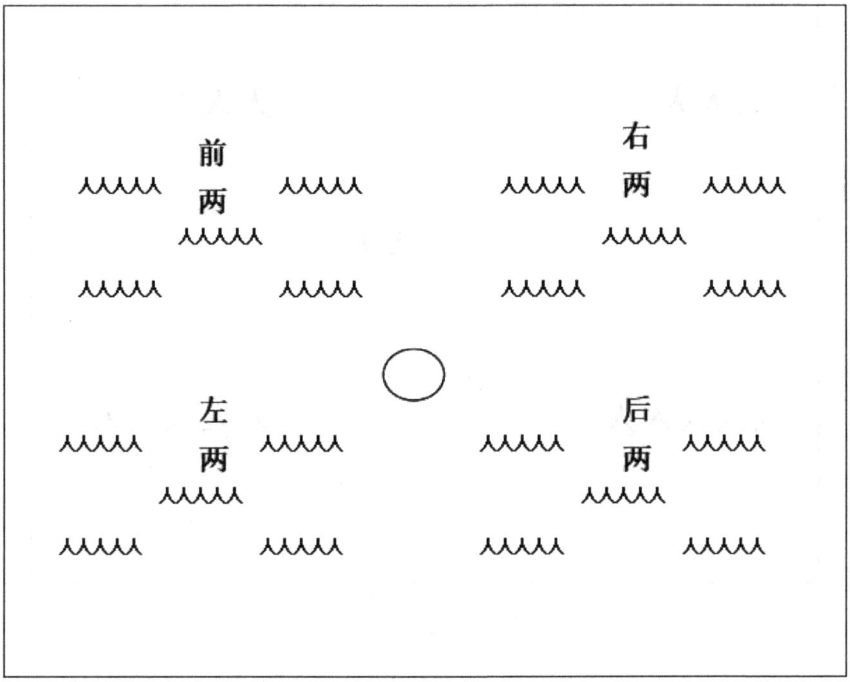


① 茅元仪：《武备志·阵练制》，中国台湾：华世出版社1984年版，第1847页。

## 5.《武备志·阵练制》：周礼五百人为旅图①

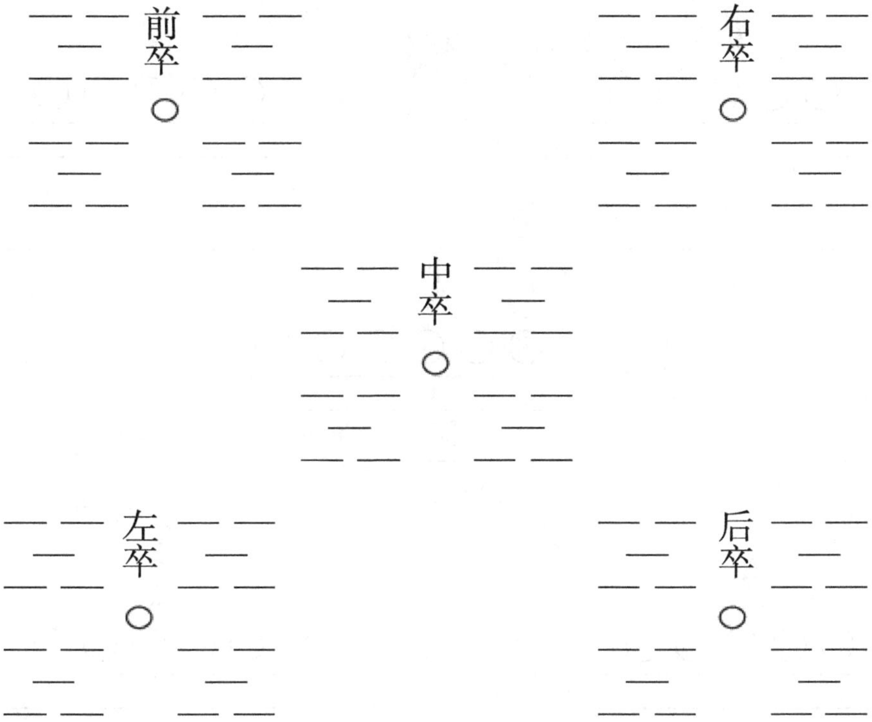


① 茅元仪：《武备志·阵练制》，中国台湾：华世出版社1984年版，第1848页。

## 6.《武备志·阵练制》：周礼二千五百人为师图①

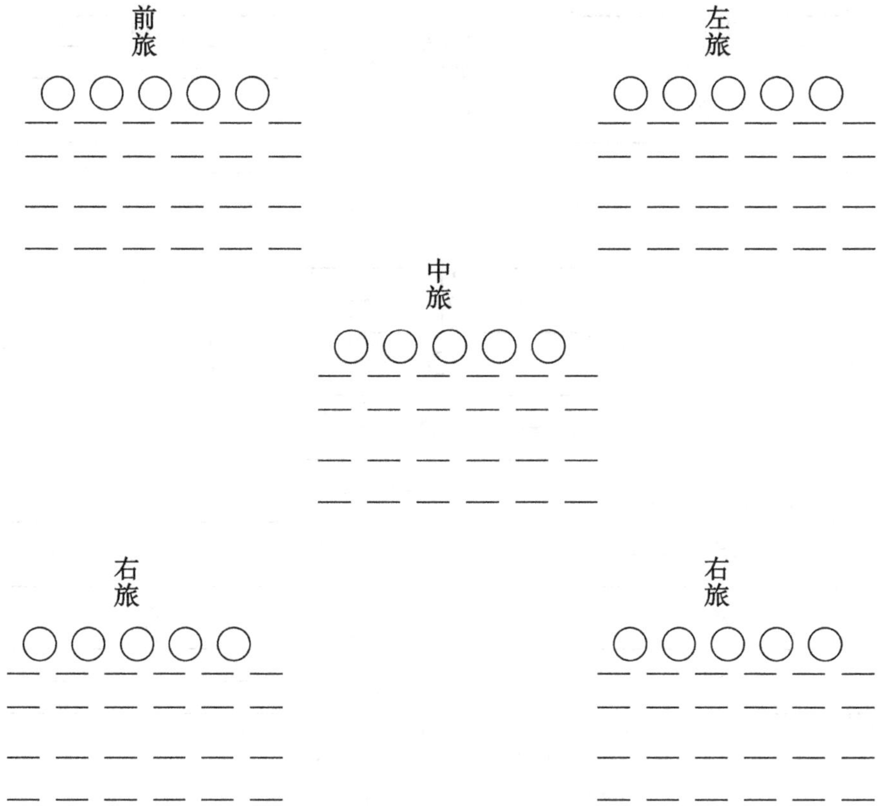


① 茅元仪：《武备志·阵练制》，中国台湾：华世出版社1984年版，第1849页。

## 7.《武备志·阵练制》：周礼一万二千五百人为军图[①]

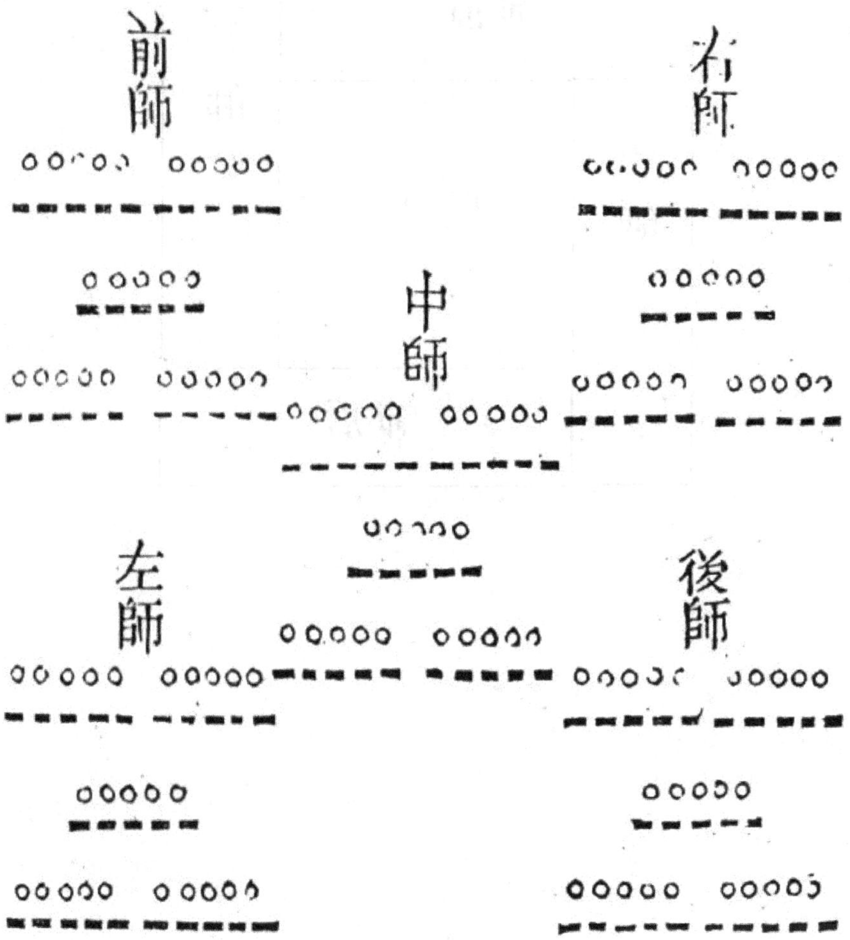


① 茅元仪：《武备志·阵练制》，中国台湾：华世出版社1984年版，第1850页。

8.《武备志·阵练制》：周礼小国一军阵图[①]

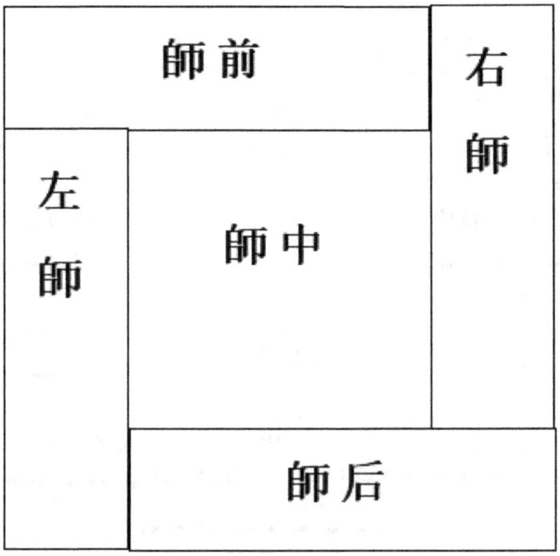


① 茅元仪：《武备志·阵练制》，中国台湾：华世出版社1984年版，第1851页。

## 9.《武备志·阵练制》：周礼次国二军阵图①

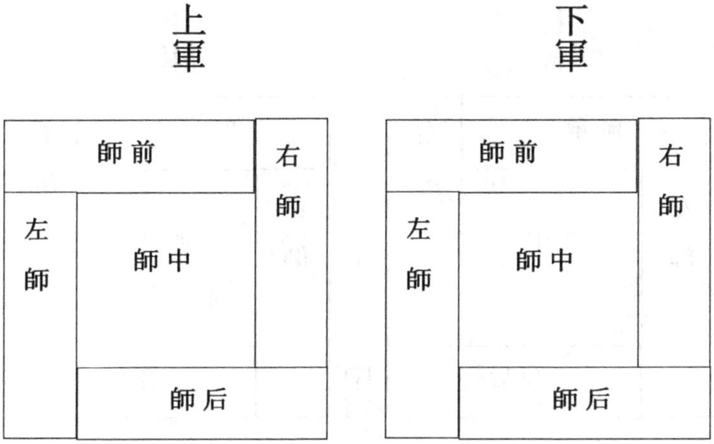


① 茅元仪：《武备志·阵练制》，中国台湾：华世出版社1984年版，第1852页。

## 10.《武备志·阵练制》：周礼大国三军师图①

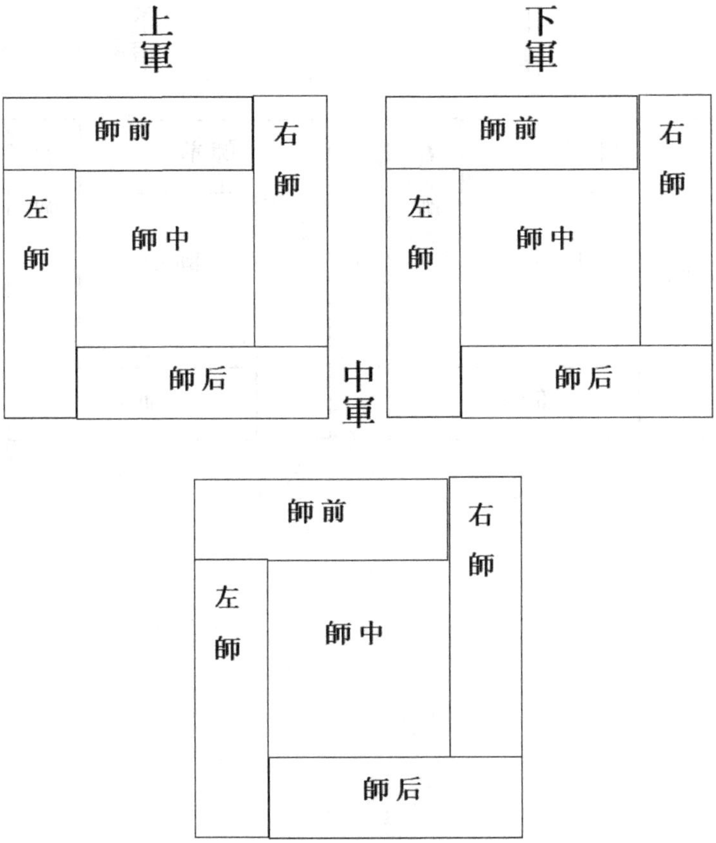


① 茅元仪：《武备志·阵练制》，中国台湾：华世出版社1984年版，第1853页。

## 11.《武备志·阵练制》：周礼天子六军师图[①]

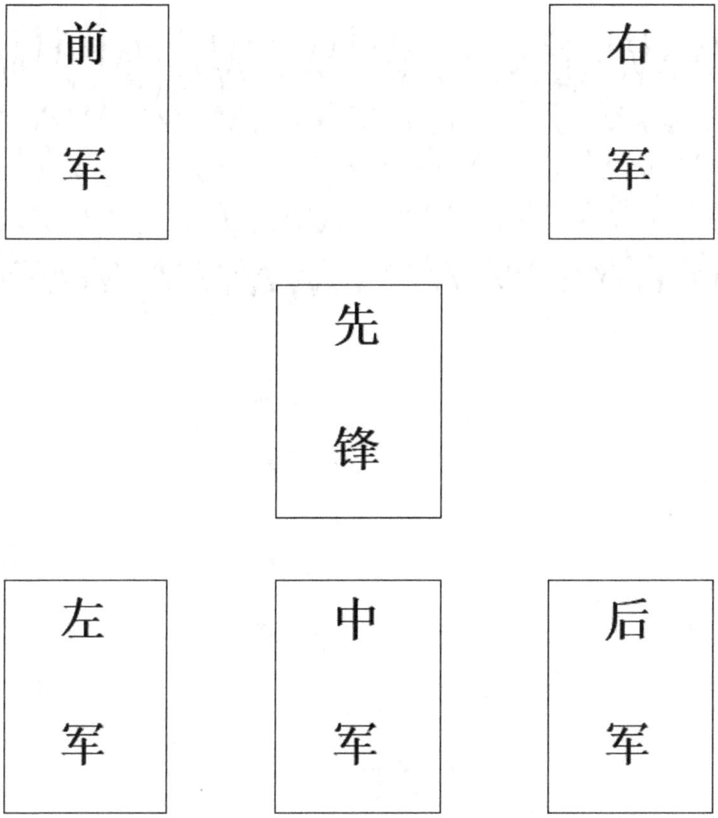


① 茅元仪：《武备志·阵练制》，中国台湾：华世出版社1984年版，第1854页。

## 12.《武备志・阵练制》：鱼丽阵两车布列法图[①]

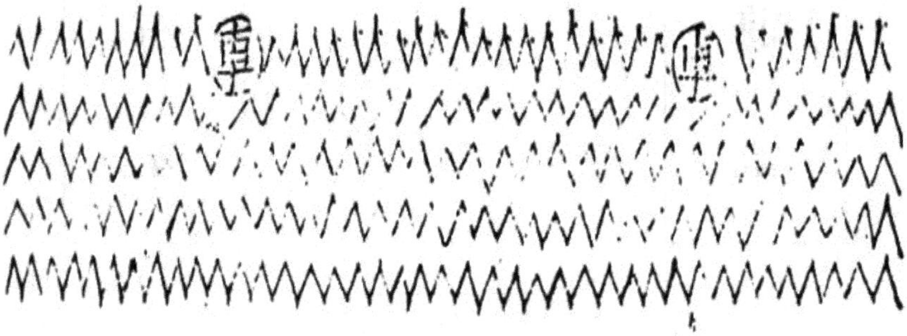


① 茅元仪：《武备志・阵练制》，中国台湾：华世出版社1984年版，第1860页。

## 13.《武备志·阵练制》：二十五车布列鱼丽阵法图[①]

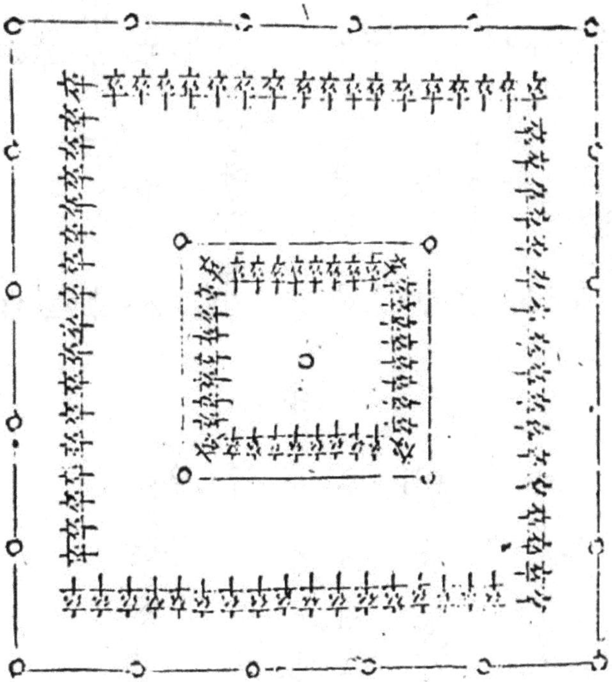

① 茅元仪：《武备志·阵练制》，中国台湾：华世出版社1984年版，第1861页。

## 14.《武备志·阵练制》：郑鱼丽三军阵布列法图①

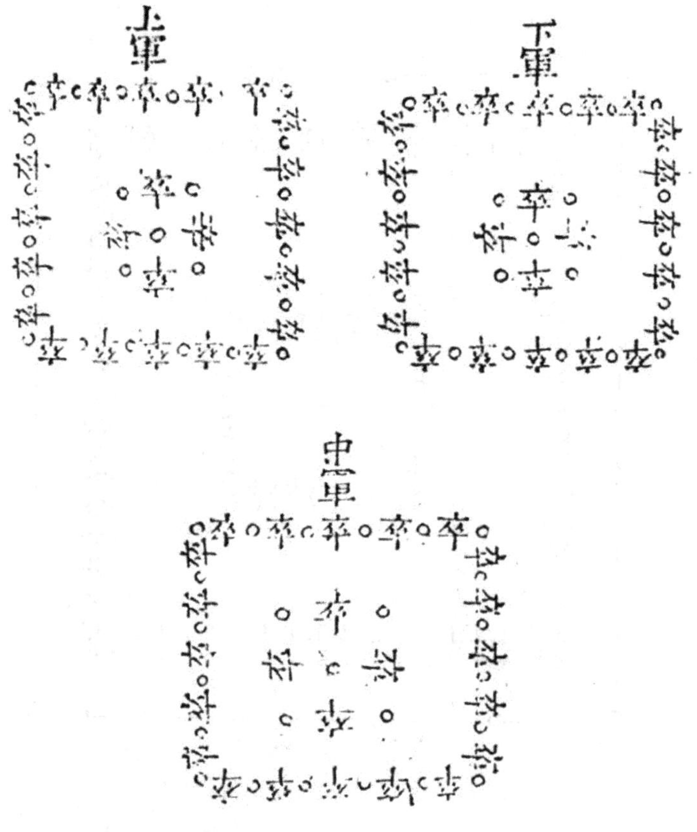


① 茅元仪：《武备志·阵练制》，中国台湾：华世出版社1984年版，第1862页。

## 15.《武备志·阵练制》：楚军一乘布列法图[①]

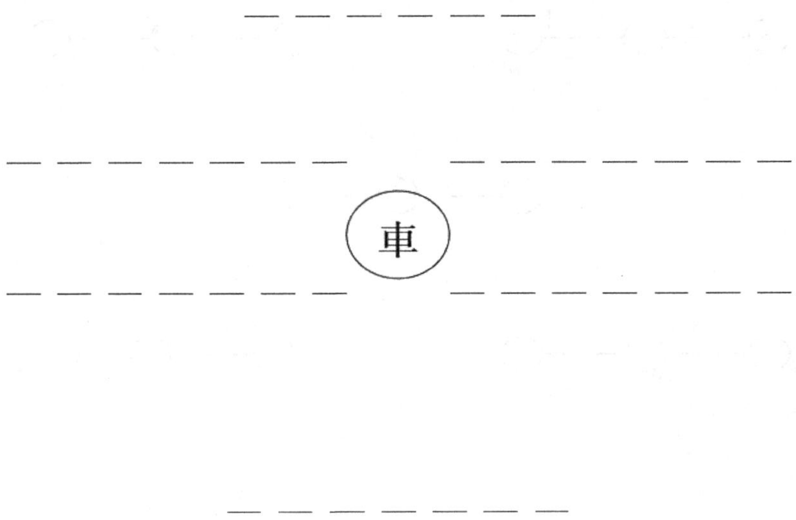


① 茅元仪：《武备志·阵练制》，中国台湾：华世出版社1984年版，第1867页。

## 16.《武备志·阵练制》：楚十五乘为偏法图[①]

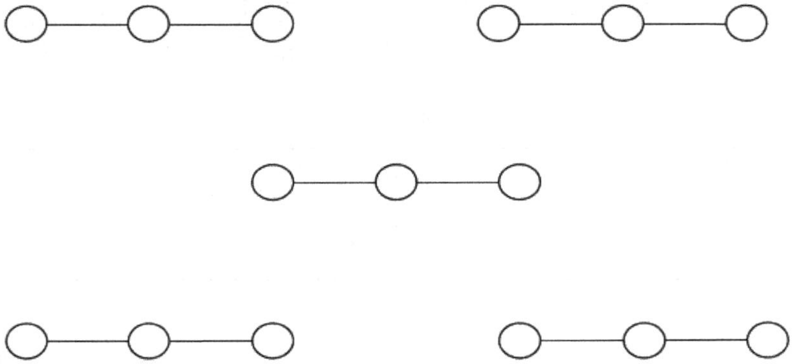

① 茅元仪：《武备志·阵练制》，中国台湾：华世出版社1984年版，第1868页。

## 17.《武备志·阵练制》：楚荆尸阵图①

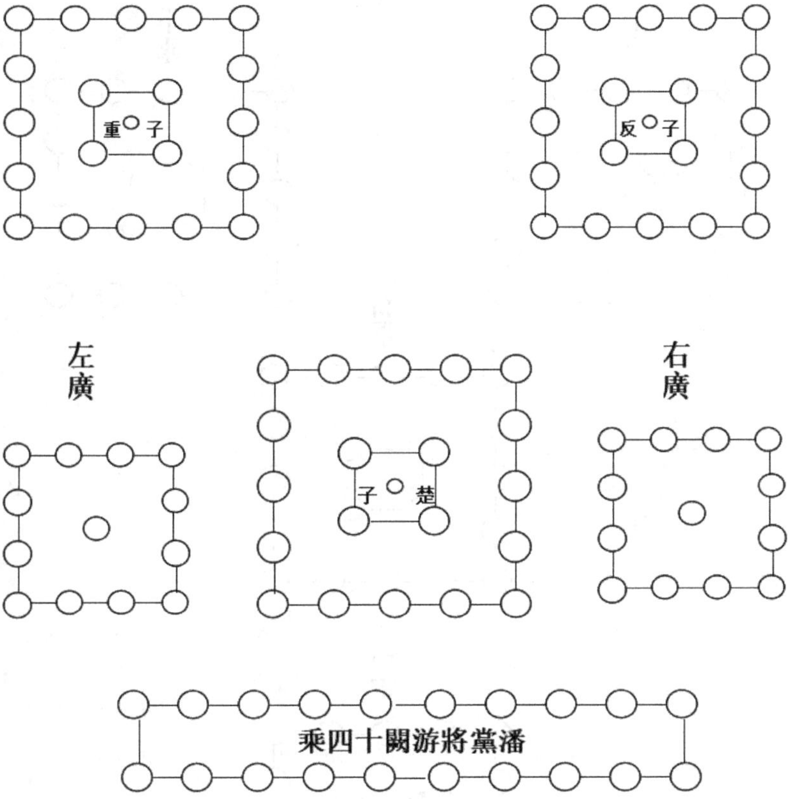


① 茅元仪：《武备志·阵练制》，中国台湾：华世出版社1984年版，第1869页。

## 18.《武备志·阵练制》：晋四军阵图①

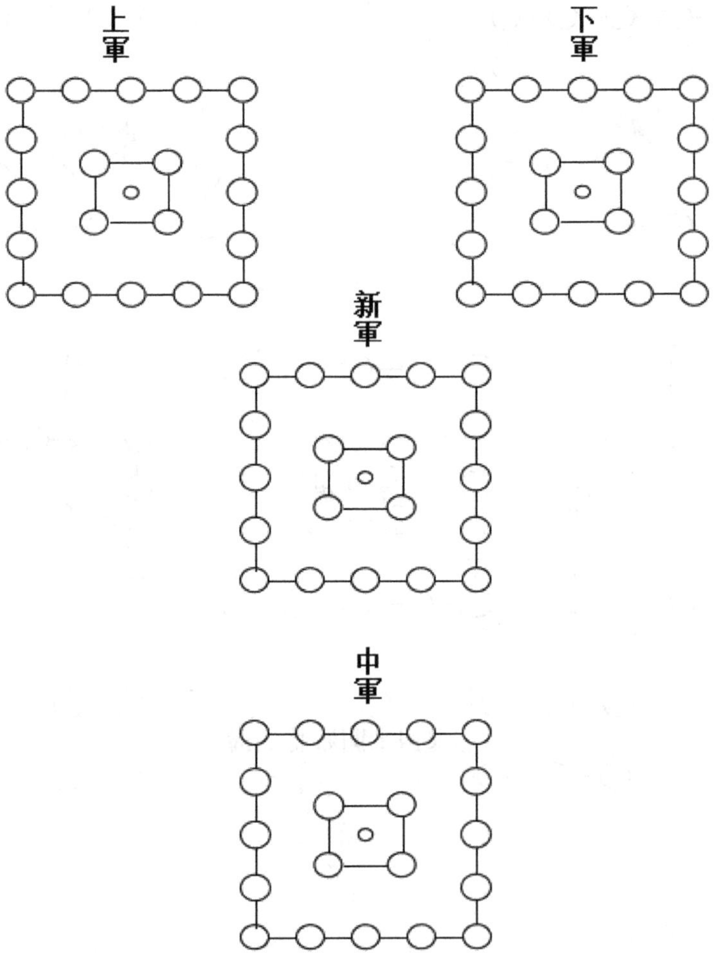


① 茅元仪：《武备志·阵练制》，中国台湾：华世出版社1984年版，第1874页。

## 19.《武备志·阵练制》：晋五军阵图[①]

① 茅元仪：《武备志·阵练制》，中国台湾：华世出版社1984年版，第1875页。

## 20.《武备志·阵练制》：晋崇卒阵图[1]

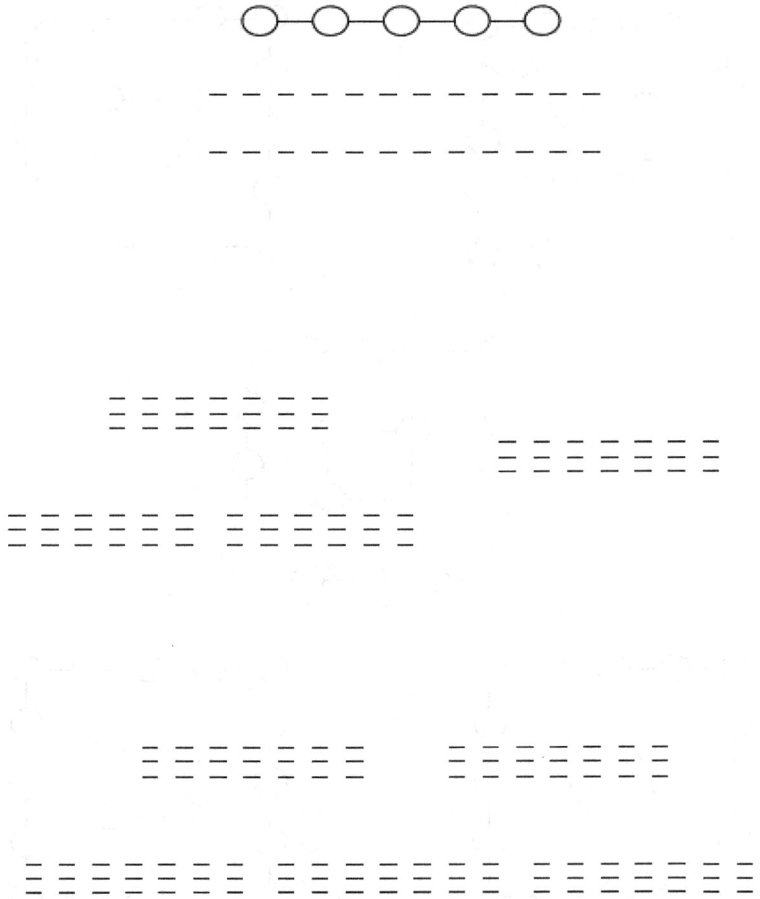

①　茅元仪：《武备志·阵练制》，中国台湾：华世出版社1984年版，第1876页。

## 21.《武备志·阵练制》：吴九乘为偏法图[1]

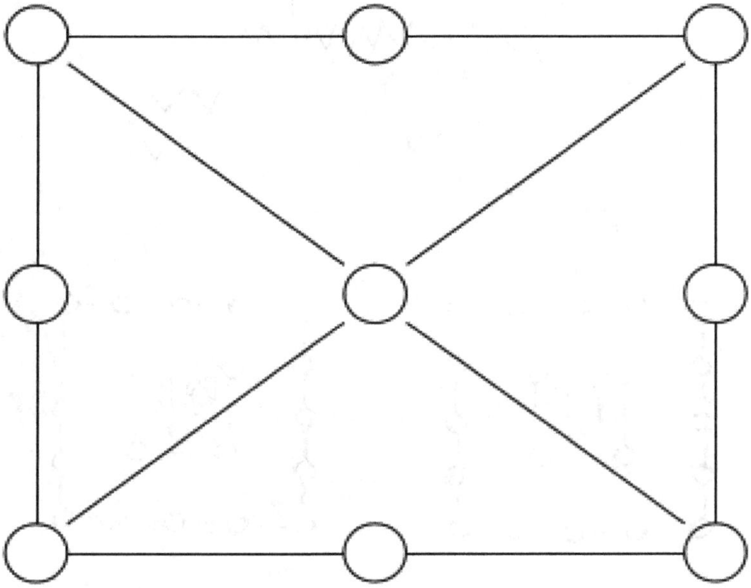

① 茅元仪：《武备志·阵练制》，中国台湾：华世出版社1984年版，第1881页。

## 22.《武备志·阵练制》：吴鸡父阵图[①]

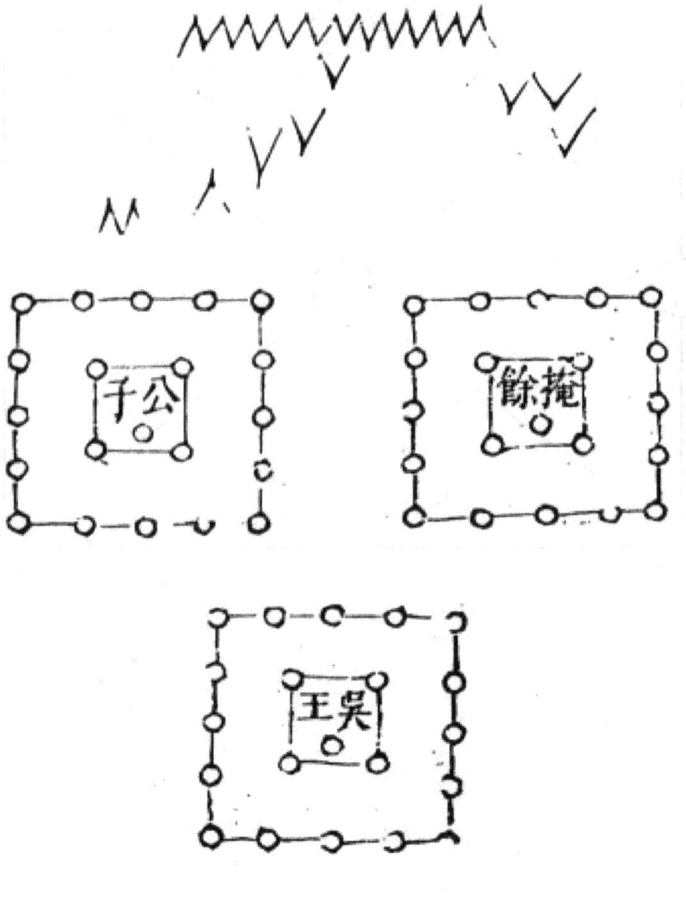


① 茅元仪：《武备志·阵练制》，中国台湾：华世出版社1984年版，第1882页。

## 23.《武备志·阵练制》：管仲内政阵图[①]

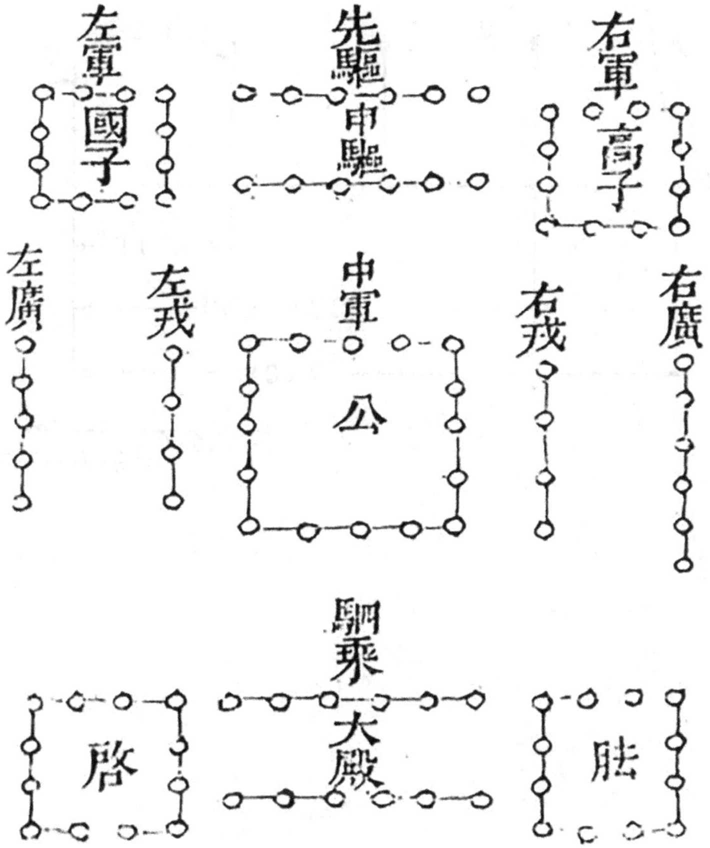


① 茅元仪：《武备志·阵练制》，中国台湾：华世出版社1984年版，第1892页。

## 24. 蓝永蔚《春秋时期的步兵》：伍的纵深及配置示意图①

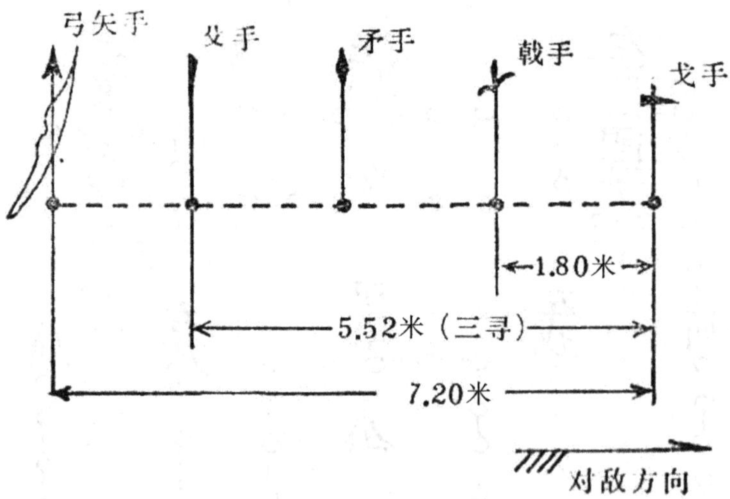


① 蓝永蔚：《春秋时期的步兵》，中国台湾：中华书局1979年版，第117页。

## 25. 两的纵深及配置示意图①

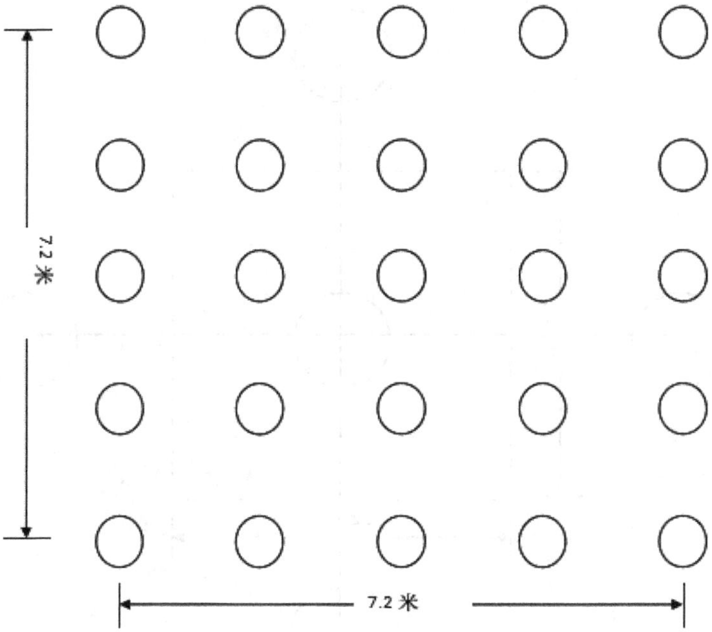


① 蓝永蔚:《春秋时期的步兵》，北京：中华书局 1979 年版，第 125 页。

## 26. 位示意图[①]

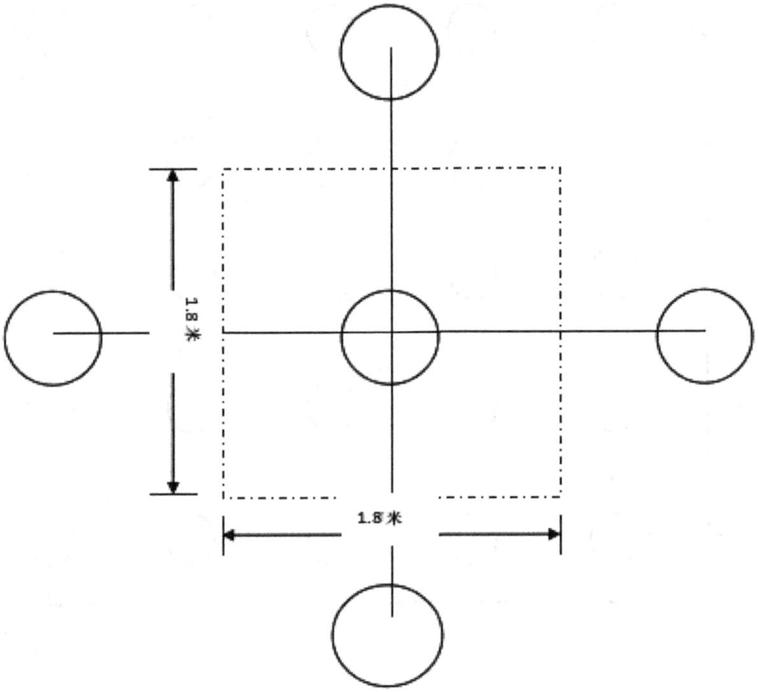


① 蓝永蔚：《春秋时期的步兵》，北京：中华书局1979年版，第163页。

## 27. 方阵的暴露翼侧图 ①

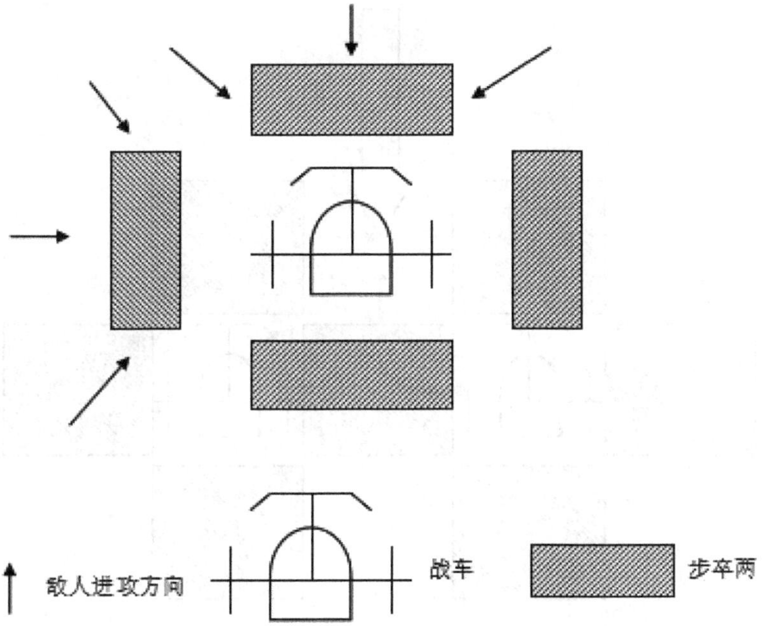


① 蓝永蔚：《春秋时期的步兵》，北京：中华书局 1979 年版，第 165 页。

## 28. 方阵齿形正面对敌夹击图[1]

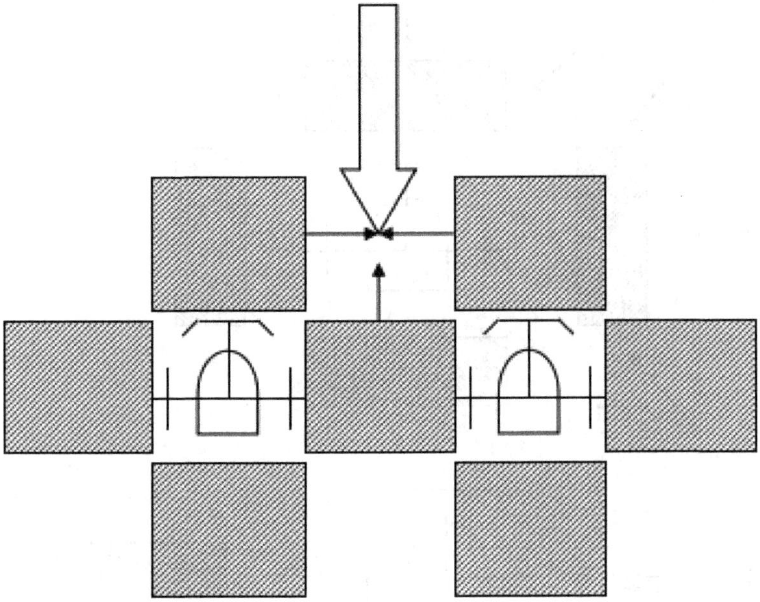

① 蓝永蔚：《春秋时期的步兵》，北京：中华书局1979年版，第226页。

## 29. 圆阵的防御正面图 [1]

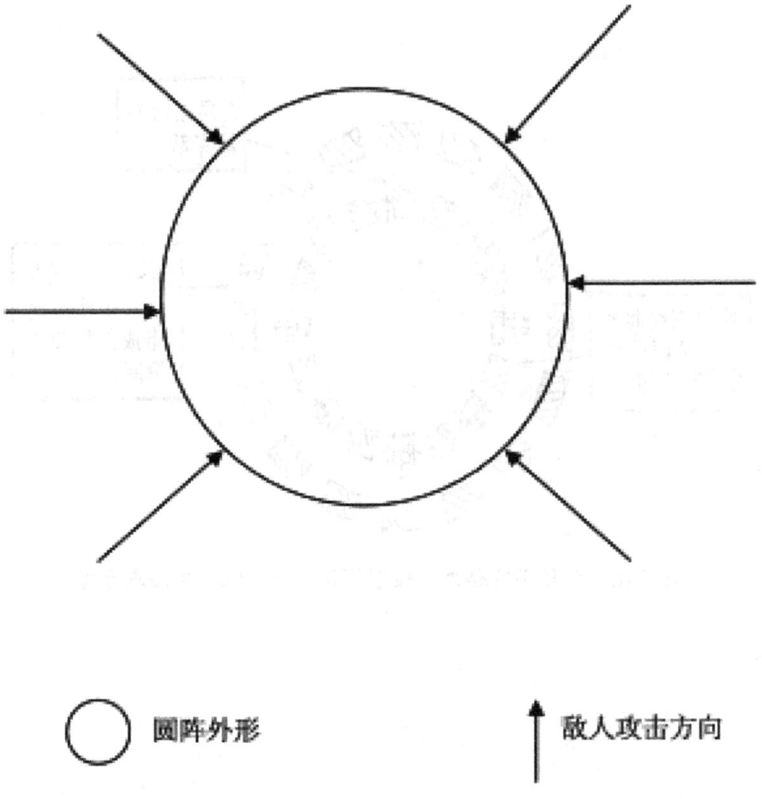


① 蓝永蔚：《春秋时期的步兵》，北京：中华书局1979年版，第165页。

## 30. 圆阵战车编组图①

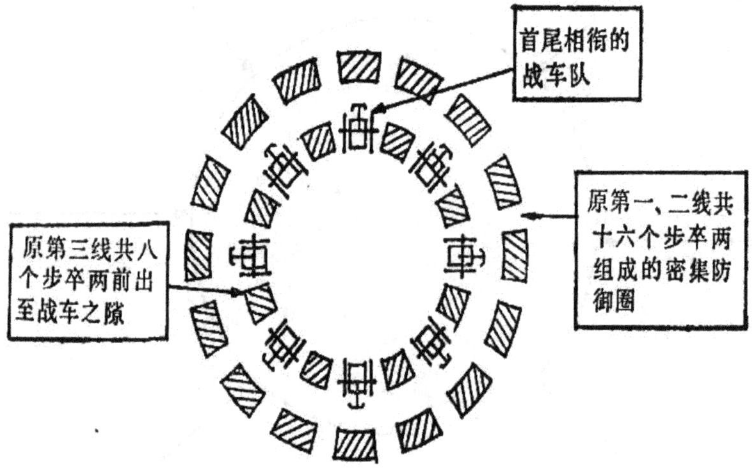


插图18：为绘图方便本图仅以不足一小偏的八乘战车示意

① 蓝永蔚：《春秋时期的步兵》，北京：中华书局1979年版，第174页。

## 31. 雁行之阵图①

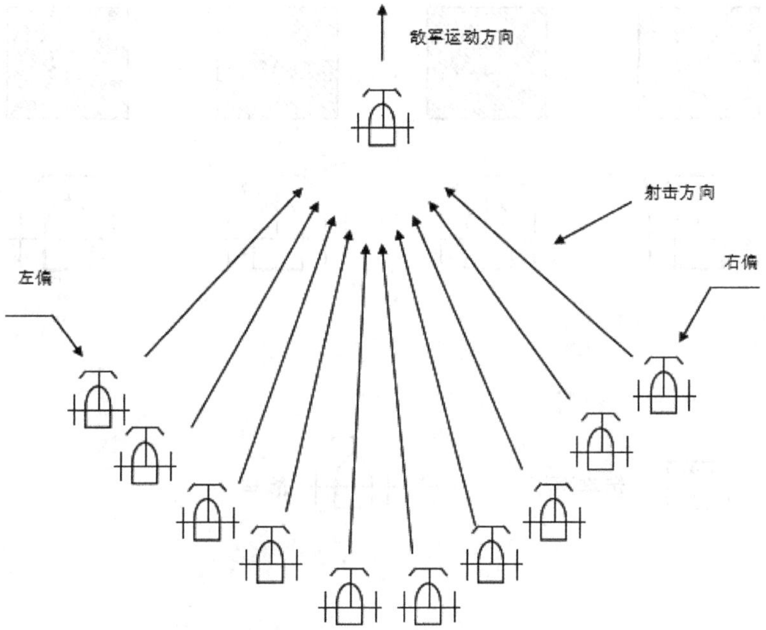


① 蓝永蔚:《春秋时期的步兵》，北京：中华书局1979年版，第193页。

## 32. 第一阶段进攻队形示意图①

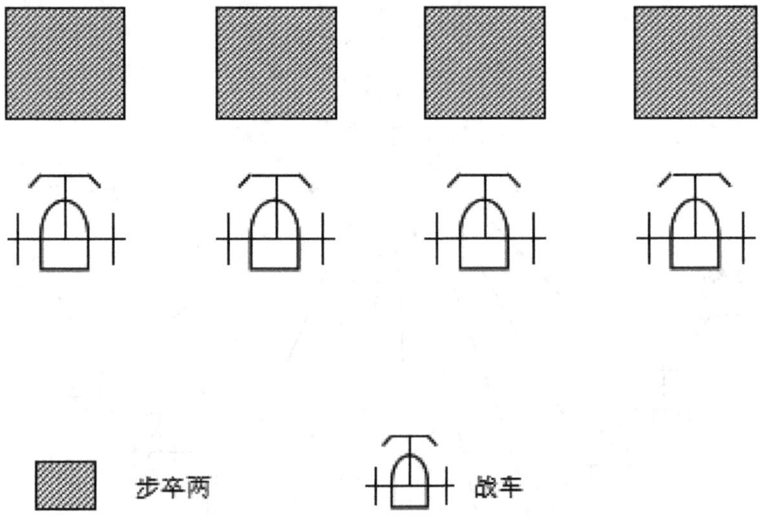


① 蓝永蔚：《春秋时期的步兵》，北京：中华书局1979年版，第223页。

## 33. 第二线步卒两前出填补齿形空隙图 [1]

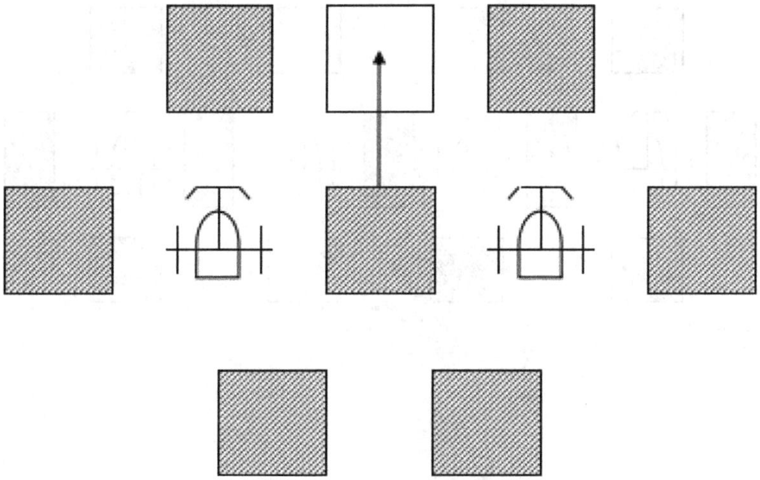

① 蓝永蔚:《春秋时期的步兵》,北京:中华书局1979年版,第226页。

## 34. 第二阶段进攻队形示意图[1]

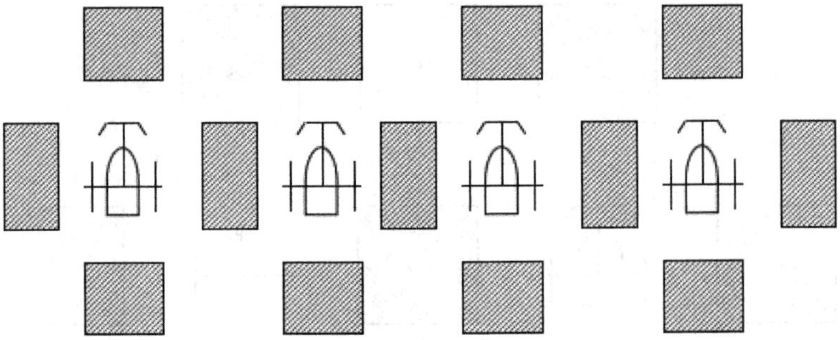

① 蓝永蔚：《春秋时期的步兵》，北京：中华书局1979年版，第224页。

## 35. 沈括步兵九阵图[①]

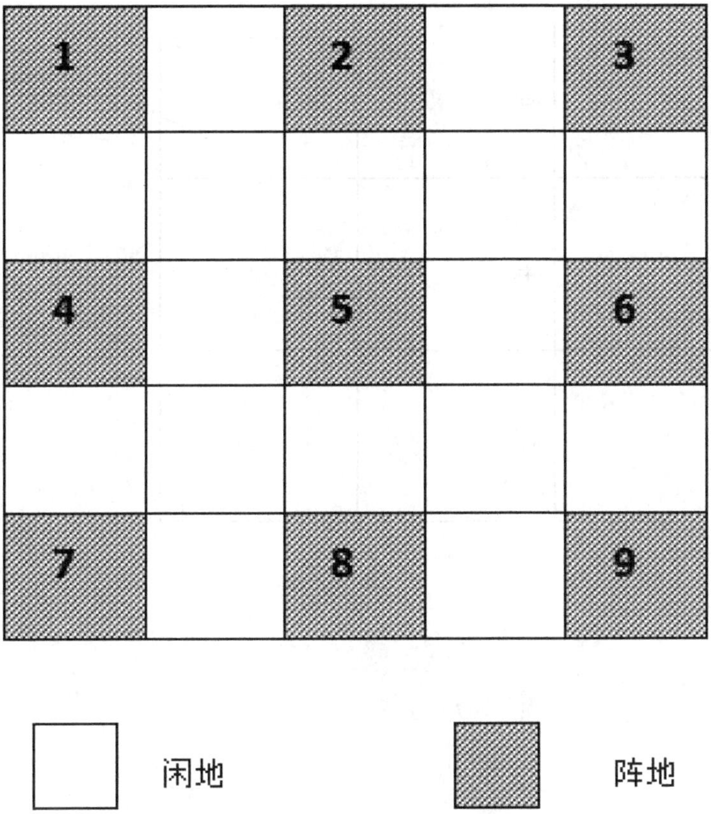


① 蓝永蔚：《春秋时期的步兵》，北京：中华书局 1979 年版，第 165 页。

## 36.《逸周书》队形图[①]

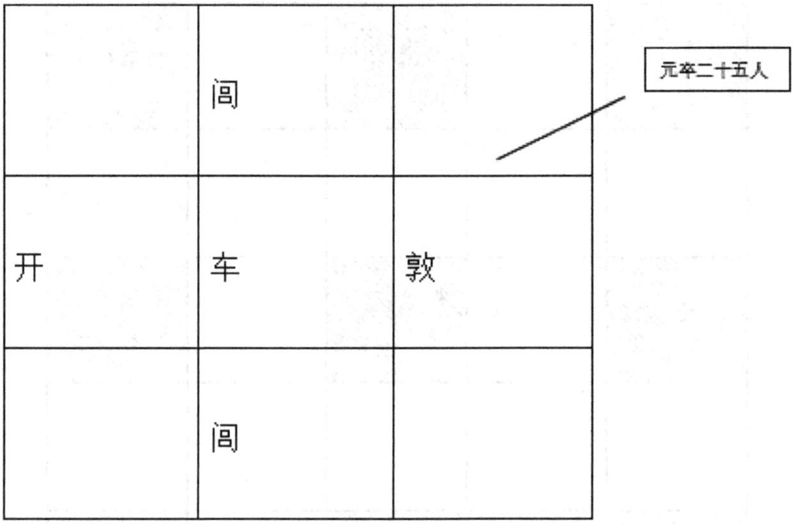


① 蓝永蔚：《春秋时期的步兵》，北京：中华书局1979年版，第96页。

## 37.《李靖问对》队形图 ①

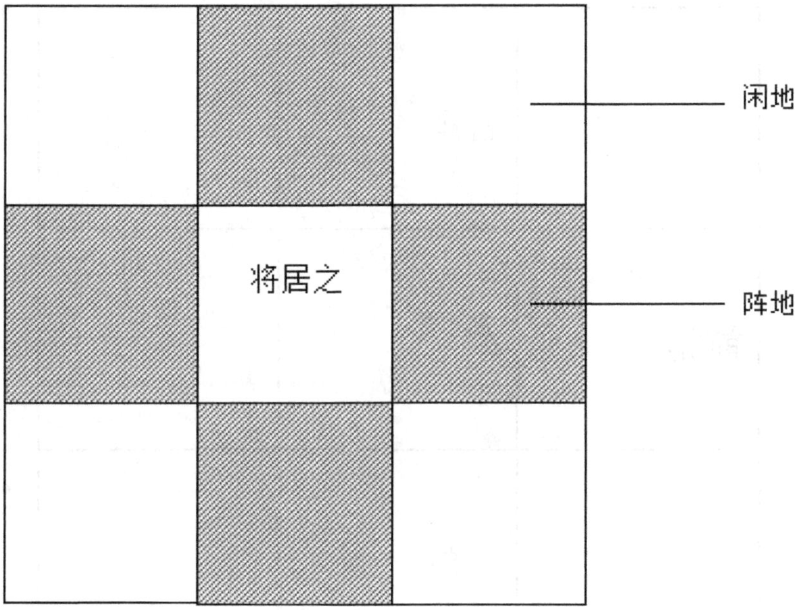


① 蓝永蔚:《春秋时期的步兵》,北京:中华书局1979年版,第95页。

## 38. 曹操《新书》单车队形图[①]

| | | |
|---|---|---|
| | 右角 | |
| 前拒 | 车 | |
| | 左角 | |

① 蓝永蔚：《春秋时期的步兵》，北京：中华书局1979年版，第96页。

## 39. 曹操《新书》编组队形图[①]

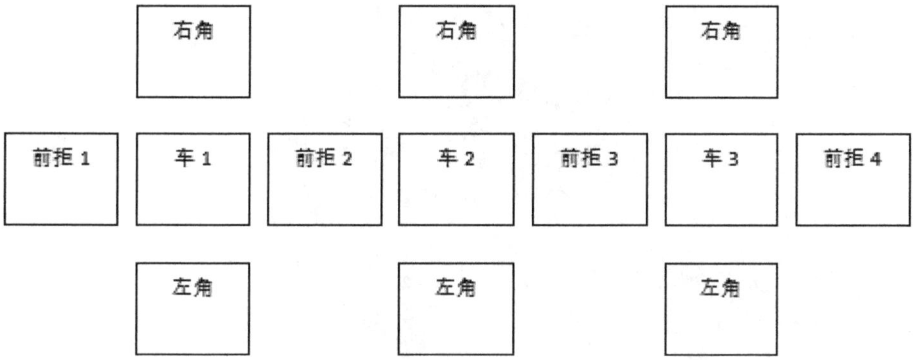


① 蓝永蔚：《春秋时期的步兵》，北京：中华书局1979年版，第97页。